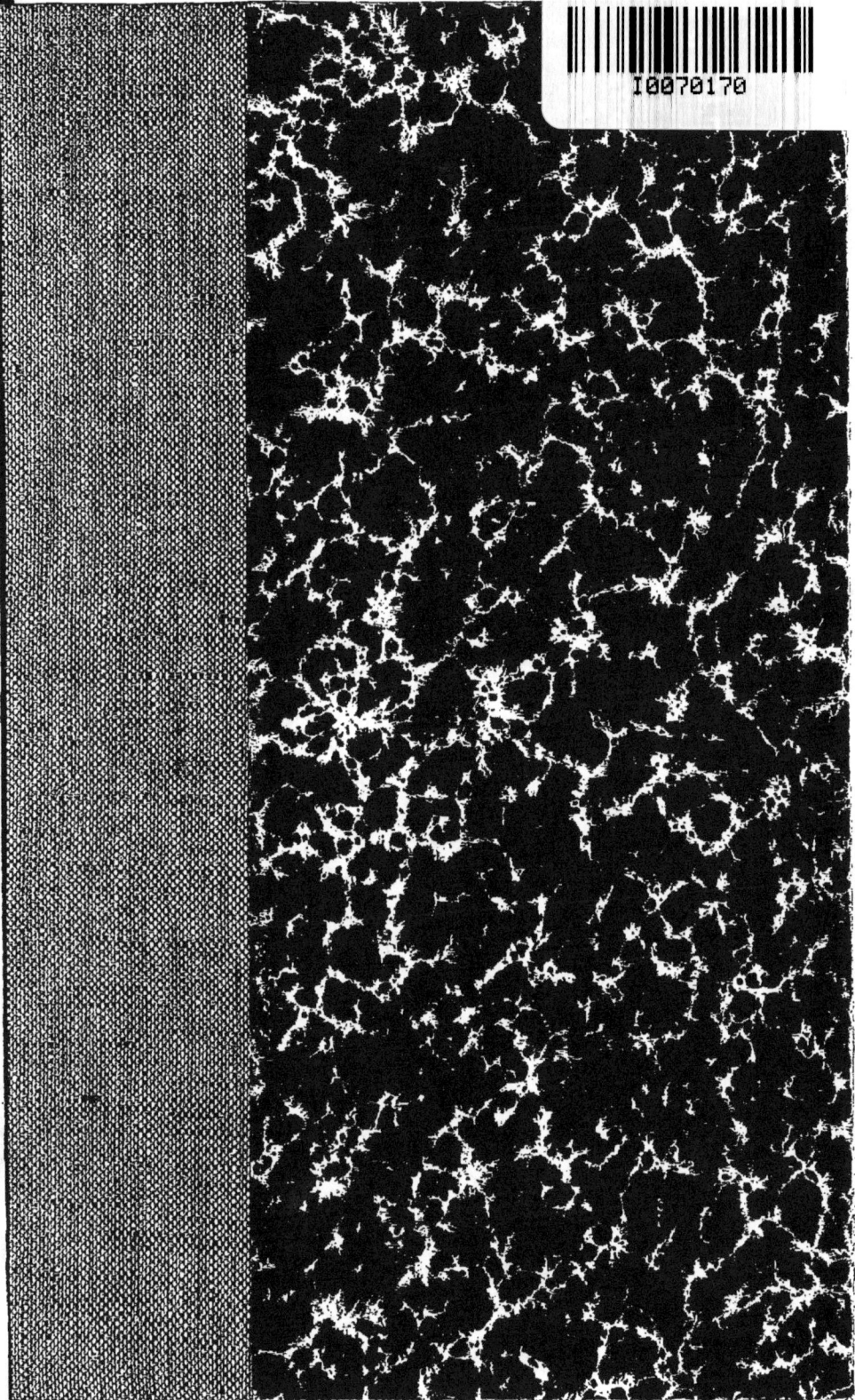

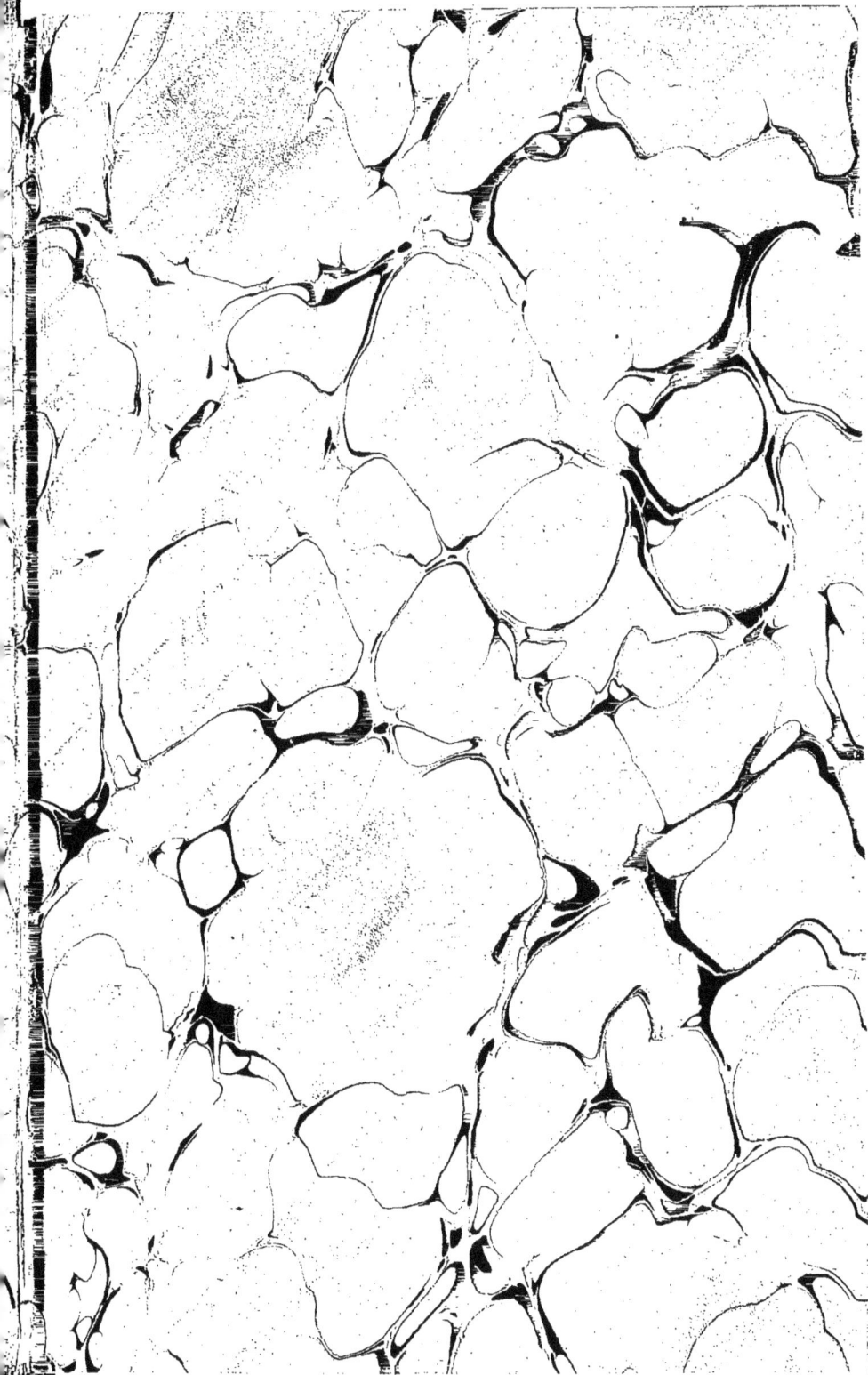

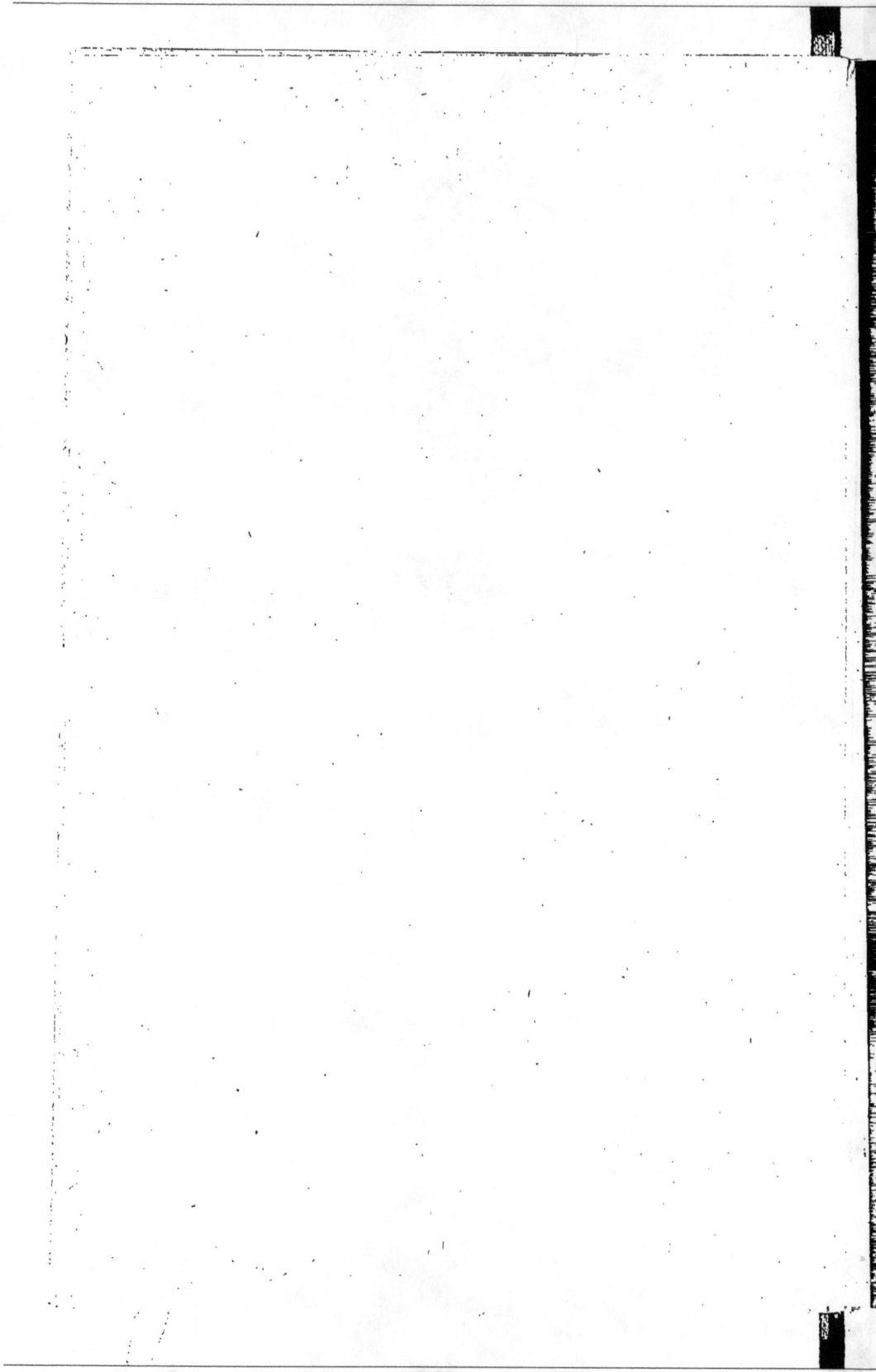

L'ESSOR

DES

INDUSTRIES CHIMIQUES EN FRANCE

RESSOURCES ET AVENIR

DE CES

INDUSTRIES

PAR

EUGÈNE GRANDMOUGIN

INGÉNIEUR-CHIMISTE (E. C. L.)
DOCTEUR ÈS SCIENCES
ANCIEN PROFESSEUR DE CHIMIE INDUSTRIELLE

DEUXIÈME ÉDITION REVUE ET AUGMENTÉE

PARIS

DUNOD, ÉDITEUR
Successeur de H. DUNOD et E. PINAT
47 ET 49, QUAI DES GRANDS-AUGUSTINS
1919

L'ESSOR

DES

INDUSTRIES CHIMIQUES EN FRANCE

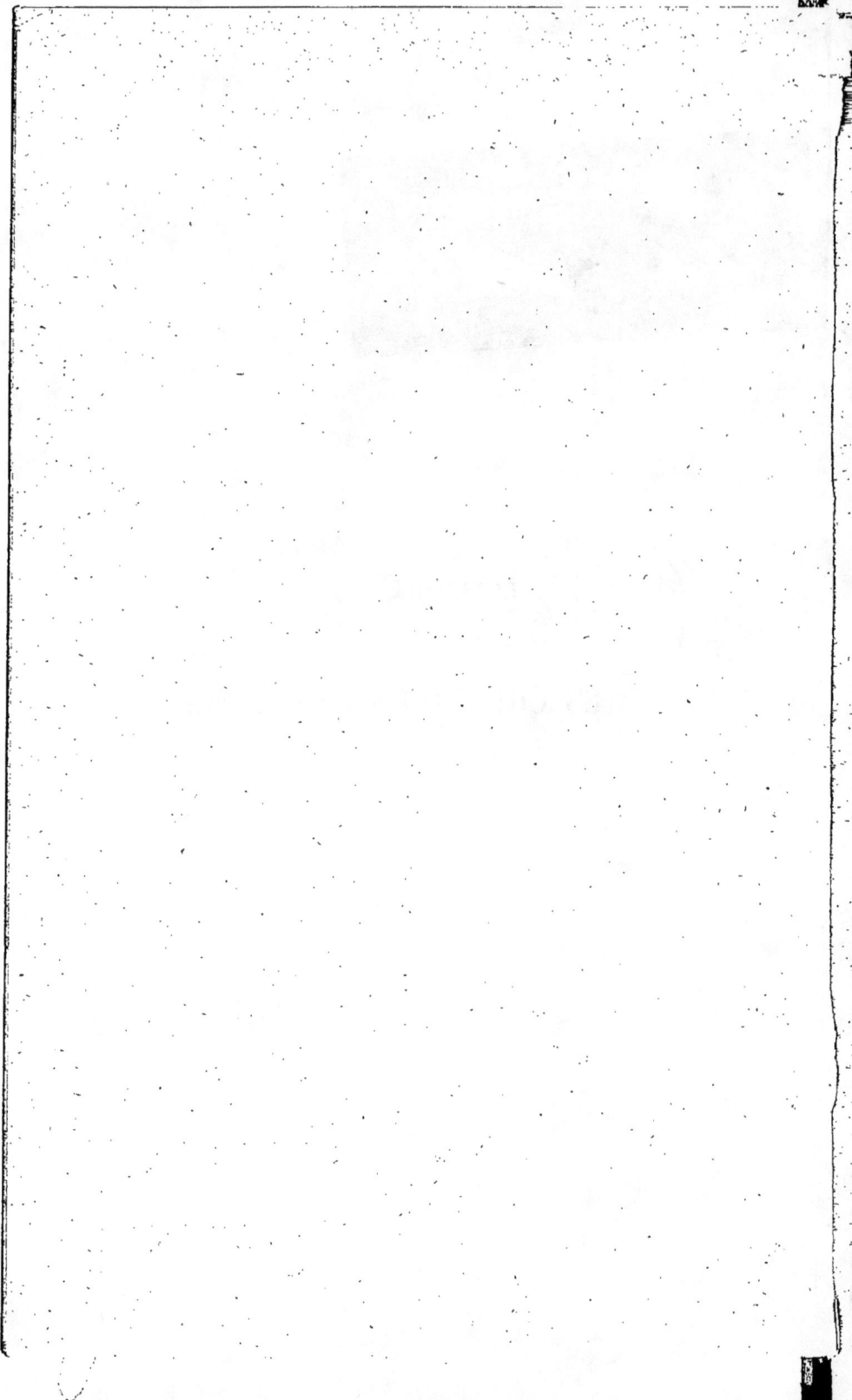

L'ESSOR

DES

INDUSTRIES CHIMIQUES EN FRANCE

RESSOURCES ET AVENIR

DE CES

INDUSTRIES

PAR

EUGÈNE GRANDMOUGIN

INGÉNIEUR-CHIMISTE (E. C. M.)
DOCTEUR ÈS SCIENCES
ANCIEN PROFESSEUR DE CHIMIE INDUSTRIELLE

DEUXIÈME ÉDITION REVUE ET AUGMENTÉE

PARIS

DUNOD, ÉDITEUR

Successeur de H. DUNOD et E. PINAT
47 ET 49, QUAI DES GRANDS AUGUSTINS
1919

PRÉFACE
DE LA DEUXIÈME ÉDITION

Ce livre est né de la guerre, disions-nous dans la préface de la première édition, et dans des circonstances moins troublées sa forme eût été sensiblement modifiée. Le temps nous a malheureusement fait défaut pour opérer une refonte complète de l'ouvrage et nous avons dû nous borner, en préparant la deuxième édition, à soigner le fond.

Nous avons ajouté quelques chapitres nouveaux dans lesquels nous avons développé certaines industries traitées un peu sommairement précédemment ; les industries étrangères ont été, par contre, supprimées afin d'avoir un ensemble homogène.

De par sa nature, ce livre est surtout de caractère économique ; la partie technique n'y est traitée que d'une façon accessoire. Nous espérons cependant avoir donné quelques suggestions intéressantes.

Quant à la documentation, malgré tous les soins apportés à ce domaine, nous ne nous dissimulons pas qu'il est fort difficile d'y atteindre à la perfection. C'est dire que nous recevrons volontiers tous les renseignements et toutes les rectifications que l'on voudra bien nous communiquer.

Le retour de l'Alsace et de la Lorraine, que nous espérions, s'est réalisé pendant que l'ouvrage était sous presse ; nos lecteurs voudront donc bien remettre au présent ce qui, dans certaines parties du livre, n'est qu'au conditionnel.

Nous avons, enfin, conservé de la première édition les tableaux d'importations et d'exportations pour la France annexés à l'ouvrage et qui ne vont que jusqu'en 1916. Les transactions commerciales ont été si profondément modifiées par la guerre et ont été si défavorables pour notre économie, depuis cette date, qu'il faut espérer qu'elles resteront une exception et que bientôt nous retrouverons les conditions d'avant-guerre. C'est en raison de ce caractère anormal que nous avons renoncé à les donner.

.·.

Mais pour établir une industrie chimique florissante, il faut non seulement un sol fertile et un sous-sol riche en matières premières ; il faut encore la capacité de transformation résultant de l'association du capital, du travail et de l'intelligence.

Nous avons tenté par ailleurs (1), d'exposer nos idées sur les réformes que nous jugeons indispensables pour arriver à un plein rendement de ces forces qui, trop souvent mal orientées dans ce pays, s'annihilent en se combattant, alors que, dirigées dans le dans le même sens, elles feraient de la France le premier pays du monde.

Le problème de la rénovation chimique dépasse toutefois le cadre de cette spécialité ; c'est à un remaniement complet des méthodes d'avant-guerre qu'il faut tendre. C'est pour cette raison qu'avant d'aborder les réformes particulières aux industries chimiques, nous avons d'abord envisagé des modifications profondes dans la plupart des domaines moraux et sociaux, législatifs et administratifs, financiers et fiscaux du pays.

On voudra bien pour tous ces détails se reporter aux idées exposées dans le volume cité plus haut qui, à la lueur des événements actuels, prennent un relief considérable. Nous y avons

(1) La Réorganisation de l'Industrie Chimique, par Eugène et Paul GRANDMOUGIN (Dunod et Pinat, 1918).

rajeuni, notammment, l'antique thèse du travail, créateur de richesses, en l'opposant à la spéculation dont l'action dissolvante et dont les méfaits apparaissent cruellement aux heures que nous vivons.

Sans doute les difficultés pour créer actuellement de nouvelles industries sont considérables. La guerre a complètement modifié les conditions économiques en raréfiant les matières premières, en diminuant la main-d'œuvre et en multipliant le prix des produits bruts et des salaires. Cela ne serait que d'une importance relative si nous étions seuls dans l'univers. Mais nous sommes entourés d'autres peuples avec lesquels nous sommes obligés de pratiquer des échanges et qui, ayant d'autres méthodes de travail, sont tenaces, méthodiques et persévérants et parfois plus favorisés que nous en richesses minières et naturelles.

Il ne suffit donc pas d'avoir gagné la guerre qui, même victorieuse, est toujours destructrice de richesses matérielles et morales. La lutte continue non seulement avec nos ennemis d'hier, abattus militairement, mais dont la force économique sera demain de nouveau redoutable, mais aussi avec nos alliés dont la puissance industrielle s'est accrue pendant la guerre, alors que la nôtre se trouve considérablement diminuée.

Ce qui vient toutefois compenser, jusqu'à un certain point, ces pertes industrielles, c'est le retour de l'Alsace et de la Lorraine dont les ressources morales et matérielles seront d'une valeur inappréciable. Lors de leur séparation de la France par le traité de Francfort, on ne s'est probablement pas rendu suffisamment compte de ce que ces deux provinces représentaient dans l'économie française et de l'apport important d'hommes de valeur qu'elles fournissaient à la communauté.

Nous comptons beaucoup sur l'élément alsacien pour la rénovation de l'industrie chimique française et pour renouveler des méthodes industrielles dont la tradition conservatrice s'explique par le caractère national formé au cours de nombreux siècles de prospérité agricole.

Ceci n'est point dit pour diminuer les mérites des industriels français dont quelques-uns ont fourni, pendant la guerre notamment, un effort magnifique et que nous nous plaisons à reconnaître. Nous croyons cependant que l'arrivée de nouveaux éléments industriels, formés à une autre école et apportant des idées neuves, sera un levain pour vivifier nos industries nationales.

Quelles que soient donc les heures difficiles que nous vivons actuellement, et malgré les difficultés financières et autres contre lesquelles nous nous débattons, nous avons foi en ce pays et en ses destinées. La crise actuelle ne dépasse pas ses forces ; il saura la surmonter pour réaliser ses nouveaux destins. L'industrie chimique également, dont l'importance s'est accrue pendant la guerre, saura, nous l'espérons, malgré quelques défaillances dans le passé, soutenir sa renommée et l'amplifier encore dans l'avenir.

Il nous reste, enfin, à remercier nos collègues qui ont bien voulu nous donner des renseignements utiles pour notre documentation ce qui nous a permis aussi de faire quelques rectifications.

Mon frère, M. Paul Grandmougin, a bien voulu me seconder dans l'exécution matérielle, et, en particulier, se charger de la tâche ingrate de la mise au point de l'ouvrage.

Puisse ce livre acquérir de nouveaux lecteurs et ainsi réaliser le but que nous nous proposions : développer le goût de la Chimie en France et provoquer par là même un développement de nos industries nationales pour le plus grand profit des chimistes et du pays.

                                        Eug. GRANDMOUGIN.

L'ESSOR

DES INDUSTRIES CHIMIQUES

EN FRANCE

I

GÉNÉRALITÉS

A l'époque où nous vivons, il peut être intéressant de dresser un bilan de l'industrie chimique française, d'examiner quel fut son passé et de tenter de tracer les grandes lignes de son essor de demain. Le cataclysme qui s'est abattu sur nous, à côté des ruines, des deuils et des malheurs innombrables qu'il a causés, aura cependant eu l'avantage de rénover nos méthodes industrielles dont l'évolution, pour des causes diverses, avait subi un temps de ralentissement ou même d'arrêt.

Si nous sommes amenés, au cours de ces études, à signaler ces causes, ce n'est ni dans un esprit de récrimination ni pour exprimer des regrets stériles et superflus. Mais il importe d'étudier avec soin les raisons qui ont empêché le développement de quelques-unes de nos industries chimiques, afin de pouvoir y remédier dans l'avenir. Seul un examen de conscience sincère et courageux peut nous préserver des mêmes erreurs que celles qui ont précédé la guerre et en éviter le retour.

Dans les chapitres qui vont suivre, l'auteur se propose donc de tracer, dans ses grandes lignes, l'avenir de nos industries chimiques en tenant compte aussi bien des ressources naturelles de notre pays que des progrès et des perfectionnements réalisables

II. — L'Essor des industries chimiques.

1

dans les divers domaines industriels. Si dans certains de ces
domaines, et notamment dans les industries inorganiques, notre
industrie chimique occupait un rang digne de son passé et main-
tenait son prestige, on ne peut nier un certain recul pour les industries organiques en particulier, et il nous faudra progresser
sérieusement pour faire aussi bien que nos concurrents.

Tout en tenant compté du fait que la France est, avant tout, un
pays agricole, il faut néanmoins développer notre industrie de
façon à couvrir tous nos besoins sans toutefois industrialiser notre
pays à l'excès. Ce but pourra être atteint en utilisant au mieux
nos richesses naturelles et en tenant compte, plus que par le
passé, des progrès incessants de la chimie pure et appliquée. Il
s'agit, en somme, d'obtenir le plus grand rendement possible avec
le moins de main-d'œuvre — qui sera forcément diminuée par la
guerre — en modernisant les installations existantes et en les
transformant d'après des données scientifiques. Dans d'autres cas,
il faudra s'appliquer à créer de toutes pièces de nouvelles industries pour éliminer la concurrence étrangère et éviter des importations onéreuses.

*
* *

Nous serons donc amenés à étudier, en tout premier lieu, nos
ressources en matières premières.

Si pour les combustibles fossiles, solides et liquides, pain de
l'industrie moderne, nous sommes en infériorité vis-à-vis des autres
grandes nations industrielles, cette pénurie est compensée jusqu'à
un certain point par notre richesse en houille blanche. Son emploi
a déjà joué un rôle important dans le passé et ses applications vont
devenir de plus en plus fréquentes.

Nous sommes par contre bien partagés au point de vue des
minerais de fer et de l'alumine, mais nous dépendons de l'étranger,
en totalité ou en partie, pour les nitrates, la potasse, le cuivre, le
plomb, l'étain, le soufre, le manganèse et certains minerais rares.

Quant aux ressources en matières premières organiques, la
pénurie de combustibles fossiles nous met nécessairement en infériorité pour les sous-produits dérivés de leur carbonisation.

En ce qui concerne les produits provenant de l'agriculture et susceptibles de transformations industrielles, la France, avec son sol fertile, son climat favorable, devrait être le premier pays du monde quant au rendement agricole. Malheureusement, par suite du maintien de méthodes routinières pour la culture, ce rendement est bien éloigné de celui qu'il pourrait être. Notre agriculture devrait profiter, plus que par le passé, des progrès de la science agronomique.

Il y aura lieu aussi de faire un appel plus large aux ressources de nos colonies : développer l'industrie de la carbonisation du bois dans l'Afrique du Nord ; utiliser, pour la fabrication des pâtes à papier, les végétaux à grand rendement que pourrait fournir notre empire colonial, grâce à son climat tropical ; intensifier la culture des graines oléagineuses dans nos colonies pour affranchir notre industrie des corps gras d'un lourd tribut payé à l'étranger, car la production métropolitaine est insuffisante.

Après cette étude des matières premières et des ressources dont peut disposer notre industrie chimique, nous étudierons les principales industries minérales et organiques. Parmi les industries minérales, il y aura notamment l'industrie des engrais minéraux et particulièrement le domaine de la fixation de l'azote, puis la grande industrie des acides et des alcalis qui retiendront toute notre attention.

Les industries organiques sont bien plus nombreuses et beaucoup plus complexes que les industries minérales ; leur diversité et leur multiplicité rend difficile la tâche d'en tracer un exposé méthodique et complet.

On peut dire, d'un façon générale, que pour les industries en relation avec l'alimentation : industries vinicoles, brasserie, panification, conserves alimentaires, les industries des corps gras, de l'alcool, du cacao et du chocolat, etc..., notre situation industrielle était bonne tout en étant susceptible, cependant, de nombreux développements et perfectionnements. La même observation peut s'appliquer aux industries annexes et connexes : industries de la savonnerie, de la stéarinerie, des parfums naturels, des tartres bruts et raffinés, des essences de térébenthine, des industries du caoutchouc, des fibres artificielles, des extraits tannants et tinctoriaux.

Il n'en est plus de même dès qu'il s'agit des industries synthétiques où, pour des raisons multiples, nous étions largement dépassés par l'Allemagne.

Qu'il s'agisse de fabrications relativement simples comme celles de l'acide formique, de l'acide oxalique, de l'acide lactique, du celluloïd, des explosifs modernes : acide picrique, trinitrotoluène, etc... ou de l'industrie des produits synthétiques dérivés du goudron de houille : matières colorantes organiques, produits pharmaceutiques et parfums synthétiques, les causes de cette infériorité sont les mêmes et seront étudiées en détail dans ce livre.

Si ces causes sont plus frappantes dans l'industrie des matières colorantes et si c'est dans ce compartiment qu'elles ont pris le plus grand relief et acquis le plus grand retentissement, elles se sont manifestées également dans tous les domaines de la synthèse organique.

Il ne faut, en effet, pas perdre de vue qu'il y a une différence profonde entre les méthodes de la chimie minérale et celles de la chimie organique.

Tandis que pour les industries minérales nous dépendons des éléments qui se trouvent dans le sol ou dans l'atmosphère et dont l'abondance ou la pénurie règlent les emplois possibles, l'industrie synthétique organique est, avant tout, une industrie de transformation qui, à partir des matières carbonées, peut, par des réactions appropriées, arriver à reproduire tous les composés organiques. Si la réaction qui conduit au corps désiré offre des avantages économiques, il y a là la possibilité d'une exploitation industrielle.

Dans ce domaine plus particulièrement, l'intelligence humaine peut réaliser des prodiges ; elle peut souvent lutter avec succès avec la nature, dont les méthodes de synthèse paraissent immuables. C'est pour cette raison que des produits synthétiques : l'alizarine, l'indigo, la vanilline, le camphre synthétique et d'autres ont pu lutter efficacement avec les produits naturels et même les remplacer complètement. C'est pour la même raison que l'on peut entrevoir la possibilité de la synthèse industrielle de l'alcool, de l'acide acétique et de leurs dérivés à partir du carbure de calcium, du méthylène à partir du méthane, de l'alcool amylique en partant de la benzine du pétrole, etc... Pour le caoutchouc artificiel par contre, le problème de la fabrication industrielle n'est pas résolu, malgré des travaux fort nombreux et des plus remarquables.

L'aboutissement de toutes les industries chimiques, aussi bien minérales qu'organiques, est sans contredit l'industrie des matières colorantes que l'on peut considérer comme le plus beau fleuron des sciences chimiques, tant pour la complexité des réactions mises en œuvre que pour les résultats obtenus dans ce domaine.

L'exposé complet de cette question fera l'objet d'un chapitre spécial vu l'intérêt particulier qui s'attache à cette question. Notons seulement ici que la consommation française en colorants dérivés du goudron de houille dépassait 25 millions de francs et que nous étions tributaires pour la plus grande part, soit directement, soit indirectement de l'industrie allemande. Il faut s'affranchir de cette emprise et, malgré les difficultés que peut offrir cette entreprise, faire confiance à ceux qui ont assumé cette tâche ardue.

Nous le pouvons d'autant plus que, dans un domaine voisin, celui des explosifs, un effort formidable a été fait pour remédier à notre insuffisance d'avant-guerre. Les résultats obtenus par cet effort sont tels qu'ils permettent tous les espoirs pour la rénovation de notre industrie chimique organique. Il est encore prématuré de vouloir retracer l'historique de cette période, mais il est certain que l'historien futur restera émerveillé devant l'essor prodigieux des industries de guerre dont la production pour certains produits a été plus que centuplée. Dans des temps héroïques, il se serait trouvé un poète pour magnifier l'œuvre des chimistes et la comparer à celle des dieux.

Sans doute la question des matières colorantes et des produits intermédiaires nécessaires à leur fabrication est infiniment plus complexe que celle de un ou deux explosifs à grande puissance, surtout en tenant compte du fait que pour ces produits le prix de revient ne jouait qu'un rôle secondaire.

Certainement aussi le prix des matières colorantes s'est élevé, par suite de la raréfaction de ces produits, à un multiple de celui d'avant-guerre, ce qui rend leur fabrication des plus rémunératrices ; mais il ne faut pas perdre de vue qu'un équilibre tendra à s'établir après la signature de la paix. Et en outre de l'indus-

trie allemande, restée redoutable quoiqu'il arrive, il faudra certainement compter avec l'industrie américaine, devenue très puis-
sante et peut-être aussi, mais à un degré moindre, avec l'industrie
chimique anglaise.

***

Enfin le développement pris par certaines industries du fait de
la guerre, comme la fabrication de l'acide sulfurique par exemple,
demande qu'on s'occupe, dès à présent, de trouver des débouchés
pour l'excédent de ce produit, une fois que la paix sera conclue.
L'industrie française consommait environ 700.000 tonnes de
pyrites avant la guerre, ce qui correspond à un million de
tonnes en acide sulfurique; cette consommation a sérieusement
augmenté pendant la guerre. On estime à 500.000 tonnes l'excédent d'acide qui pourra être disponible après la guerre, une fois
que les usines du Nord seront rétablies et fourniront leur plein
rendement.

Il y a aussi la fabrication de l'acide sulfurique fumant qui a
pris un développement considérable pour les besoins de la défense
nationale. Or, avant la guerre, il n'existait guère d'emplois pour
cet acide fumant qui sert surtout dans l'industrie des colorants.

Il en est de même pour l'industrie du chlore liquide, qui était à
peu près inexistante avant la guerre, et qui est devenue si importante qu'on estime sa production à près de 10.000 tonnes annuellement. On s'est également vu obligé de monter la fabrication du
brome que l'on importait, autrefois, en totalité de l'étranger.

L'auteur a donc forcément été amené à tenir compte de ces faits
dans l'exposé qui va suivre. Il faut cependant remarquer, ici, que
ce travail s'attache uniquement aux grandes lignes des ressources
et de l'avenir des diverses industries et que, pour les détails, il
faudra nécessairement avoir recours aux monographies et aux
ouvrages spéciaux qui seront cités quand il y aura lieu.

II

RÉORGANISATION ÉCONOMIQUE ET SOCIALE

Quoique l'état de guerre semble être devenu chronique, il faut espérer quand même arriver, dans un avenir pas trop éloigné, à l'état de paix, le seul favorable pour le développement de toutes les industries. Comme l'a dit, à ce propos, un journaliste : si nous n'avons pas préparé la guerre, ce n'est pas une raison pour ne pas préparer la paix. En effet, la guerre actuelle a démontré, jusqu'à l'évidence, les nombreux inconvénients de l'improvisation si chère à notre pays : les retards considérables dans l'exécution, les frais élevés et même exagérés, les à-coups inévitables et l'infériorité vis-à-vis d'adversaires bien organisés et bien outillés.

Il nous a donc paru intéressant de tracer, dès à présent, un programme concernant nos industries chimiques, programme qui pourrait et devrait être mis à exécution, aussitôt que cela sera faisable et autant que possible pendant la durée des hostilités. Malgré le prix élevé de la main-d'œuvre, par suite de sa raréfaction, la cherté des matières diverses et des matériaux de construction en particulier, les délais de livraison à longue échéance, etc., facteurs multiples qui ne sont guère favorables à l'exécution de grandes entreprises pendant l'état de guerre, il importe d'arriver à des résultats aussi rapidement que possible.

Il faut, en effet, que nos usines soient montées et outillées afin de pouvoir immédiatement entamer la lutte industrielle, dès que l'état de paix sera revenu. Si ces usines ont pu être amorties pendant la guerre, leur situation financière n'en sera que meilleure.

N'oublions pas que nous aurons à lutter non seulement avec nos ennemis dont l'outillage industriel est intact, mais aussi et surtout avec nos alliés anglais et américains. Ces derniers surtout ont fait un effort industriel formidable dont les suites ne pourront être appréciées complètement que lorsque des communications normales seront de nouveau établies entre les nations industrielles.

Nous n'avons nullement la prétention de vouloir, en ces quelques notes, épuiser un sujet aussi considérable que l'industrie chimique avec ses nombreuses ramifications. Il sera sans doute suffisant d'esquisser, dans ses grandes lignes, l'avenir de l'industrie chimique tel qu'il nous apparaît dès maintenant, en mettant à contribution toutes les ressources naturelles du pays et les expériences techniques et scientifiques diverses encore insuffisamment mises à profit dans notre industrie. C'est, si l'on veut, une espèce d'inventaire des richesses que nous allons dresser en exposant la manière rationnelle de les utiliser au mieux des intérêts généraux et particuliers.

Une pareille étude sera forcément imparfaite et comportera, nécessairement, une large part d'hypothèses sujettes parfois à des aléas considérables. Cela tient, d'une part, à ce que la transformation industrielle, telle que nous la concevons, ne peut s'effectuer immédiatement, mais qu'elle demandera de nombreuses années avant d'arriver à une réalisation complète. D'autre part, comme les opérations militaires ne sont pas terminées, et qu'une partie des départements industriels du Nord et de l'Est sont encore envahis, il ne faut pas se dissimuler que les ruines seront nombreuses et qu'il faudra un temps assez considérable pour rétablir dans leur intégrité et leur plein rendement les usines endommagées ou détruites.

Enfin, si, comme cela est certain, l'Alsace-Lorraine fait retour à la France, elle sera un appoint considérable, non seulement au point de vue industriel et moral, mais aussi, et surtout, au point de vue des richesses du sous-sol : fer, potasse, pétrole et sel.

Nous indiquerons, quand il y aura lieu, l'importance de ces acquisitions futures et l'influence qu'elles pourront exercer sur nos industries.

* *

Mais pour établir une industrie chimique florissante — et les considérations qui vont suivre s'appliquent, du reste, à l'industrie tout court — il nous faudra : des hommes, de l'argent, des matières premières, du temps, du travail et de la méthode.

Des hommes d'abord, et en quantité et de qualité. La mise en valeur de notre empire colonial et de la France elle-même, qui pourrait nourrir le double d'habitants qu'elle possède, n'est possible qu'avec un matériel humain nombreux. Il faut espérer que la femme française, — devenue, malheureusement, partisan du moindre effort en maternité, — aura compris la terrible leçon de la guerre et saura remplir, à l'avenir, les devoirs de sa fonction physiologique. La qualité ensuite. Il importe que l'on comprenne enfin, chez nous, la valeur des spécialistes et que, contrairement à l'opinion courante, n'importe qui n'est pas bon à n'importe quoi. Il faut réformer nos méthodes d'enseignement défectueuses qui poursuivent le but chimérique de former des hommes que l'on peut mettre n'importe où, des encyclopédistes pouvant servir partout mais insuffisamment spécialisés pour l'industrie moderne.

Ce qu'il nous faudra surtout, ce sont des grands chefs d'industrie, des hommes n'abusant pas de l'artifice et des habiletés et n'ayant que du savoir-faire, dépouillés des petitesses inhérentes à notre race : l'économie exagérée, l'esprit mesquin, tâtillon et procédurier. Des chefs, enfin, ayant le savoir, l'autorité, la méthode, équitables pour leurs employés et leurs collaborateurs, ne visant pas uniquement aux résultats immédiats, mais capables d'envisager un problème de grande envergure, voyant juste, grand et loin.

Quant à l'argent, si la France est, par définition, le banquier du monde, il faudra précisément pour cela une réforme profonde de notre système bancaire et de la mentalité de nos capitalistes.

Au lieu d'exporter nos capitaux et de les placer en fonds d'État, il faudra les réserver, à l'avenir, aux industries nationales.

Il nous faudra, enfin et surtout, du travail et du temps. Il faut bien se pénétrer de l'idée que, pour rattraper l'avance que nos

concurrents et nos adversaires possèdent par quarante ans d'un
labeur acharné, il ne suffira ni de quelques mois, ni même de
quelques années. Si cela était, ce serait la faillite du travail.
Armons-nous donc de patience, de ténacité, d'obstination, de
toutes ces qualités que la guerre d'usure actuelle nous a ensei-
gnées et persuadons-nous bien que l'effort méthodique et continu
vient à bout de toutes les difficultés.

La refonte de nos méthodes industrielles n'ira, évidemment, pas
sans le remaniement complet et parallèle de nos méthodes et
moyens commerciaux. Le nouvel esprit, qui doit nous animer,
devra, en effet, exercer son action sur tous les domaines de
notre activité. C'est la condition *sine qua non* de la réussite et du
triomphe.

C'est pourquoi il nous faudra accorder à l'étude des problèmes
commerciaux une attention toute spéciale. Nous devrons outiller
largement nos moyens de transport et les mettre à la disposition
de nos industries dans des conditions qui permettront à celles-ci
de lutter efficacement contre nos concurrents. Notre réseau ferro-
viaire, trop uniquement conçu en vue d'une convergence vers la
métropole, sera à améliorer.

Avec la longueur de côtes que nous possédons et nos excellents
ports, nous pourrions être la première nation maritime du monde,
mais une politique trop étroite nous a fait perdre le bénéfice de
cette situation géographique incomparable. Il faudra augmenter
l'outillage de ces ports qui ne doivent plus être des culs-de-sacs
où les marchandises iront s'entasser, mais les pores de notre
organisme industriel et commercial rénové et par où notre commerce et notre industrie respireront largement. Cela leur permettra de reconquérir non seulement les marchés perdus, mais de
nous approvisionner aussi en matières premières indispensables.
Le complément de l'outillage de nos ports sera le développement
de notre marine marchande où, plus que partout ailleurs, les intérêts politiques et particuliers devront disparaître devant l'intérêt

général. Il faudra donner une impulsion vigoureuse à notre navigation fluviale. Nous avons déjà le réseau de canaux le plus développé de l'Europe. Tâchons de le conserver et de l'améliorer encore, si possible.

En prévision de la paix à venir, sachons, dès maintenant, nous ménager avec nos alliés des traités commerciaux qui consacreront les excellentes dispositions d'esprit et d'entente actuelles. Au moment de la paix, il faudra imposer à nos adversaires des tarifs de douane, non pas improvisés, mais bien étudiés, dont les différentes taxes ne correspondent pas uniquement à la protection des intérêts particuliers, mais à la protection raisonnée d'une ou de plusieurs industries déterminées, et dont la modalité aura fait l'objet d'une étude préalable extrêmement sérieuse.

Il y aura lieu, enfin, de procéder à des remaniements et des transformations législatives. Sans vouloir entrer dans des détails qui nous entraîneraient trop loin, on peut cependant citer parmi les lois à moderniser : la loi des mines de 1810, celle des brevets datant de 1844, ensuite la loi sur les sociétés et certaines lois ouvrières. Mais il n'est peut-être pas inutile de faire remarquer qu'on devra se méfier des improvisations législatives qui font que la plupart des lois votées depuis un quart de siècle se sont trouvées tout à fait impropres lors de l'usage.

N'oublions pas aussi d'insister sur un changement profond de nos méthodes administratives, hostiles à tout progrès et à tout perfectionnement. Trop souvent l'industrie s'est heurtée à des difficultés provenant de l'hostilité ouverte ou sourde des pouvoirs publics, trop peu conscients du rôle que l'industrie doit jouer dans un Etat moderne. Il faut espérer que notre bureaucratie aura, elle aussi, compris que les méthodes routinières d'avant-guerre ont fait leur temps et qu'il faut les réformer complètement (1).

(1) Consulter notamment : *La Réorganisation de l'industrie chimique en France*, par Eugène et Paul GRANDMOUGIN (1918), chez Dunod et Pinat.

III

LES COMBUSTIBLES ET LEURS SOUS-PRODUITS (1)

Une question primordiale pour les industries chimiques et métallurgiques, et pour l'industrie en général, est la question des combustibles.

Sous ce rapport, la France n'est guère bien partagée : elle ne produit, en effet, qu'environ 40 millions de tonnes de houille annuellement (40.394.177 tonnes en 1912 ; 40.129.410 tonnes en 1913) et 800.000 tonnes de lignite (751.000 tonnes en 1912 ; 792.793 tonnes en 1913). On ne peut naturellement tabler sur la production actuelle, qui est diminuée sensiblement par suite de l'envahissement des départements du Nord et du Pas-de-Calais (2).

(1) Bibliographie à consulter : *Combustibles industriels*, par FÉLIX COLONER et CHARLES LOBDIER (2e édition).

La fabrication du coke et les sous-produits de distillation de la houille, par ADRIEN SAY (1912).

Le gaz d'éclairage, par RENÉ MASSE, 3 vol. (1914).

Les progrès successifs dans la carbonisation de la houille au point de vue de la récolte des sous-produits, par MALLET (1916).

(2) La production qui était tombée à 20 millions de tonnes, en 1915, a été relevée par suite des efforts des mineurs à près de 29 millions de tonnes, en 1917. En y ajoutant 18 1/2 millions de tonnes de houille anglaise importées, on arrive à une consommation de 47 1/2 millions de tonnes.

Le tableau suivant donne, pour la houille, la production des quatre grandes nations industrielles pendant ces dernières années.

Production de combustibles minéraux (en milliers de tonnes)

	1913	1914	1915	1917
France.........	40.844	29.787	19.875	28.900
Angleterre.....	292.029	269.915	257.258	248.000
Allemagne.....	277.342	245.482	235.082	216.000
Etats Unis.....	517.035	461.256	432.235	591.000

Les quantités produites en temps normal étant insuffisantes, il fallait recourir à l'importation pour les usages industriels et domestiques : 3.700.000 tonnes de houille allemande, plus de 11 millions de tonnes de houille anglaise (11.257.000 tonnes) et 3.670.000 tonnes de Belgique, en 1913, sans compter les importations de coke nécessaire à l'industrie sidérurgique.

Voici du reste comment se répartissaient les 60 millions de tonnes de houille consommées en France (pour 1911) :

Chemins de fer	7.650.000 tonnes.
Usines à gaz	4.931.000 »
Marine marchande.............................	1.282.000 »
Industries diverses............................	18.495.000 »
Métallurgie	10.911.000 »
Mines	4.931.000 »
Usages domestiques...........................	11.110.000 »
Total............................	59.010.000 »

La France est donc tributaire de l'étranger pour son approvisionnement en houille, ce qui met ses industries métallurgiques et chimiques dans une position d'infériorité vis-à-vis de ses concurrents et voisins, et notamment de l'Allemagne et de l'Angleterre.

La situation houillère sera encore rendue plus difficile par le retour de l'Alsace, pays industriel par excellence et gros consommateur de houille (11 millions de tonnes par an). A moins que l'annexion du bassin de la Sarre (production annuelle 17 millions de tonnes), dont l'exploitation est susceptible d'être largement développée, n'amène des changements importants dans l'avenir.

Nous n'examinerons pas ici la question de savoir si la production des mines françaises ne pourrait être augmentée de façon à couvrir la consommation indigène. Cela serait avantageux à bien des points de vue, mais irait sans doute à l'encontre d'intérêts particuliers très considérables. L'argument principal contre cette élévation de production est, à part la pénurie de main-d'œuvre, surtout le faible montant de la réserve française, estimée à 17 milliards de tonnes, alors que l'Allemagne possède encore, d'après des estimations sans doute un peu aléatoires, environ 300 à 400 milliards de tonnes.

Cette pénurie de combustibles devrait inciter les industriels à utiliser au mieux l'énergie contenue dans la houille par une conduite rationnelle des chaufferies (1). Nous ne voulons pas insister ici sur la question de l'achat des houilles qui devrait se faire, en somme, d'après leur pouvoir calorifique (2). Ce mode de transaction est déjà appliqué dans d'autres pays industriels.

Il semble toutefois que l'on pourrait augmenter la production du lignite, qui est un combustible de valeur inférieure à la houille, mais qui peut donner néanmoins, dans bien des cas, des résultats satisfaisants. La production indigène a été, avant la guerre, de 792.793 tonnes. Faut-il faire remarquer, à ce sujet, que la production allemande s'élève à plus de 80 millions de tonnes (87.116.000 tonnes en 1913), ce qui indique la valeur industrielle de ce combustible.

Enfin, la France possède des tourbières, notamment dans la vallée de la Somme, dans les Vosges et les Ardennes et, si ce combustible ne peut concurrencer sérieusement la houille ou le lignite, il constitue cependant une réserve d'énergie latente digne d'intérêt (3).

(1) *Le contrôle chimique de la combustion*, Eug. GRANDMOUGIN, Génie Civil, 56,85 (1909).

Le contrôle physique de la combustion, Eug. GRANDMOUGIN, Génie Civil 57, 4 (1910).

(2) *Achat des houilles d'après le pouvoir calorifique*, Eug. GRANDMOUGIN, Génie Civil, 58,196 (1911).

(3) On estime à 80.000 hectares les gisements de tourbe disponibles. La superficie des tourbières classées se monte à 9.500 hectares, dont 2.000 hectares, en Vendée et 1 000 hectares dans les Hautes Pyrénées.

La production française est indiquée à 58.530 tonnes en 1913 (au prix de 12 fr. 60 la tonne), mais elle a dû se relever sensiblement pendant la guerre par suite de la mise en exploitation de gisements abandonnés. Lors de l'extraction, la tourbe a jusqu'à 90 °/₀ d'eau; après dessiccation à l'air elle retient encore 25 °/₀ d'eau et laisse près de 5 °/₀ de cendres après combustion. Son pouvoir calorifique ne dépasse pas 4.000 calories ; il correspond donc à la moitié de celui de la houille.

Nous n'insisterons pas sur les nombreux procédés essayés pour la déshydratation de ce combustible : essorage, expression, séchage artificiel, déshydratation par électrolyse (cataphorèse) etc. et qui n'ont pas toujours donné des résultats industriels. On peut l'employer directement comme combustible, mais sa meilleure utilisation paraît être la carbonisation ou, de préférence, la gazéification pour la production d'un gaz de tourbe avec récupération des sous-produits.

*
* *

La pénurie de combustibles constatée se fait d'abord ressentir dans l'industrie sidérurgique où elle nécessite l'importation d'une quantité considérable de coke métallurgique (environ 3 millions de tonnes). Une certaine quantité est, il est vrai, produite en France, soit environ 2.750.000 tonnes, mais il faut insister sur le fait que, jusqu'à présent, la carbonisation ne se fait qu'en partie avec récupération des sous-produits, comme dans les mines de la Loire, dans celles de Lens et de Béthune notamment. Or, il faut, de toute nécessité, arriver à la récupération des sous-produits de la totalité de la houille carbonisée, pour ne pas gaspiller le combustible qui nous est déjà mesuré d'une façon parcimonieuse. On ne compte, en effet, en France qu'environ 2.000 fours à coke avec récupération des sous-produits alors qu'en Allemagne le nombre de ceux-ci s'élève à près de 30.000 (et à 8.500 aux États-Unis).

Il ne peut entrer dans notre idée de traiter ici la réalisation technique d'un problème qui comporte plusieurs solutions. Que l'on donne la préférence aux systèmes Evence-Coppée, Semet-Solvay, Koppers, Otto-Hoffmann, Hilgenstock ou autres, l'important est qu'il ne se perde aucun calorique ni aucun produit qui puisse être condensé.

Si nous admettons que l'on carbonise, comme avant la guerre, 4 millions de tonnes de houille, il est facile de faire le compte des produits que l'on pourra obtenir. On peut estimer que, par tonne de houille carbonisée, on recueillera 100 mètres cubes de gaz en excès non utilisés par le chauffage des fours, 40 kilos de goudron, 12 kilos de sulfate d'ammoniaque et, si l'on possède une installation pour le lavage des gaz, environ 5 kilos de benzol. Ces chiffres sont des moyennes qui, dans certains cas, peuvent être dépassées ; dans d'autres, ils ne seront peut-être pas atteints ; en tous les cas ils n'ont rien d'exagéré.

On obtiendra donc : 2.800.000 tonnes de coke métallurgique, 400 millions de mètres cubes de gaz, 160.000 tonnes de goudron, 48.000 tonnes de sulfate d'ammoniaque et, enfin, 20.000 tonnes de benzol.

Il faut ajouter à ces chiffres les produits résultant de la carbonisation de la houille dans les usines à gaz ; il s'agit d'une quantité légèrement supérieure, soit environ 4.495.000 tonnes (en 1912). En prenant comme base 4 1/2 millions de tonnes, on voit qu'en dehors de 1.350 millions de mètres cubes de gaz d'éclairage et de chauffage (à raison de 300 mètres cubes par tonne de houille) on obtiendra encore 225.000 tonnes de goudron (en comptant un rendement de 50 kilos par tonne) et 45.000 tonnes de sulfate d'ammoniaque.

Le débenzolage du gaz d'éclairage n'est pas une opération courante en temps normal. Le fait de guerre a amené les usines à gaz des villes de Paris, Lyon, Bordeaux et Marseille à faire cette opération et elles obtiennent, par ce fait, 6.000 tonnes de benzol et 2.000 tonnes de toluène annuellement. Il est possible que quelques autres usines suivent encore dans cette voie, mais cette opération est forcément limitée aux grandes installations. Elle a, en outre, l'inconvénient de diminuer le pouvoir calorifique du gaz d'environ 10 0/0 et il ne faut donc pas encourager un procédé qui n'offre d'intérêt que par suite des conditions particulières que nous traversons.

D'autre part, les 400.000 tonnes de goudron obtenues fourniront par distillation 6.000 tonnes de benzol (1 1/2 0/0 environ), de telle sorte qu'on arrive à un total de près de 35.000 tonnes de benzol brut en admettant que l'on continue à débenzoler le gaz d'éclairage après la guerre et que l'on distille la totalité du goudron produit en France. Cela ne paraît pas probable puisque ce produit trouve encore d'autres applications (cartons bitumés, goudronnage des routes, coaltarisations diverses, etc.).

Les chiffres qui viennent d'être cités ne sont évidemment qu'approximatifs. Cela tient d'abord aux rendements variables, obtenus avec des houilles de qualité et d'origine diverses et ensuite au procédé de carbonisation. Ainsi, tandis que la distillation de la houille dans les cornues à gaz fournit de 5 à 6 0/0 de goudron, cette proportion tombe à 2 1/2-4 0/0 dans les fours à coke ; si la distillation se fait dans les fours à chambre, comme c'est le cas dans les grandes usines à gaz, on obtiendra des rendements intermédiaires.

Il s'ensuit donc que les estimations peuvent varier dans de certaines limites. Ainsi, M. Fleurent est arrivé à estimer la quantité de goudron susceptible d'être produite annuellement en France à 472.000 tonnes (1), donc à un chiffre un peu supérieur à notre évaluation qui, comme on le voit, n'a ainsi rien d'exagéré.

Notons ici qu'avant la guerre notre production de goudron ne dépassait pas 280.000 tonnes, dont 200.000 tonnes produites par les usines à gaz.

Par distillation du goudron, on obtient, en outre du benzol déjà mentionné, encore d'autres matières premières : phénols, naphtaline, anthracène, pyridine, etc., intéressantes pour les industries organiques, puis notamment aussi 80.000 tonnes d'huiles de goudron pouvant servir pour les moteurs et autres emplois. Si, enfin, au lieu d'importer annuellement 3 millions de tonnes de coke étranger, cette quantité pouvait être produite également chez nous avec récupération des sous-produits, on verrait s'augmenter les productions en gaz, benzol, goudron et sulfate d'ammoniaque dans des proportions importantes.

Les gaz produits dans les fours à coke ne sont généralement pas épurés par voie sèche, comme cela se pratique pour le gaz d'éclairage. Il y aurait peut-être lieu de les purifier d'après certains procédés plus récents (procédé Bueb) en vue de récupérer le cyanogène qui y est contenu. Les masses ou boues d'épuration peuvent servir de matières premières pour la fabrication des cyanures, ferrocyanures et sulfocyanures. En présence de l'emploi considérable des cyanures, il y a là une matière résiduaire digne d'intérêt (2).

Le gaz lui-même, débarrassé des impuretés, constitue une source d'énergie considérable. Nous avons estimé sa production, avec les houilles cokéifiées en France, à au moins 400 millions de mètres

---

(1) *Les industries chimiques en France et en Allemagne*, p. 75 (Berger-Levrault).

(2) Comme on compte qu'il se forme de 300 à 600 grammes d'acide cyanhydrique par tonne de houille distillée dans les cornues à gaz, cela correspondrait à près de 3.000 tonnes de cyanure de sodium. En récupérant encore le cyanogène contenu dans le gaz des fours à coke, on devrait pouvoir arriver à produire près de 5.000 tonnes de cyanure.

cubes, d'un pouvoir calorifique moyen d'environ 4.000 calories. Ce gaz trouvera des emplois pour la production de force motrice, pour le chauffage et même, après épuration complète, pour l'éclairage des cités avoisinant les usines de fours à coke.

On peut compter, en moyenne, que le gaz excédent de 100 fours à coke modernes peut donner de 3.000 à 4.000 chevaux.

*
* *

Il est bien évident que les quantités ainsi obtenues sont faibles quand on les compare à celles produites par l'Allemagne. L'Allemagne carbonise 32 millions de tonnes de houille pour produire du coke métallurgique et 8 millions pour le gaz d'éclairage. Elle peut donc produire annuellement 1 1/2 million de tonnes de goudron, près de 250.000 tonnes de benzol et 550.000 tonnes de sulfate d'ammoniaque.

Mais on ne peut établir de comparaison entre l'Allemagne et nous, car ce pays possède des houillères considérables et extrait annuellement de son sous-sol près de 200 millions de tonnes de houille (191.511.000 tonnes en 1913), c'est-à-dire à peu près cinq fois autant que la France. Nous verrons du reste, par la suite, les moyens pour remédier à cette infériorité en utilisant d'autres ressources.

On peut, évidemment, regretter, au point de vue de l'industrie chimique, que le rendement en produits condensables n'excède pas 4 à 5 0/0 du poids de la houille carbonisée. Et l'on peut se demander si, à ce point de vue spécial, il n'y aurait peut-être pas intérêt à transformer la totalité de la houille en goudrons, par exemple, de sorte que ceux-ci ne soient plus un sous-produit mais le produit principal. Dans l'industrie du gaz, le problème ainsi posé a été réalisé et la gazéification complète de la houille sous forme de gaz pauvre, de gaz mixte ou de gaz à l'eau sont autant de solutions diverses de ce problème. Pour les produits condensés, le problème n'a pas encore été réalisé industriellement. Il ne semble pas impossible d'y parvenir, mais nous ne pensons pas qu'il y ait lieu d'envisager pour le moment l'exécution de ce programme, et nous n'insisterons donc pas sur la voie qu'il faudrait suivre pour arriver à ce but. On pourrait, soit dit en passant, préparer avec la houille du carbure de calcium, puis polymériser, par un procédé approprié, l'acétylène obtenu par décomposition du carbure par l'eau. Il ne paraît même pas impossible de diriger la condensation de façon à faire prédominer dans le produit final, qui sera forcément un mélange, l'un ou l'autre composant plus particulièrement intéressant.

Cette fabrication n'aurait de l'intérêt que le jour où la France se trouverait, par suite de conditions particulières, — un blocus par exemple — obligée de tirer de son sous-sol tout ce dont elle pourrait avoir besoin pour se défendre.

Mais, en temps normal, il n'y a pas lieu de s'émouvoir de la faible production française en sous-produits dérivés du goudron de houille qui, du reste, ainsi que nous aurons encore l'occasion de le démontrer par la suite, suffirait parfaitement pour une industrie nationale des matières colorantes et des produits pharmaceutiques.

Cet emploi ne représenterait, en effet, qu'une fraction de la consommation en benzol, dont la plus grande partie sert pour les moteurs, comme dissolvant, etc. En Allemagne, où l'industrie organique est particulièrement développée, on estime que 30 0/0 seulement des benzols sont employés par cette industrie et 70 0/0 pour d'autres usages.

Avant la guerre, la France ne produisait guère plus de 15.000 tonnes de benzol et était obligée d'en importer de fortes quantités. Elle s'adressera à l'avenir à ceux qui en auront en excédent. Car si l'on songe que les Etats-Unis d'Amérique seuls produisent annuellement près de 40 millions de tonnes de coke et qu'on est en train d'y multiplier les installations pour la récupération des sous-produits, il est certain qu'on trouvera ailleurs qu'en Allemagne le complément nécessaire à nos besoins. Il y a, en outre, la Belgique dont la production en benzol avant la guerre était supérieure à la production française, et aussi l'Angleterre, qui est également en train de transformer son outillage industriel en le modernisant.

Actuellement, la demande en benzol est considérable, parce que l'acide phénique, qui en dérive, est la matière première pour les

explosifs modernes. Mais une fois l'état de paix arrivé, il y aura
plutôt excès de benzol et de produits analogues, tout au moins
pour les besoins de l'industrie chimique. Inutile de dire que ces
sous-produits de carbonisation, et notamment les huiles de goudron, garderont toute leur importance pour l'alimentation des
moteurs à explosion et c'est surtout dans cette voie que nous
apercevons leur emploi qui ira en s'accroissant de plus en plus.

..

Nous avons vu, d'après les calculs faits précédemment, que
la production de sulfate d'ammoniaque obtenu lors de la carbonisation de la houille, s'élèverait à près de 85.000 tonnes. En y
ajoutant le produit obtenu par le traitement des eaux-vannes,
vinasses de betteraves, etc., on pourrait arriver à près de 100.000
tonnes. Cette quantité dépasse de près de 30.000 tonnes la production actuelle, qui n'est que de 70.000 tonnes environ (68.500
tonnes en 1912). Comme la fabrication de cette quantité excédente
exigerait pour le moins 35.000 tonnes d'acide à 53°, on voit que
la récupération complète de l'ammoniaque aurait aussi l'avantage
d'utiliser une certaine quantité de l'acide sulfurique qui sera en
excès après la guerre.

Il importe, toutefois, de signaler que, dans les procédés actuels
de carbonisation, un cinquième seulement de l'azote de la houille
est récupéré sous forme d'ammoniac. On en obtiendra, par contre,
près des trois quarts en gazéifiant complètement la houille et en
lavant les gaz obtenus. Ce procédé offre un intérêt incontestable
pour utiliser les menues houilles, les déchets de laveries et autres
résidus inutilisables comme combustible. On l'a appliqué notamment en Angleterre (procédé Mond) ; il mériterait d'attirer l'attention de nos techniciens. On obtient, par ce procédé, de 25 à 40 kilogs
de sulfate d'ammoniaque par tonne de combustible et une proportion variable d'un gaz pauvre utilisable pour la production de
force motrice, par exemple.

Quant à la récupération de l'ammoniaque, elle se fait habituellement, par lavage des gaz avec de l'eau, dans des scrubbers, mais

on est aussi arrivé à absorber l'ammoniaque par l'acide sulfurique après dégoudronnage (procédés Solvay, Otto, Koppers, etc.). En présence de la quantité considérable d'acide sulfurique disponible après la guerre, il ne nous semble pas, soit dit en passant, que les procédés utilisant le soufre du gaz pour la formation du sulfate d'ammoniaque (Burkheiser) présentent un intérêt spécial.

Toutefois, la quantité d'ammoniaque obtenue en France comme sous-produit de la carbonisation, même en la portant au maximum possible, ne paraît pas suffisante pour les besoins du pays et notamment pour ceux de l'agriculture. Du reste, la solution du problème de l'azote doit être cherchée ailleurs et nous reviendrons plus en détail sur cette question dans un des chapitres suivants.

Les tourbières constituent également un réservoir d'ammoniaque ainsi que d'énergie latente. En gazéifiant la tourbe dans des conditions particulières, on peut produire un gaz pauvre qui, dans des moteurs appropriés, peut servir à la production d'énergie, en même temps qu'une notable partie de l'azote peut être recueillie sous forme d'ammoniaque. En présence de la pénurie de notre pays en houille, ce problème mérite de retenir toute l'attention de nos techniciens. Si une solution définitive du problème ne semble pas encore avoir été trouvée, on a cependant obtenu, par ailleurs, des résultats encourageants qui engagent à persévérer.

C'est surtout dans cette voie que paraît résider l'intérêt de l'utilisation des tourbières. Avec un rendement de 6.000 tonnes de tourbe par hectare, cela représenterait, à raison d'une teneur de 1 0/0 en azote, environ 600.000 tonnes d'azote ou près de 3 millions de tonnes de sulfate d'ammoniaque pour les 10.000 hectares de tourbières classées. Cet azote est évidemment perdu si l'on brûle la tourbe dans les foyers industriels ; pour le récupérer il faut faire la gazéification dans des gazogènes appropriés.

*
* *

La France ne possède pas de combustibles liquides et si certains indices permettent de supposer qu'il pourrait y avoir des gisements de naphte (notamment en Algérie), il faudrait, avant tout, procéder à des sondages méthodiques. Le retour de l'Alsace nous fournira les mines de Pechelbronn, dont la production en naphte atteint 35.000 tonnes annuellement d'une valeur de 2 millions de francs environ. Ce serait autant de moins à importer. Le naphte d'Alsace est un naphte lourd (densité 0,9) qui, à la distillation, fournit au plus 5 0/0 de benzines, 25 0/0 de pétrole lampant et de 65 à 75 0/0 d'huiles minérales et de résidus. Le coke restant lors de la distillation est une matière première fort prisée dans l'industrie électrique pour la fabrication des agglomérés : électrodes, charbons, etc.

Nous sommes donc tributaires de l'étranger pour tous les dérivés du pétrole. Nos raffineries s'alimentent en matières premières aux Etats-Unis, en Roumanie et en Russie (en 1913 pour 32 millions de francs de naphte brut, sur un total de 165 millions pour pétroles et huiles de schistes).

En attendant que nous ayons du pétrole français ou algérien, il n'est peut-être pas inutile de faire remarquer ici que l'industrie du raffinage du pétrole, qui occupe près de 10.000 ouvriers et dans laquelle les capitaux investis s'élèvent à près de 250 millions de francs, est à peu près arrêtée dans son développement par suite de la législation actuelle sur les huiles minérales.

Ainsi, en 1902, la France importait encore 327.000 tonnes de pétrole brut contre 52.000 tonnes de pétrole raffiné, mais la loi du 31 mars 1903 a eu pour effet d'empêcher l'importation des huiles brutes, pauvres en essences et en huiles lampantes, et de favoriser par contre l'importation des huiles raffinées (soit pour 30.657.000 francs d'huiles raffinées et 68.440.000 francs d'essences, en 1913).

En outre, notre régime fiscal, en raison des droits considérables dont il grève les combustibles liquides, ne leur permet pas de faire concurrence à la houille ; il empêche donc le développement du moteur Diesel dont l'emploi serait particulièrement intéressant pour la motoculture entre autres.

Le remède à cette situation, en attendant la mise en valeur des gisements métropolitains ou coloniaux, paraît résider dans une nouvelle formule qui permettrait l'entrée libre des produits bruts et imposerait les produits raffinés de droits proportionnés.

On peut noter ici la distillation des schistes bitumineux qui est toutefois peu importante comparée à l'industrie similaire anglaise et allemande ; on exploite des gisements à Buxière et à Autun. La distillation se fait d'une façon analogue à celle pratiquée en Ecosse ; elle fournit des gaz, des eaux ammoniacales et des huiles qui sont raffinées et transformées en différents produits industriels.

La production française est d'environ 400.000 hectolitres d'huile brute obtenue par distillation de 200.000 tonnes de schistes.

Par distillation et épuration chimique on en isole 5 0/0 d'essence, 30.0/0 d'huile pour l'éclairage et des huiles lourdes qui servent à la préparation du gaz d'huile. Les queues de distillation sont utilisées pour la préparation de l'ichtyol, qui sert en thérapeutique.

L'Algérie possède des gisements de bitume à Sidi Messaoud qui, d'après les spécialistes, pourraient être avantageusement distillés. Il paraît, en outre, probable que l'on trouverait du pétrole sous l'asphalte.

On voit donc l'intérêt qu'il y aurait de remplacer, autant que possible, les produits étrangers par des produits indigènes. Ainsi à la benzine, qui sert aux extractions dans les huileries, on pourra, dans certains cas, substituer le tétrachlorure de carbone. On ne peut songer à remplacer l'essence par le benzol, car notre production de ce produit est trop faible, mais il y aurait lieu d'envisager l'emploi de l'alcool carburé, qui a donné de bons résultats ailleurs. (On utilise couramment en Allemagne, vu la pénurie d'essence, un mélange de 50 p. alcool, 25 p. benzène et 25 p. pétrole ou de 50 p. alcool et 50 p. benzène avec un carburateur approprié.) Ce serait une excellente utilisation de l'alcool dans le cas où de grandes quantités de ce produit deviendraient disponibles par suite de l'interdiction des boissons alcooliques.

Au point de vue technique signalons ici l'opération du *cracking* dont le but est d'augmenter le rendement en pétrole lampant et, dans certains cas, la production de carbures benzéniques. Certains pétroles contenant du toluène (Indes néerlandaises) ont été particulièrement intéressants pour la défense nationale.

ANNEXES AU CHAPITRE II

Production mondiale en combustibles fossiles (1912) (en tonnes)

	Houille	Lignite	Tourbe
Etats-Unis...............	464.351.713	»	»
Angleterre...............	260.416.388	120	»
Allemagne...............	177.094.917	82.339.583	»
France...................	40.560.097	751.000	58.500
Russie..................	28.802.592	»	4.000.000
Belgique.................	22.983.460	»	»
Autriche-Hongrie..........	16.336.000	34.380.000 (1)	»
Indes anglaises...........	14.942.376	»	»
Nouvelle-Galles du Sud.....	10.044.480	»	»
Espagne.................	3.454.394	»	»
Italie....................	360.291	1.800.000 (2)	150.000

Production et consommation de la houille (1911) (en tonnes)

	Production	Consommation
Etats-Unis.................	443.025.000	455.422.000
Angleterre.................	271.899.000	184.859.000
Allemagne.................	158.164.000	133.437.000
France....................	38.023.000	57.133.000
Russie....................	24.572.403	28.298.000
Belgique..................	22.683.000	24.126.000
Mondiale.................	1.050.000.000	

(1) Pour 1913.
(2) Pour 1917.

Production mondiale du coke (en tonnes)

	1910	1911
Etats-Unis	37.838.000	32.252.000
Allemagne....................	23.600.000	25.405.000
Angleterre...................	19.642.000	19.262.000
Belgique.....................	3.111.000	3.161.000
Russie	2.748.000	3.316.000
France	2.688.000	2.911.000
Autriche	1.999.000	2.058.000
Canada....,.................	819.000	849.000
Espagne......................	521.000	516.000
Italie	397.000	363.000
Divers	3.143.000	»
Total :	96.506.000	»

Production mondiale du naphte

	1913	1915
	(en 1.000 tonnes)	
Etats-Unis....................	33.126	37.480
Russie.......................	9.247	9.353
Mexique	3.671	4.888
Roumanie....................	1.885	1.673
Indes néerlandaises...........	1.534	1.710
Indes britanniques...........	1.000	1.093
Autriche-Hongrie............	1.087	578
Perse........................	180	»
Japon.......................	259	415
Pérou	248	331
Allemagne	133	140
Egypte	13	76
Trinité......................	67	100
Canada......................	30	29
Italie.......................	7	29
Divers	65	»
Production mondiale..........	52.552	57.406

Production de combustibles gazeux des grands pays industriels.
(1913)

Pays	Procédé de gazéification	Houille carbonisée (mille tonnes)	Coke (mille tonnes)	Gaz excédent (millions de mètres cubes)
France.....	Fours.........	4.000	2.800	700
	Cornues	4.500	3.100	1.350
Allemagne..	Fours.........	36.000	25.000	3.200
	Cornues.......	8.000	5.600	2.700
Angleterre..	Fours.........	28.500	20.000	2.850
	Cornues.......	18.300	12.800	5.500
Etats-Unis..	Fours.........	55.000	40.000	5.500
	Cornues	900	600	300 (1)
	Carburation...	»	»	5.468
	Gaz naturel...	»	»	21.126 (2)

N. B. — Dans ce tableau ne sont pas compris les gaz des hauts
fourneaux, gaz pauvre, gaz mixte, gaz à l'eau, etc. Pour le gaz
produit dans les fours à coke, le chiffre indiqué est celui qui résulterait en cas de récupération complète des sous-produits. Il est
loin d'être atteint en France, en Angleterre et aux Etats-Unis.

(1) La production du gaz d'éclairage s'élève aux Etats-Unis à 5.768 millions de
mètres cubes, dont seulement 300 millions de mètres cubes sont constitués par du
gaz de houille. La majeure partie est produite par carburation du gaz à l'eau
(2.600 millions) ou comme gaz mixte carburé (2.500 millions).
(2) Chiffre pour 1916 ; valeur du gaz naturel : 600 millions de francs.

IV

HOUILLE BLANCHE, ELECTRO-CHIMIE
ET ELECTROMÉTALLURGIE (1)

Si la France est assez mal partagée, actuellement, au point de vue de la houille noire, il ne faut pas perdre de vue qu'elle possède de la houille blanche en quantités considérables, et c'est surtout dans l'exploitation de cette richesse que nous voyons un des facteurs essentiels de son essor industriel. Il y a plus; cette réserve naturelle qui est transformable en énergie calorique, électrique et chimique se trouve en Savoie, dans le Dauphiné et dans les Pyrénées, c'est-à-dire dans des contrées pauvres en combustibles fossiles et ne possédant, en général, qu'une industrie peu développée. On pourrait peut-être ajouter, — et c'est l'expérience qui découle de la guerre actuelle, — qu'il peut y avoir intérêt à posséder une industrie éloignée des contrées qui, dans les chocs périodiques où se heurtent et se heurteront toujours les nations, sont, malgré tout, exposées à l'invasion et à la destruction.

(1) Bibliographie à consulter : *Les grandes forces hydrauliques des Alpes*, tome I à VI, publiés par le ministère de l'Agriculture.

Service des forces hydrauliques. Région du Sud-Ouest (Pyrénées), tomes I et II.

Annuaire de la houille blanche 1917-18, par Aug. Pawlowski (1918).

Electro-chimie et électro métallurgie, par A. Levasseur (1917).

Principes et applications de l'électro-chimie, par O. Dony-Hénault, H. Gall et Ph. A. Guye (1914).

La soude électrolytique, par A. Brochet (1909).

L'ozone et ses applications industrielles, par H. de la Coux (1910).

La houille blanche et la métallurgie, par G. Flusin (1916).

La guerre moderne ne peut se faire qu'avec le concours de l'industrie, et il est donc prévoyant de posséder des usines suffisamment éloignées des champs des opérations militaires possibles.

- La richesse en houille blanche de notre pays est évaluée à près de 10 millions de chevaux qui sont loin d'être captés et dont la mise en valeur nécessitera des travaux de grande envergure et fort coûteux. Si l'on veut retenir ce chiffre, on verra qu'il représente plus que la force motrice pouvant être fournie par la production annuelle de la houille en France. Ce calcul est facile à établir. En admettant une consommation de 5 kilos de vapeur par cheval et par heure, soit, en 24 heures, 120 kilos correspondant à une consommation de 15 kilos de houille (1 kilo de bonne houille peut vaporiser dans une installation convenable, 8 kilos d'eau), on voit que 10 millions de chevaux hydrauliques sont équivalents à 150.000 tonnes de houille par jour, soit 45 millions de tonnes par an, chiffre supérieur à notre production nationale (1).

Cette quantité d'énergie serait largement suffisante pour l'électrification de toutes les lignes de chemin de fer et pour la production de force motrice dans les usines chimiques et mécaniques. Elle permettrait de développer l'éclairage à l'électricité, si propre, si pratique et si hygiénique, et de diminuer proportionnellement la consommation du gaz pour l'éclairage.

L'emploi de l'énergie électrique constituerait, en outre, une économie sérieuse. Nos moteurs à vapeur sont des gaspilleurs de calories et plus particulièrement les locomotives qui n'utilisent guère plus de 5 0/0 du calorique. La locomotive électrique donne un rendement dix fois supérieur à la locomotive à vapeur.

On ne peut donc assez insister sur l'utilisation des forces naturelles pour le développement de toutes nos industries, chimiques et mécaniques. Déjà, actuellement, 1.450.000 chevaux sont captés dont 300.000 servent pour l'électro-chimie et, avec les installations en cours d'aménagement et les concessions demandées, on

---

(1) Notons ici, à titre documentaire, que les forces hydrauliques captées en Suisse correspondent à 526.000 chevaux, soit 387.700 kilowatts ou 800 tonnes de houille par jour (la consommation journalière est de 10.000 tonnes), c'est-à-dire près de 300.000 tonnes par an. Ce pays économise donc environ un mois de combustible par l'emploi de la houille blanche.

peut compter arriver dans un avenir pas trop éloigné, à une puissance de 2.550.000 chevaux, soit 1.800.000 kilowatts.

Cette quantité serait certainement suffisante pour nous affranchir des importations étrangères en combustibles, en tenant notre production indigène à son niveau actuel, afin de ne pas accélérer l'épuisement de nos réserves.

Pour la région des Alpes, qui pourrait fournir 4 millions de chevaux hydrauliques en eaux moyennes, voici, pour 1916, la répartition de la force hydraulique pour les diverses industries :

	Chevaux	0/0
Force et lumière......................	291.000	40
Métallurgie	255.000	34
Electrochimie.........................	147.000	20
Traction	16.000	3
Industrie du bois, etc................	23.000	3
Divers................................	6.000	
Total.............	738.000	100

On mesurera l'effort considérable fait dans ce domaine par l'augmentation des forces utilisées. Celles-ci s'élevaient à 470.000 chevaux, en 1910, dont 200.100 chevaux pour l'électrométallurgie et 66.000 chevaux pour l'électrochimie.

Il importe cependant de remarquer que pour l'utilisation de la force hydraulique des cours d'eau navigables, il faudrait une réforme législative que le Parlement a laissée en suspens depuis près de vingt ans, mais dont le vote s'impose absolument. (La force captée actuellement ne s'élève qu'à 218.000 chevaux par suite des difficultés rencontrées pour obtenir des concessions). Cette loi votée on pourra alors récupérer la force énorme que représente le Rhône, laquelle, sur le trajet de Lyon à la mer seulement, est estimée à 5 millions de kilowatts-heures.

L'utilisation des forces hydrauliques constitue donc une œuvre grandiose qui fait tout honneur à nos ingénieurs, si l'on songe que le capital investi dans les entreprises actuelles atteint 2 milliards de francs. Enfin, il n'est pas sans intérêt de souligner ici que l'industrie du salpêtre synthétique a été patronnée par la banque française et a pris un développement tout à fait remarquable en Norvège (1).

(Signalons à titre documentaire que la puissance totale produite dans le monde entier par la combustion de la houille s'élève à 100 millions de chevaux, alors que celle provenant de la houille blanche n'est que de 13 millions. On estime que la puissance disponible en chutes d'eau dans le monde entier est d'au moins 200 millions de chevaux, c'est dire que l'on n'en emploie actuellement que 6 à 7 0/0)

Electrochimie. — L'application du courant électrique aux réactions chimiques utilise soit la force dissociante de l'énergie électrique vis-à-vis des molécules en milieu aqueux ou à l'état fondu, ou bien l'électricité sert à la production de températures très élevées qui ne peuvent être obtenues par la combustion et qui favorisent certaines réactions chimiques.

Ainsi par l'électrolyse de l'eau on obtiendra ses éléments constituants : l'hydrogène et l'oxygène à l'état gazeux. Il faut cependant ajouter que pour l'hydrogène il existe de nombreuses méthodes chimiques (Messerschmidt, Badische) qui permettent de le préparer dans des conditions particulièrement intéressantes, de même que l'oxygène peut être obtenu avantageusement par liquéfaction de l'air et fractionnement subséquent.

Comme appareils électrolyseurs on peut citer deux types d'appareils bien différents : l'électrolyseur Schmidt-Oerlikon à diaphragmes isolants et l'électrolyseur Garutti à cloisons métalliques (type de la Société Oxhydrique). Faisons cependant remarquer que l'explosibilité du mélange oxhydrique demande des précautions spéciales pour éviter des accidents parfois mortels.

Notons ici que l'hydrogène est également obtenu comme sousproduit de certaines autres industries électrochimiques : du chlore et du sodium par exemple.

(1) La Société Norvégienne de l'azote dispose actuellement d'une puissance hydro-électrique de 350.000 chevaux et lorsque les chutes de Tyin et de Nabre seront aménagées, cette puissance s'élèvera à 515.100 chevaux. C'est, soit dit incidemment, le plus puissant groupe hydro-électrique d'Europe.

Par électrolyse des solutions des sels halogénés des métaux alcalins (chlorure de sodium, chlorure de potassium), on peut obtenir, selon les conditions d'exécution, des produits différents.

Ainsi l'on peut préparer des solutions d'hypochlorites diluées dont l'emploi est précieux pour le blanchiment des fibres textiles et des pâtes à papier (procédé Kellner, Schuckert, Hermitte, — ce dernier opère avec du chlorure de magnésium).

Il est à remarquer que ces solutions sont plus actives et possèdent un pouvoir décolorant supérieur aux solutions de même titre faites avec du chlorure de chaux ; cela tient à la différence d'alcalinité. Mais, sauf exception, le procédé électrolytique revient généralement plus cher quoique les solutions obtenues attaquent moins les fibres que celles faites avec les chlorures décolorants (eau de Javel, de Labaraque, etc.).

Signalons, en passant, l'intérêt des solutions d'hypochlorites pour la stérilisation des eaux (javellisation) et pour la désinfection des plaies.

Dans d'autres conditions d'électrolyse on peut provoquer l'oxydation des chlorures alcalins en chlorates et ce procédé électrolytique, inauguré dès 1885 par des chimistes français, a donné lieu à une industrie des plus importantes. Plus de 20.000 chevaux sont utilisés rien que pour la fabrication du chlorate de potasse et près des trois quarts de ce produit sont obtenus par ce procédé. Il faut cependant ajouter qu'en Angleterre, on continue à employer l'ancien procédé par action du chlore à chaud sur une lessive alcaline.

Il y a enfin, une troisième variante de l'électrolyse des chlorures alcalins qui fournit d'une part du chlore libre et d'autre part de l'alcali caustique, soit soude ou potasse caustiques. Ce procédé, peu développé avant la guerre, a pris une extension considérable par suite des fortes demandes en chlore liquide, nécessaires pour les industries de guerre. Mais tandis qu'autrefois le chlore était un sous-produit et la soude le produit principal, on peut dire qu'actuellement les conditions sont renversées.

Avant la guerre on ne comptait guère que 4.000 chevaux utilisés en France pour l'électrolyse du sel marin (chlore, soude caustique, sodium et chlorate de soude) dans 4 usines, alors que l'Angleterre disposait de 12.000 chevaux, les États-Unis de 28.000 chevaux et l'Allemagne de 30.000 chevaux.

L'action oxydante du courant électrique est également utilisée en dehors de la fabrication des chlorates, pour celle des persulfates et des percarbonates, dont l'emploi industriel est resté assez restreint, il est vrai.

On produit également, d'une façon passagère, de l'acide persulfurique lors de la préparation de l'eau oxygénée par l'électrolyse. A cet effet, on électrolyse des solutions extra-pures d'acide sulfurique avec une haute densité de courant, puis l'on décompose ensuite l'acide persulfurique et l'acide de Caro formés et l'on isole l'eau oxygénée par distillation dans le vide. Ce procédé, tout délicat qu'il est, est cependant exécuté industriellement à Aussig (Autriche) et permet d'obtenir une eau oxygénée très concentrée, titrant de 20 à 30 0/0. Il peut, semble-t-il, faire concurrence aux procédés chimiques qui utilisent la décomposition des peroxydes de baryum ou de sodium.

Mentionnons, enfin, l'emploi du courant pour l'oxydation des manganates en permanganates, réaction utilisée industriellement en Allemagne et en Autriche (le permanganate de potassium n'était pas préparé en France avant la guerre), des ferrocyanures en ferricyanures et des sels de sesquioxyde de chrome en chromates. Ce procédé est particulièrement intéressant pour les fabriques qui utilisent les bichromates comme oxydants en synthèse organique (anthraquinone, camphre, etc.).

Les possibilités de l'emploi du courant comme moyen réducteur paraissent plus limitées. On peut obtenir de l'hydroxylamine par réduction de l'acide nitrique et l'on a breveté la préparation des hydrosulfites par réduction électrolytique des bisulfites. Mais ce procédé ne peut concurrencer la méthode chimique actuellement employée.

Dans le domaine organique, il y aurait lieu de signaler la réduction de l'acide oxalique en acide glycolique, du nitrobenzène en azobenzène. Ce dernier procédé paraît particulièrement intéressant pour la fabrication de la benzidine. On nous affirme qu'il est employé industriellement. Signalons encore la fabrication du p. amido-phénol, de l'iodoforme, etc.

Il y a aussi les applications des effluves électriques pour l'obtention industrielle de l'ozone avec l'air atmosphérique ; on prépare ainsi de l'air ozonisé (1 à 6 gr. d'ozone par mètre cube). Cet air ozonisé suffit pour la plupart des applications, mais des travaux plus récents permettent d'envisager la préparation d'ozone concentré, à partir de l'oxygène, en travaillant à basse température. L'intérêt qu'offrent certains ozonides et la facilité avec laquelle on peut dédoubler des corps à liaison éthylénique en passant par ces composés, permettent même d'entrevoir des applications industrielles.

On a aussi étudié la préparation de l'acide cyanhydrique à partir du méthane et même celle du cyanure d'ammonium par action des effluves.

.•.

Pour l'exécution de certaines réactions chimiques, il faut une température très élevée que l'on peut obtenir plus particulièrement par l'emploi du four électrique.

C'est cet instrument qui a permis de préparer industriellement et en grosses quantités le carbure de calcium par action du coke sur la chaux, puis ultérieurement la cyanamide calcique, par fixation de l'azote sur le carbure de calcium.

Le four électrique sert également à la préparation des azotures et de l'azoture d'aluminium en particulier, qui peut devenir le point de départ d'une production importante de sulfate d'ammoniaque.

C'est aussi au four électrique que se fait la combustion de l'air qui permet de synthétiser l'acide nitrique : l'importance de ces industries sera exposée dans le chapitre sur la fixation de l'azote.

On utilise également la température de l'arc électrique pour la préparation du carborundum qui est chimiquement du carbure de silicium et qui sert d'abrasif, pour la préparation de la baryte par réduction du sulfate de baryum par le charbon ainsi que pour celle du corindon (alumine cristallisée).

Le phosphore qui s'obtient, comme on sait, par réduction des phosphates par le charbon, en présence de silice, à température élevée, est également préparé au four électrique ; on estime que la moitié de ce métalloïde est obtenu de la sorte.

Aux Etats-Unis une usine fabrique le sulfure de carbone au four électrique, d'après le système E. Taylor ; ce produit a des emplois multiples et avec le développement de la soie viscose, sa production pourrait peut-être encore augmenter.

Mentionnons enfin l'industrie du quartz fondu (vitréosil, verre de quartz, etc.) fort précieux pour l'appareillage dans les usines d'acides ; l'industrie des pierres précieuses synthétiques : rubis, émeraude, topaze, saphir, etc.

Nous aurons encore, dans le cours de ces études, à revenir plus en détail sur plusieurs de ces applications du courant électrique aux industries chimiques dont l'importance va en croissant sans cesse.

Électrométallurgie. — Comme pour l'électrochimie, dont l'électrométallurgie n'est qu'une des branches, on utilise soit l'électrolyse par voie humide, soit l'électrolyse par voie ignée, soit enfin, l'électrothermie. L'électrométallurgie s'applique au traitement des minerais, à la préparation de certains métaux par l'électrolyse des sels à l'état fondu et à l'affinage des métaux impurs.

Sans doute les procédés électrométallurgiques ne sont pas limités aux régions de la houille blanche ; il importe même de faire remarquer que certains procédés électrométallurgiques, tel que l'affinage du cuivre, sont employés dans les régions de houille noire et parfois de houille verte. Il en est de même du reste du procédé électrolytique déjà signalé pour la préparation de la soude caustique où les frais d'évaporation sont bien supérieurs aux frais d'électrolyse. On a donc intérêt à établir cette industrie à proximité de centres producteurs de combustibles.

Au point de vue économique, il n'est donc pas sans intérêt de noter que ce sont les procédés d'électrolyse par voie humide qui demandent les installations les plus coûteuses, soit de 500 à 1.000

francs par cheval installé, alors que pour l'électrolyse par voie ignée le prix de revient descend à 200 francs, à 100 et même à 75 francs pour les procédés électrothermiques.

Enfin la récupération du calorique des gaz des fours aura, dès que ce problème sera résolu, des conséquences économiques des plus importantes.

Nous parlons par ailleurs du haut fourneau électrique pour la production de la fonte ainsi que de l'acier produits dans les fours électriques de divers modèles ; signalons ici seulement la production des fontes synthétiques qui est en voie d'exécution et la possibilité de préparer directement de l'acier à partir des minerais.

Mais c'est principalement pour l'industrie des ferros : ferrochromes, ferro-siliciums, ferro-tungstènes, ferro-manganèses et et autres ferro-alliages que l'industrie électrométallurgique a pris un développement considérable.

Ainsi la production mondiale des ferro-siliciums s'est élevée de 15.000 tonnes en 1907 à près de 45.000 tonnes en 1913, dont un tiers produit par la France (15.000 tonnes).

La fabrication, qui est des plus simples, consiste à réduire la silice par le charbon en présence de la quantité voulue de fer, ce qui permet d'obtenir toute la gamme des ferros-siliciums, depuis 10 0/0 de Si jusqu'à 95 0/0. On produit, d'une façon générale, un ferro à 45 0/0 de silicium, mais les transactions se font sur la base du type ancien à 50 0/0 de Si (240 francs la tonne en 1913).

On peut obtenir aussi, par le procédé électrothermique, du silicium à très haute teneur, qui est employé pour les besoins de l'aéronautique ; il dégage en effet 1,2 mètre cube d'hydrogène par kilo quand il est traité par une lessive de soude caustique. Notons que le silicium peut aussi être obtenu, d'une façon fort élégante, par le procédé aluminothermique par action de l'aluminium sur la silice en présence de soufre.

Les ferrochromes se font en réduisant la chromite (fer chromé) par le charbon au four électrique. Ils titrent de 60-70 0/0 de chrome, mais possèdent des teneurs relativement élevées en carbone. Certaines usines françaises préparent cependant du ferro-chrome doux,

contenant moins de 1 0/0 de carbone. Sur une production européenne de 12.000 tonnes environ, la France occupait la première
place avec 8.000 tonnes ; elle est exportatrice puisque son industrie
n'en consomme que 1.200 tonnes environ.

Quant au chrome lui-même on le prépare généralement par le
procédé aluminothermique de Goldschmidt ; réduction de l'oxyde
de chrome par l'aluminium.

Le ferro-tungstène est particulièrement intéressant pour les aciers
à coupe rapide ; la fabrication du tungstène se fait principalement
par voie électrométallurgique, mais on peut aussi l'obtenir par
voie chimique : par réduction de l'oxyde par l'hydrogène et surtout par le procédé aluminothermique. Le tungstène intéresse
non seulement l'industrie de l'acier, mais aussi l'industrie électrique. Il sert, en effet, pour la fabrication des filaments des
lampes à incandescence, ces lampes ayant le grand avantage de
consommer sensiblement moins de courant que les lampes à filaments de carbone.

On peut estimer que la production, qui ne dépassait guère
4.000 tonnes annuellement avant la guerre, a certainement
doublé, puisque l'Angleterre et les Etats-Unis en produisent déjà
de 4.000 à 5.000 tonnes actuellement.

Certaines usines françaises ont également préparé des ferro-
molybdènes, ferro-vanadium et ferro-titanes. Il semblerait que les
ferro-molybdènes offrent un intérêt particulier. On affirme qu'un
acier contenant de 1-4 0/0 de molybdène et 0,3 0/0 de carbone
équivaut comme qualité à un acier avec la proportion double de
tungstène. Contrairement à l'opinion souvent admise, les minerais
de molybdène sont suffisamment répandus aux Etats-Unis, au
Queensland, dans la Nouvelle-Galles du Sud, au Japon et en Norvège et il ne paraît pas impossible d'en découvrir également dans
notre empire colonial. Toutefois la production mondiale en molybdène ne semble guère dépasser 500 à 1.000 tonnes annuellement.

Le ferro-manganèse se prépare généralement au haut-fourneau ;
cependant il peut être obtenu, à l'état sensiblement plus pur, également par des procédés électrothermiques. Quant au manganèse
métallique, on le fait de préférence par réduction aluminothermique de l'oxyde Mn_2O^4.

Enfin, parmi les produits obtenus par les usines électrométallurgiques nous citerons encore les silico-manganèses, préparés
par réduction des silicates de manganèse par le charbon au four
électrique. Ils servent de désoxydants en sidérurgie.

La France en produisait 5.000 tonnes en 1914 ; elle en consommait 1.500 tonnes et en exportait environ 3.500 tonnes.

Par l'exposé sommaire que nous venons de faire, on peut se
rendre compte que l'industrie française marche en première ligne
pour l'industrie des ferros ; elle occupe également une position de
premier plan pour la fabrication de l'aluminium qui utilise la
bauxite comme point de départ.

Le sodium se fait généralement par l'électrolyse de la soude
caustique fondue (procédés Castner ou Société d'électrochimie et
Hulin) ; il trouve ses principaux emplois dans la fabrication du
cyanure de sodium et dans la synthèse organique (éther acétylo-
acétique, indigo synthétique, etc.). Sa production annuelle est
estimée à 6.000 tonnes, dont 4.200 tonnes produites en Europe.

Le calcium et le magnésium sont deux métaux légers peu importants ; on les obtient par électrolyse des chlorures fondus ; leur
production ne paraît pas devoir dépasser 100 tonnes par an pour
chacun de ces métaux. Le calcium est surtout intéressant pour la
préparation de l'hydrure de calcium, l'hydrolyte, qui dégage de
l'hydrogène par l'action de l'eau ; le magnésium sert, en synthèse
organique, pour certains produits pharmaceutiques et parfums synthétiques, en photographie et en pyrotechnie. Avant la guerre il
n'était fabriqué qu'en Allemagne ; depuis il vient d'être préparé aux
Etats-Unis (50 tonnes en 1917) et en France.

Il sert aussi plus particulièrement à la préparation du duralu-
min qui est un alliage d'aluminium, de magnésium et de cuivre.
Si la densité de cet alliage est voisine de celle de l'aluminium, il
possède par contre une résistance qui se rapproche de celle
des aciers doux ; il offre donc un intérêt pour de nombreuses
applications.

Le cérium et le ferro-cérium qui est un alliage pyrophorique et qui sert pour la confection des pierres à briquets, venait, avant la guerre, uniquement de l'étranger. Cette fabrication a été également montée en France depuis la guerre. Les terres cériques sont des sous-produits de l'industrie du nitrate de thorium ; comme on traite environ 3.000 tonnes de monazite (à 5 0/0 de thorium) on obtient près de 2.000 tonnes de terres cériques, dont, paraît-il, 200 tonnes environ servent à préparer du cérium (1).

Par des procédés variés ces terres sont transformées en chlorures qu'il faut obtenir à l'état absolument anhydre, par sublimation en présence de chlorure d'ammonium par exemple. Ce chlorure anhydre, soumis à l'électrolyse, fournit le cérium que l'on allie ensuite au fer dans la proportion de 30 0/0 environ. On estimait la production allemande à 30.000 kilogs environ (au prix de 25 francs le kilogramme) ; l'industrie française en produit déjà près de 3.000 kilos annuellement.

Il resterait, enfin, à signaler les méthodes d'affinage électrolytiques du cuivre, de l'argent, puis du fer, du zinc et du nickel, l'extraction de l'or, etc. Pour le cuivre tout spécialement ces procédés sont devenus d'une grande importance industrielle ; leur mise au point pour les autres métaux ne paraît pas encore complète et est encore susceptible de développements sérieux.

La galvanisation a pour but de recouvrir un métal oxydable et peu coûteux d'une couche adhérente et d'épaisseur variable d'un métal plus résistant à l'oxydation. C'est ainsi que l'on protège par le nickelage et par l'argenture divers métaux ; la galvanisation du fer (zingage) constitue une industrie des plus importantes.

Quant à la galvanoplastie, elle consiste dans la préparation d'une masse métallique d'une forme identique en un moule non conducteur et à sa reproduction, généralement en cuivre. Ce sont encore là des applications de l'électrochimie.

La plupart de ces dernières industries sont d'invention française et bien représentées chez nous : on les développera au fur et à mesure des demandes et des besoins. Quant aux autres, moins

---

(1) En outre 300 tonnes étaient utilisées pour l'imprégnation des charbons de lampes à arcs et comme substituant du sulfate de cuivre en viticulture.

importantes, il a suffi de la guerre pour démontrer que nos spécialistes pouvaient les monter dès que le besoin s'en faisait sentir.

ANNEXES AU CHAPITRE IV

Production mondiale du carbure de calcium (1)

	1913 (En tonnes)
Etats-Unis	80.000
Norvège	80.000
Suisse	40.000
Italie	37.500
France	45.000
Autres pays	100.000
Mondiale	382.500

Production mondiale du ferrosilicium

	1913 (En tonnes)
Pays scandinaves	17.000
France	15.000
Suisse	7.000
Autriche	2.500
Italie	2.000
Angleterre	1.000
Mondiale	44.500

(1) La guerre a amené un développement considérable de la production. Le Japon a produit 30.000 tonnes en 1917, la Suisse 90.000 tonnes en 1918 et la capacité de production française devait atteindre 240.000 tonnes en 1919.

V

LES PRODUITS DU SOUS-SOL
LES RICHESSES MINIÈRES ET NATURELLES (1)

Ainsi que nous venons de l'exposer sommairement, nous possédons des ressources considérables en houille blanche qui peuvent remplacer, dans bien des cas, celles en houille noire qui nous ont été mesurées d'une façon un peu parcimonieuse. Nous sommes mieux pourvus d'autres richesses naturelles, et la France vient en première ligne en Europe avec ses 4 milliards de tonnes de minerais de fer reconnus dans le bassin de Briey, dans le Calvados, dans l'Anjou, en Bretagne, en Algérie et en Tunisie, sans compter les mines de l'Ouenza dont il faut bien espérer qu'elles seront, enfin, mises en exploitation. Le retour à la France de la Lorraine annexée mettra plus de la moitié de la réserve mondiale en minerais de fer entre nos mains, ce qui assurera à la France la maîtrise du marché mondial.

(1) Bibliographie à consulter : *L'évolution de la sidérurgie française*, par P. Anglès-d'Auriac (1912).

Le Haut Fourneau électrique, par Paul Nicou (1913).

L'aluminium et ses alliages, ses emplois, sa fabrication, par Ad. Minet.

Les alliages métalliques, étude industrielle, par L. Guillet (1906).

Progrès des métallurgies autres que la sidérurgie et leur état actuel en France, par L. Guillet (1912).

Industries du manganèse, du chrome, du nickel et du cobalt, par L. Ouvrard.

Industries des métaux secondaires et des terres rares, par P. Nicolardot.

Statistique minérale de la France, éditée par le ministère des Travaux Publics, (1912.)

Il faut cependant faire observer que cette richesse a été une des causes déterminantes de la guerre actuelle, car les besoins de l'Allemagne en minerais de fer vont en croissant sans cesse, malgré sa production annuelle de 32 millions de tonnes et sa réserve estimée à près de 3.600 millions de tonnes. La France extrait annuellement de ses mines 22 millions de tonnes de minerais de fer divers, dont elle exporte près de la moitié, car elle ne produit dans ses 117 hauts fourneaux qu'environ 5 millions de tonnes de fonte (la production allemande fut de 19 millions de tonnes, celle des Etats-Unis de 28 millions de tonnes, en 1913). Ce qui limite précisément, chez nous, le développement de l'industrie du fer, c'est le manque de combustible déjà signalé plusieurs fois. Sur 5.749.000 tonnes de coke métallurgique nécessaires à notre industrie sidérurgique, 2 1/2 millions environ seulement sont produits par nos moyens et 3.070 000 devaient être importés, dont près de 2 millions 1/2 environ provenaient d'Allemagne. Mais à défaut de houille noire nous avons, on ne peut assez le répéter, de la houille blanche en quantité et qu'il s'agit d'employer au mieux.

Nous ne pouvons, dans une étude qui s'intéresse plus particulièrement aux industries chimiques, donner un développement excessif aux questions électrométallurgiques dont la solution doit constituer un programme pour l'avenir. Il faudra, évidemment, toujours une certaine proportion de carbone pour opérer la réduction de l'oxyde de fer; mais, en employant le courant électrique, on économisera la quantité de combustible bien plus considérable nécessaire à la production de la haute température à laquelle se fait la réaction.

Le rapport entre ces quantités est approximativement de 1 : 2 (on compte en effet pour la production d'une tonne de fonte au haut fourneau : 350 kilos de charbon pour la réduction et 650 kilos pour le chauffage), c'est-à-dire qu'au lieu de 5 1/2 millions de tonnes de coke nécessaires actuellement à la production de la fonte, cette quantité pourrait être réduite à moins de 2 millions, ou, en employant la même quantité de coke, on pourrait tripler la production de fonte. Le minerai de fer ne nous manquerait pas et, par la voie fluviale qui serait à créer ou à améliorer, on pourrait l'amener, ainsi que le coke, dans les régions de la houille blanche.

Toutefois, il importe de remarquer que le haut fourneau électrique ne peut concurrencer le haut fourneau métallurgique que dans des conditions bien déterminées, lorsque le prix de revient de l'énergie électrique est particulièrement réduit. En tablant sur un prix de 35 francs pour la tonne de coke, le kilowatt-an ne devrait guère dépasser 30 francs environ, ce qui n'est pas toujours facile à réaliser. Il est donc peu probable, qu'à moins de conditions spéciales, on arrive à s'affranchir dans notre pays du haut fourneau métallurgique. Cette question ne se poserait même pas si l'on pouvait, comme le suggèrent certains optimistes, annexer les houillères de la Sarre. La proximité du bassin de Briey permettrait à l'industrie lorraine et à celle des régions avoisinantes d'accroître la production nationale dans des proportions considérables et dans des conditions particulièrement favorables quant au prix de revient.

Cela ne doit pas nous empêcher de donner à nos industries métallurgiques et houillères tout le développement dont elles sont encore susceptibles. Il y a notamment aussi la question des sous-produits de l'une et l'autre industrie qui méritent une attention toute spéciale.

Pour l'industrie houillère, nous avons déjà indiqué, dans un chapitre précédent, dans quel sens nous entendions que ce développement se fît.

Pour l'industrie métallurgique, les perspectives paraissent moins étendues. Néanmoins, l'utilisation des gaz des hauts fourneaux a marqué un grand progrès dans l'emploi d'un sous-produit dont le gaspillage, depuis des siècles, représente une somme d'énergie considérable. L'épuration même de ces gaz a donné naissance à des procédés de purification fort intéressants au point de vue de la récupération des corps qui y sont contenus (procédé Walther Feld, par exemple). D'autre part, le laitier des hauts fourneaux et de nos aciéries semble pouvoir être mieux utilisé qu'il ne l'a été jusqu'à présent. Sans parler de l'importance des scories des fours Thomas pour l'agriculture, le laitier courant peut être utilisé pour la fabrication de briques, qui paraissent très estimées par ceux qui les utilisent. La laine de laitier fournit un excellent isolant ; le laitier granulé est une bonne matière de construction et de remblai pour les mines. On a également développé l'emploi du laitier pour la fabrication des ciments.

Il semble sans grand intérêt d'entrer ici dans des détails concernant la transformation ultérieure de la fonte en aciers divers. Mentionnons simplement, pour fixer les idées, qu'environ 3 millions de tonnes de cette fonte donnent de l'acier Thomas, tandis que la production d'acier Martin-Siemens atteint environ 1 million 1/2 de tonnes. Une très petite quantité (un peu plus de 100.000 tonnes) est transformée en acier Bessemer, une quantité plus faible encore (30.000 tonnes environ) forme l'appoint donné par les aciers au creuset. Quant à l'acier électrique, sa production ne dépassait pas 15.000 tonnes en 1913, pour 22 fours électriques. C'est surtout ce dernier chiffre que nous aimerions voir augmenter sérieusement par le développement de notre électrométallurgie qui fournirait ainsi des produits de choix et bien payants (1).

Avec l'essor qu'ont pris nos connaissances métallographiques, le développement de l'industrie des aciers spéciaux s'est trouvé considérablement facilité et leur domaine très élargi. L'erreur cependant, selon nous, fut de généraliser à l'excès l'emploi de ces méthodes, notamment dans la grosse métallurgie. Appliquées à dose convenable, elles sont un moyen d'investigation très précieux. Mais elles ne paraissent, quant à présent tout au moins, pas destinées à remplacer les anciennes méthodes d'essais dont on s'est trop bien trouvé jusqu'ici pour y substituer de nouvelles méthodes qui sont loin d'avoir fait leurs preuves décisives.

Notre territoire est également très riche en *bauxite* que l'on trouve dans le Var, l'Ariège, Vaucluse et l'Hérault et nous

(1) Par suite de l'invasion, la production sidérurgique française a été sensiblement réduite. Alors qu'en 1913 nos importations en fonte et en acier ne dépassaient pas 100.000 tonnes, elles se sont élevées à près de 3 millions de tonnes en 1916 (2.952.821 tonnes). Il faut espérer que le développement des nouvelles installations aura des suites heureuses pour la production nationale. Ainsi dans la région de Caen la mise en marche de nouveaux hauts fourneaux, montés de la façon la plus moderne, constitue un appoint sérieux pour la métallurgie française.

jouissons de ce fait d'une situation privilégiée qui rend les autres
pays de l'Europe tributaires de nos mines. La production s'élève à
300.000 tonnes annuellement (304.314 tonnes en 1913) dont une
notable partie est exportée par le port de Marseille (80.000 tonnes
en 1911).

Cette matière première sert à la fabrication de l'aluminium dont
la production est fort importante dans notre pays, car elle s'élève
à 18.000 tonnes annuellement (en 1913). soit plus d'un quart de
la production mondiale (68.300 tonnes en 1913). Depuis, elle a été
développée au point d'atteindre 20.000 tonnes en France et la
production mondiale s'est élevée, en 1916, à 150.000 tonnes. Si la
fabrication de l'azoture d'aluminium passait dans le domaine des
réalisations, il faudrait s'attendre à un développement considérable
de l'industrie de ce métal. Car par la préparation de l'azoture, en
partant de la bauxite, on provoque non seulement la séparation de
l'oxyde de fer, toujours contenu dans la matière première, mais on
fixe l'azote de l'air qui est ensuite dégagé sous forme d'ammoniaque. On obtient donc un double résultat : l'alumine nécessaire
à la préparation du métal et, en outre, du sulfate d'ammoniaque
comme produit accessoire. Nous aurons encore l'occasion de revenir, par la suite, sur cette question fort importantes en parlant de
la fixation de l'azote. Une augmentation sensible de la production
de l'aluminium aurait pour conséquence une nouvelle baisse de
prix, ce qui permettait d'augmenter encore les emplois fort divers
et fort nombreux de ce métal.

Faut-il rappeler que ce métal peut avantageusement remplacer
le cuivre — quand il ne s'agit pas de températures trop élevées —
dans l'industrie des corps gras, dans la stéarinerie, la brasserie,
dans l'industrie des vernis et des copals, etc., et que sa résistance
à l'acide nitrique, aux vapeurs nitreuses et à l'acide acétique le rend
particulièrement intéressant pour l'industrie chimique? On ne peut
le souder, il est vrai, mais comme on peut le braser, cela permet
de construire toutes espèces d'appareils utilisables dans ces diverses
industries, soit en l'employant seul, soit en l'associant à d'autres
métaux.

En outre, il est très intéressant pour l'industrie électrique où son
emploi va aussi en augmentant grâce à sa grande conductibilité.

Enfin, l'aluminium est la matière première pour certains procédés thermiques : soudure des rails par la thermite, par exemple, préparation de certains métaux et métalloïdes : chrome, manganèse, silicium, bore, tungstène, etc., par réduction de leurs oxydes. Il est, évidemment, regrettable que les procédés aluminothermiques ne permettent pas la préparation du cérium pour lequel il faut avoir recours aux procédés électro-chimiques.

. La bauxite sert de plus en plus pour la fabrication des sels d'alumine et en particulier du sulfate d'alumine, fort employé pour l'industrie des papiers, la mégisserie, la teinturerie, l'industrie des laques, l'épuration des eaux usées, etc. Le développement aisé de cette industrie permettra d'utiliser encore une partie de l'excédent d'acide sulfurique qui sera disponible après la guerre.

Mentionnons ici également la fabrication de la cryolithe artificielle (fluorure double d'aluminium et de sodium) qui se fait sur une certaine échelle.

Il y aurait d'autant plus lieu de développer la production et les emplois de l'aluminium (environ 3.000 tonnes annuellement) que, pour la plupart des autres métaux usuels dans l'industrie et les arts, nous sommes tributaires de l'étranger. Ainsi, la France produit environ 65.000 tonnes de *zinc* annuellement, mais la consommation de ce métal s'élève à 82.000 tonnes. Pour la production de ce dernier métal en particulier, le four électrique présente un intérêt considérable, car on emploie dans les procédés métallurgiques plus de 3 tonnes de combustible pour une tonne de minerai.

Comme avec un cheval-an on peut extraire une tonne de zinc, on pourrait donc utiliser dans cette industrie près de 50.000 chevaux hydrauliques, ce qui réaliserait une économie de combustible des plus sérieuses.

La production du *plomb* n'est que de 33.000 tonnes, alors que nous en employons plus de 100.000 tonnes par an.

L'*étain* provient en presque totalité de l'étranger (7.400 tonnes contre 500 tonnes de production indigène). Il y aura encore lieu de revenir plus tard sur la question du désétamage des déchets, qui, pour différentes raisons, était devenu un monopole étranger.

Pour le *cuivre* aussi nous sommes tributaires de l'étranger, notamment des États-Unis, qui sont les plus gros producteurs de ce métal : notre production indigène s'élève à environ 13.000 tonnes alors que nous en consommons sept fois plus (95.000 tonnes environ) (1). Nous noterons ici la consommation de ce métal pour la fabrication du sulfate de cuivre, qui est devenu un produit indispensable en viticulture. Rien que pour le cuivrage des vignobles, on consomme près de 60.000 tonnes annuellement de ce produit. Sur cette quantité, 20.000 tonnes environ sont, en temps normal, importées d'Angleterre. Il y aurait lieu de fabriquer ce produit en totalité dans nos usines, ce qui absorberait encore environ 10.000 tonnes d'acide sulfurique à 53° Bé. Il est évidemment regrettable que tout ce sulfate de cuivre, qui correspond à près de 16.000 tonnes de métal, soit complètement perdu et qu'il n'y ait pas de possibilité pour la récupération.

Parmi les métaux secondaires, le *nickel* mérite d'être mentionné plus particulièrement, car la Nouvelle-Calédonie peut nous fournir le minerai nécessaire. Elle a extrait, en 1914, 172.365 tonnes de minerai de nickel de ses mines. Les emplois de ce métal vont en augmentant rapidement, car la production mondiale a passé de 12.000 tonnes, en 1904, à 30.000 tonnes annuellement, en 1913. La France est devancée comme production par les États-Unis et le Canada (plus de 15.000 tonnes), l'Angleterre (5.200 tonnes), et l'Allemagne (5.000 tonnes) ; avec un peu plus de 2.000 tonnes, elle ne vient donc qu'au cinquième rang.

Signalons, en passant, le procédé Mond pour obtenir du nickel très pur par la décomposition pyrogénée du nickel-carbonyle

(1) Par suite des hostilités la consommation du cuivre a augmenté d'une façon considérable. Les importations de cuivre ont été de 92.000 tonnes en 1914, 133.000 t. en 1915 et ont atteint 213.000 tonnes en 1916.

Ce sont les États-Unis qui ont forcé leur production. De 725.000 tonnes en 1914 elle a atteint 1.068.000 t. en 1916, alors que la production mondiale était, pour cette même année, de 1.400.000 tonnes.

volatil et, incidemment, l'emploi de ce métal pour des ustensiles de laboratoire, pour les aciers au nickel, le métal invar et la platinite.

Comme producteur d'*antimoine*, la France vient au second rang après la Chine. La production de 5.000 tonnes environ (5.406 tonnes en 1912) est tout près d'un tiers de la production mondiale (16.495 tonnes en 1911). Une notable quantité des minerais provient de la Lucette (4.933 tonnes en 1912).

Quant aux minerais de cobalt, les mines de la Nouvelle-Calédonie fournissaient autrefois la plus grande partie de ce produit (production : 445 tonnes en 1914) qui sert pour le bleu de cobalt et pour la coloration des verres et des émaux ; depuis quelques années, le Canada a développé considérablement sa production (production mondiale : 1.200 tonnes environ).

* *

La matière indispensable à la fabrication de la soude carbonatée, de la soude caustique, ainsi que des autres sels de sodium, et notamment du sulfate de soude, est le *chlorure de sodium* provenant des salines de Meurthe-et-Moselle et des marais salants de l'Océan et de la Méditerranée. Sans être parmi les grands producteurs de sel, la France n'est néanmoins pas trop mal partagée avec 1.150.000 tonnes annuellement (Allemagne : 2.994.000 tonnes ; Angleterre : 2.083.000 tonnes ; Russie : 1.863.000 tonnes en 1910).

Le retour de la Lorraine annexée, et notamment du bassin de Dieuze et de Château-Salins, augmenterait cette production de près de 100.000 tonnes encore (70.000 tonnes en 1912).

Les eaux-mères des marais-salants contiennent du *brome*. Il avait été souvent question de monter cette fabrication en France ; cela vient d'être réalisé en pleine guerre.

N'oublions pas toutefois, pour l'avenir de cette industrie, que les Etats-Unis produisent plus de 300 tonnes de brome annuellement (317 tonnes en 1910) et que cette production peut être doublée (676 tonnes en 1907). D'autre part, le brome est un sous-produit de l'industrie des sels de potasse de Stassfurt, et il semble assez difficile de s'affranchir de ce quasi-monopole. Il faudrait, si possible, augmenter la consommation de cet élément qui ne dépasse pas 120 tonnes actuellement. C'est surtout l'industrie organique (colorants et produits pharmaceutiques) qui serait susceptible d'en absorber des quantités plus considérables.

Ce qui manque surtout à notre pays, c'est la *potasse*. On en obtient bien une certaine quantité comme sous-produit de diverses industries : lors du lavage des laines (Roubaix et Tourcoing), par le traitement des résidus des sucreries, par lixiviation des cendres de bois et de varechs (à côté de 60 tonnes d'*iode*) ; mais cette production est insuffisante pour les besoins industriels, en particulier pour ceux de la verrerie et surtout pour les besoins de l'agriculture.

A ce point de vue principalement, le retour de la Haute-Alsace avec ses mines très riches en sels de potasse, qui peuvent servir directement comme engrais, sera une acquisition de tout premier ordre. Nous aurons encore l'occasion de revenir sur cette question en étudiant la fabrication des engrais artificiels.

Nous sommes, par contre, mieux partagés pour une autre matière première nécessaire à notre agriculture : les *phosphates naturels* dont les principaux centres de production sont la Tunisie et l'Algérie. En 1913, la production tunisienne (Gafsa) était de 2 millions 285.000 tonnes, celle de l'Algérie : 461.000 tonnes, sans compter la production indigène (313.151 tonnes en 1912) et celle plus faible des autres colonies. Ces phosphates, importés en partie en France, avec 120.000 tonnes de phosphates de Floride, servent à la fabrication des superphosphates, dont nous aurons encore l'occasion de parler par la suite.

Pour terminer cet exposé des ressources minières de notre pays, nous mentionnerons encore la production annuelle de 13.620 tonnes (en 1912) de sulfate de baryte naturel et de 8.120 tonnes de spath fluor. Ces deux produits trouvent de multiples emplois dans les arts ; le spath pesant est le point de départ pour les sels de baryum et certaines couleurs minérales (lithopone) ; le spath fluor est la matière première pour les fluorures et l'acide fluorhydrique.

* *

Comme on le verra par cet exposé, forcément sommaire, notre pays n'est pas trop mal partagé au point de vue minier et des produits minéraux. Certainement, il y a des matières pour lesquelles nous dépendons des pays étrangers. En dehors de ceux que nous avons déjà signalés, il faut notamment mentionner les *pyrites*, qui sont la matière indispensable pour la fabrication de l'acide sulfurique. Les mines de Saint-Bel ne produisent que 250.000 tonnes par an (249.000 tonnes en 1912 sur une production totale française de 292.202 tonnes), ce qui nous oblige, en temps normal, à en importer près du double (500.000 tonnes) surtout d'Espagne, de Portugal, de Norvège ou d'ailleurs.

Il en est de même du soufre dont la production française est infime. Ce produit venait autrefois surtout de Sicile (112.897 tonnes en 1912); aujourd'hui il est fortement concurrencé par le soufre de la Louisiane. L'importation américaine s'est élevée récemment à 30.000 tonnes annuellement, diminuant d'autant l'importation de Sicile. En effet sur 186.344 tonnes de soufre brut (d'une valeur de 20 1/2 millions) importés en 1913, 80.000 tonnes seulement venaient de l'Italie, 39.000 tonnes des Etats-Unis et 37.000 tonnes de l'Espagne.

Notre industrie des terres rares, qui a toujours été une spécialité française, importe aussi des minerais étrangers : monazite, carnotite, autunite, chalcolite, rutile, pechblende, wolframite, etc. Le développement des exploitations minières dans notre empire colonial nous procurera certainement encore bien des minerais intéressants.

Ainsi les mines de Madagascar ont fourni, en 1913, 6.000 tonnes de graphite (7.749 tonnes en 1914) ; les mines d'Indo-Chine, 310 tonnes de minerais d'étain et de tungstène (en 1914) ; celles de Calédonie, 71.000 tonnes de minerais de chrome et 172.365 tonnes de minerais de nickel (en 1914) ; celles d'Algérie, 84.495 tonnes de minerais de zinc (en 1912) ; puis nos colonies produisent près de 6.000 kilogrammes d'or, etc., etc.

Nous sommes tributaires de l'étranger pour le mercure, l'arl'argent, l'or, le platine, l'amiante et d'autres produits naturels. Les minérais de manganèse servent pour la métallurgie. Comme la France en est très pauvre (production 6.000 tonnes environ), nous sommes obligés d'en importer près de 200.000 tonnes annuellement pour 23 1/2 millions de francs. La moitié de nos importations provient du Caucase russe (136.941 tonnes).

ANNEXES AU CHAPITRE V

Production mondiale de la fonte

	1913	1915
	(En tonnes)	(En tonnes)
Etats-Unis..........................	31.461.610	30.394.872
Allemagne..........................	19.309.172	11.790.199
Angleterre..........................	10.649.628	8.934.858
France..............................	5.311.316	4.750.000
Russie..............................	4.548.396	3.696.560
Autriche-Hongrie....................	2.369.864	1.960.000
Canada.............................	1.128.967	928.389
Belgique............................	2.484.690	»
Italie...............................	426.755	395.000
Espagne............................	424.744	419.000
Suède..............................	730.000	767.000
Divers	550.500	480.000
Totaux..........	79.395.472	64.515.928

Production mondiale de l'acier

	1913	1915
	(En tonnes)	(En tonnes)
Etats-Unis	31.802.000	32.655.000
Allemagne	15.601.000	10.443.000
Angleterre.........................	9.011.800	9.413.000
France.............................	3.592.000	»
Russie.............................	4.015.000	3.800.000
Belgique et Luxembourg............	3.322.000	»
Autriche-Hongrie...................	2.649.000	2.686.000
Suède, Espagne, etc...............	1.300.000	»
Italie, Canada.....................	1.703.000	»
Mondiale..........	75.443.000	

Production et consommation mondiales du cuivre

	Production 1913	Production 1917	Consommation 1911
	(En tonnes)	(En tonnes)	(En tonnes)
Etats-Unis............................	555.990	856.600	321.900
Mexique...............................	55.323	43.800	»
Canada...............................	34.880	50.400	4.500
Australie.............................	47.325	38.100	»
Pérou.................................	25.487	45.600	»
Chili.................................	39.434	75.300	»
Japon.................................	73.152	124.300	»
Russie................................	34.316	16.000	33.400
Allemagne.............................	25.308	45.000	225.800
Afrique...............................	22.870	37.800	»
Espagne et Portugal	54.696	42.000	24.500
France	13.000	»	95.000
Divers................................	34.197	»	
Totaux	1.015.978	1.418.100	

Production et consommation mondiales du zinc

	Production 1913	Consommation 1913
	(En tonnes)	(En tonnes)
Etats-Unis.............................	320.823	313.000
Allemagne.............................	283.113	282.000
Belgique..............................	197.703	76.400
France	60.000	81.000
Angleterre............................	59.146	194.600
Hollande	24.323	4.000
Autriche	11.707	40.400
Russie................................	7.610	32.200
Espagne...............................	12.061	5.900
Australie.............................	3.366	»
Italie................................	10.000	10.900
Mondiale.............	997.000	

Production et consommation mondiales du plomb

	Production 1911	Consommation 1911
	(En tonnes)	(En tonnes)
États-Unis	381.600	358.200
Espagne	171.600	»
Allemagne	161.300	229.700
Mexique	120.000	»
Australie	99.600	9.100
Belgique	30.800	40.100
Angleterre	27.100	199.400
France	23.000	99.000
Autriche-Hongrie	19.600	36.300
Italie	16.700	86.300
Grèce	14.300	»
Turquie d'Asie	12.400	»
Canada	10.700	21.300
Japon	3.500	18.400
Divers	22.600	27.400
Total	1.117.800	1.133.100

Production mondiale de l'étain

	1911	1913
	(En tonnes)	(En tonnes)
Angleterre	18.350	22.000
Pays-Bas	17.887	17.516
Allemagne	12.412	11.500
Asie (Straits-Settlements)	57.944	65.640
Chine	6.000	6.000
Australie	5.150	4.870
France	500	1.200
Bolivie	500	300
Total	118.243	129.026

Production mondiale de l'aluminium

	1913 (En tonnes)	1916 (En tonnes)
Etats-Unis	22.500	75.000 (1)
France	18.000	20.000
Angleterre	7.500	12.000
Canada	5.900	»
Norvège	1.500	16.000
Italie	800	7.000
Allemagne, Suisse, Autriche	12.000	20.000
Total	68.200	150.000

Production mondiale de l'antimoine

	1912 (En tonnes)
Chine	9.900
France	5.500
Mexique	4.000
Etats-Unis	2.500
Hongrie	1.000
Japon	250
Italie	345
Autriche	162
Total	23.657

Production mondiale du nickel

	1913 (En tonnes)	1915 (En tonnes)
Etats-Unis et Canada	17.000	32.000
Angleterre	5.200	»
Allemagne	5.000	»
France	2.000	»
Norvège	800	»
Total	30.000	

(1) Etats-Unis et Canada réunis (105.000 tonnes en 1917).

Production mondiale du sel

	1910 (En tonnes)
Etats-Unis	3.077.000
Allemagne	2.994.000
Angleterre	2.083.000
Russie	1.873.000
Indes anglaises	1.224.000
France	1.150.000
Espagne	824.000
Japon	597.000
Autriche-Hongrie	576.000
Italie	503.000
Tunisie	199.700
Algérie	21.500
Divers	332.000
Total	15.454.200

Production mondiale des pyrites

	1913 (En tonnes)
Espagne	3.775.000
Norvège	460.000
Etats-Unis	360.000
Portugal	375.000
France	270.000
Italie	275.000
Allemagne (Prusse)	225.000
Canada	200.000
Grèce	130.000
Turquie	125.000
Japon	115.000
Hongrie	100.000
Divers	150.000
Mondiale	6.560.000

Production et consommation mondiales de minerais de fer

	Production 1912	Production 1913	Consommation 1913
	(En tonnes)	(En tonnes)	(En tonnes)
Etats-Unis.............	60.437.000	60.597.000	60.725.000
Allemagne..............	27.000.000	28.608.000	42.502.564
Grande-Bretagne........	14.011.000	16.253.000	22.730.000
France.............. ...	19.160.000	23.267.000	11.610.000
Espagne................	9.133.000	9.862.000	»
Suède.................	6.700.000	7.476.000	»
Luxembourg............	»	7.333.000	».
Russie................	5.500.000	8.200.000	»
Autriche-Hongrie	4.850.000	5.098.000	»
Terre-Neuve...........	1.126.000	»	»
Algérie................	1.090.000	»	»
Italie.................	582.000	603.000	»
Tunisie...............	478.000	»	»
Belgique..............	167.000	150.000	»
Canada	95.800	»	»
Mondiale..........	140.774.000		

Production en phosphates naturels (tonnes)

	1913	1914	1915
Etats-Unis.............	3.161.146	2.777.917	1.865.123
Tunisie................	2.284.678	1.442.767	1.389.074
Algérie................	461.030	226.280	165.433
Egypte................	104.450	71.995	82.998

VI

LES PRODUITS DU SOL: LES INDUSTRIES AGRICOLES ET LES INDUSTRIES CHIMIQUES QUI S'Y RATTACHENT (1)

La France est, avec 26 millions d'hectares de terres labourables, 6 1/2 millions d'hectares de prairies et près de 1 1/2 millions d'hectares de vignobles, avant tout, un pays agricole. Sa production en produits alimentaires divers est donc fort importante, soit 87 millions de quintaux de blé (en 1914), 6.674.015 tonnes de betteraves (pour la campagne 1912-1913), 128 millions de quintaux de pommes de terre, 56 millions d'hectolitres de vin (en 1914), sans compter l'appoint des colonies (10 1/2 millions d'hectolitres de vin pour l'Algérie en 1914-1915), pour ne citer que les produits qui intéressent plus particulièrement les industries chimiques. Il est connu que le rendement en produits agricoles subit des fluctuations

(1) Bibliographie à consulter : *P. oduction et utilisation du froid*, par L. Mar- cu s (1906).

Monographie sur l'état actuel de l'industrie du froid en France, par J. de Loverdo (1910).

Comptes rendus sur les travaux du congrès international du froid et du congrès français du froid (1908-'9 3).

La conservation de la viande et des matières organiques alimentaires par des moyens naturels, par Ch. Tellier (1913).

L'industrie de l'équarrissage, par H. Martel (1912).

Conserves alimentaires, par De Notr.

Séchage des fruits et légumes, par J. Nanot et C. L. Gatin.

Fabrication des colles animales, par Victor Cambon (1907).

assez importantes d'une année à l'autre, et l'état de guerre, par
suite de la raréfaction de la main-d'œuvre, la pénurie d'engrais,
les difficultés de transports, etc., a eu une répercussion fâcheuse
sur ce rendement, et cette diminution continuera à se faire sentir
encore très longtemps après les hostilités. C'est une raison pour
insister sur le fait que notre agriculture peut encore profiter, plus
que par le passé, des progrès de la science agronomique. Il faudra
augmenter la dose des engrais en tenant compte, évidemment,
dans leur choix, de la nature du terrain et du produit à cultiver,
perfectionner les méthodes de culture, développer l'irrigation souvent insuffisante, améliorer les rendements en principes actifs par
la sélection des graines, etc.

Le manque de main-d'œuvre nous obligera, plus que par le
passé, à employer des machines agricoles et des instruments ara-
toires perfectionnés pour ensemencer, pour cultiver et pour récol-
ter. Par suite du morcellement des terres, il faudra aussi envisager certaines modifications dans les mœurs paysannes : création d'associations régionales pour la mise en commun des moyens
mécaniques nécessaires aux labourages, aux récoltes, au battage
des blés, etc.

La France est aussi un pays d'élevage ; ainsi, en décembre 1915,
on comptait 12 1/2 millions d'animaux de l'espèce bovine, à peu
près le même nombre de l'espèce ovine, 5 millions de porcs, 11 1/4
millions de chèvres, sans compter les animaux de basse-cour. Il
faut encore ajouter que, par sa configuration géographique, notre
pays, situé sur trois mers, a des pêcheries fort importantes de thons,
sardines, crevettes, huîtres, harengs, morue et baleine (Terre-
Neuve, Saint-Pierre et Miquelon).

Un chiffre fixera l'importance du mouvement des abattoirs :
dans une année normale on compte 1.800.000 têtes de
bœufs de boucherie. On voit par cette indication non seulement
l'importance des transactions de notre élevage, mais aussi la quantité des déchets : graisses, sang, issues, peaux, oreillons, os et
des sous produits divers qui en résultent pour l'alimentation de
nos usines d'engrais, d'albumine, de colle, de gélatine, de noir d'os,
pour la margarinerie, la stéarinerie, la tannerie, etc., etc. Il importe,
évidemment, qu'aucun déchet ou sous-produit ne reste inutilisé.

L'industrie des colles et des gélatines est une industrie qui utilise les sous-produits des abattoirs, de l'équarrissage et de la tannerie. La colle de peau et de cuir se fait avec des colles-matières préalablement traitées par la chaux, puis extraites par l'eau. Les solutions obtenues, clarifiées ensuite par des procédés mécaniques, sont décolorées par l'acide sulfureux, puis évaporées dans le vide. La solution concentrée obtenue est coulée sur une surface plane où elle se fige ; on découpe en plaques que l'on sèche à basse température.

Pour la colle d'os, il est nécessaire d'extraire d'abord les substances minérales de l'os par immersion dans l'acide chlorhydrique dilué ; on obtient comme sous-produit de la graisse.

Il vaut mieux cependant, en général, dégraisser les os, dans des appareils extracteurs appropriés, par des vapeurs de naphte. On les broie ensuite, ce qui donne de la poudre d'os non dégélatinisée qui est un excellent engrais. Les menus restant lors du tamisage peuvent servir à la préparation de la colle d'os par extraction à l'eau surchauffée.

Dans le domaine des colles et des gélatines l'industrie française jouit d'une renommée universelle et certaines marques font prime sur le marché mondial comme le prouvent du reste nos exportations. Il ne faut pas, cependant, se contenter de vivre sur ce passé et surtout ne pas se dissimuler que, dans ce domaine encore, nos ennemis ont fait des progrès très sérieux et que les gélatines photographiques, par exemple, étaient devenues une de leurs spécialités. Nous importions ainsi 1854 q. m. de gélatine allemande annuellement.

Nos usines de colles et gélatines doivent donc évoluer, malgré leurs succès commerciaux, de plus en plus vers les méthodes scientifiques et modernes.

*
*

Il ne peut entrer dans notre idée de vouloir traiter ici toutes les industries agricoles et alimentaires qui sont en relation avec la culture du sol, l'élevage et les pêcheries. Pour un certain nombre d'entre elles, on procède, guidé par des expériences et des traditions souvent séculaires, par empirisme comme c'est le cas pour les industries de la panification, les industries laitières, du beurre et du fromage, les industries vinicoles et des boissons fermentées : vins, poirés, cidres, eau-de-vie, etc., etc. Cela n'empêche que beaucoup de ces industries soient susceptibles de perfectionnements. La centralisation de la production de certaines régions et l'utilisation de moyens mécaniques appropriés permettrait de livrer des produits d'une composition plus constante, d'une valeur comestible supérieure, sans compter que les manipulations se feraient dans des conditions hygiéniques bien plus favorables. Nous songeons ici, entre autres, aux laiteries collectives possédant les essoreuses nécessaires pour l'écrémage, des barattes mécaniques pour la préparation du beurre, une fromagerie perfectionnée, un laboratoire d'analyse pour le contrôle, etc. La place nous manque, malheureusement, pour entrer dans le détail des progrès qui pourraient être réalisés dans cette voie.

Si, au point de vue de la qualité des produits, la France occupe certainement une des premières places, on ne peut cependant assez insister sur le fait que les progrès de la science n'ont pas encore suffisamment rénové nos coutumes routinières. Un grand nombre de denrées produites par le sol ou par l'élevage, sont de nature périssable, et il y a donc intérêt à pouvoir les conserver sans altération pour en régulariser la consommation. A côté des méthodes empiriques : par dessication ou séchage, employées pour les foins, fruits, etc., par magasinage dans des silos pour les betteraves, pommes de terre, etc., il y a, avant tout, l'emploi du froid réalisé par l'*industrie frigorifique* qui constitue un progrès moderne des plus remarquables. On peut être surpris que des établissements très importants comme la plupart des abattoirs et des halles municipaux ne possèdent pas d'installations frigorifiques, d'autant plus que l'application du froid à la conservation et au transport des denrées périssables est une invention française (Tellier).

Malheureusement, comme trop souvent dans notre pays où l'intérêt particulier prime l'intérêt général, et malgré que les congrès du froid aient bien démontré notre infériorité dans ce domaine, les efforts faits pour l'application du froid sont venus se briser à une opposition irréductible. Il faut espérer que la guerre amènera une évolution des idées et que le renchérissement des vivres, en particulier, favorisera l'application croissante des méthodes frigorifiques.

Tout permet de croire qu'après la guerre les constructeurs d'appareils frigorifiques et d'installations appropriées auront des commandes en quantité et un avenir largement assuré. C'est du moins ce que nous espérons et à quoi il faudra tendre avec toute l'énergie possible.

Un autre procédé pour conserver les produits altérables est mieux utilisé chez nous : c'est celui par l'*élimination de l'air*. C'est ce procédé qui sert dans l'industrie des conserves végétales, des viandes de conserves, pour la conservation des produits des pêcheries, etc. Sans atteindre comme production, dans ce domaine, l'importance des usines américaines, par exemple, on peut dire que la qualité de nos produits donne toute satisfaction.

On ne peut non plus assez insister sur *l'emploi du vide* pour l'évaporation des solutions dans les industries les plus diverses : industries de la colle, de la gélatine, pour l'évaporation de l'albumine d'œufs ou de sang, son emploi lors de la concentration du lait à l'état condensé, lors de la fabrication des extraits tannants et des extraits tinctoriaux, dans les industries du sucre de lait, du glucose, de la glycérine, etc., en définitive pour tous les produits organiques. Certaines de ces fabrications ne sont possibles que dans ces conditions ; en tous les cas on obtient par l'emploi du vide des produits bien supérieurs à ceux préparés avec des méthodes d'évaporation surannées.

La *stérilisation* est aussi un procédé usité pour la conservation de certaines denrées. On peut obtenir ce résultat soit par une élévation de température appropriée qui détruit les organismes nocifs par exemple, ou par l'action chimique de produits antiseptiques : acide borique, acide salicylique, etc.

L'hypochlorite de soude s'emploie pour les eaux, mais on peut aussi avoir recours aux moyens physico-chimiques : filtration, action des rayons ultra-violets, ozone, etc. Nous ne pouvons qu'effleurer en passant ces problèmes intéressant tout particulièrement la santé publique. Signalons aussi l'emploi de la stérilisation pour la préparation des boissons exemptes d'alcool par le traitement des jus de fruits divers, pour les limonades, etc.

Qu'on nous permette d'insister ici sur l'industrie du séchage des produits agricoles qui est née en France, il y a plus de cent ans (pruneaux d'Agen), mais dont le développement a été des plus restreints. Il existe des usines de dessiccation à Houdan, Saint-Brieuc, Hennebont, Lorient et Combourg et une station pomologique et cidricole à Caen, qui, cependant, faute de crédits ne peut se développer. Dans ce domaine encore, il faudrait s'inspirer des méthodes américaines qui disposent de moyens industriels considérables. Les stations expérimentales aux États-Unis et au Canada possèdent un outillage tout à fait remarquable pour l'étude de tous les problèmes se rattachant non seulement à la cueillette, au transport, à l'emballage, etc., des fruits, mais permettant également d'étudier les questions de bactériologie, de fermentation et autres. Le résultat de cette méthode scientifique est que la Californie exporte plus de 250.000 tonnes de fruits en Angleterre, en Belgique, en Hollande, eu Suède et même en France. Pour fixer les idées, signalons que la production française en pommes et poires à cidres s'est élevée, en 1915, à 37 millions de quintaux.

* *

La guerre aura fait une consommation formidable de bois par suite de la destruction des forêts situées dans la zone des opérations et par l'emploi de rondins pour la construction des tranchées. Malgré nos richesses sylvestres (9.886.000 hectares), il sera nécessaire d'économiser cette matière jusqu'à ce que nos forêts soient reconstituées. Nous estimons donc que, comme la carbonisation de la houille, la *carbonisation du bois* devra se faire, autant que possible, en vase clos avec récupération de tous les sous-produits formés. Contrairement à l'opinion qui a fréquemment cours, le charbon de bois obtenu en vase clos ne le cède nullement en qualité à celui fait en meules. Le premier procédé permet en outre de condenser les produits volatils et d'obtenir ainsi de l'esprit de bois, du goudron de bois, du pyrolignite de chaux, de l'acide acétique et de l'acétone. Les proportions de produits formés dépendent de la nature des bois employés ; on peut compter qu'on obtient, en moyenne, de 20 à 25 0/0 de charbon de bois, 40 0/0 d'acide pyroligneux à 5 0/0, 8 à 10 0/0 de goudron végétal et 20 à 25 0/0 de produits gazeux pour 100 parties de bois carbonisé. Le gaz de bois obtenu n'a, il est vrai, qu'un faible pouvoir calorifique ; il peut néanmoins être utilisé pour le chauffage des cornues de distillation. Le méthylène formé (1-2 0/0) se trouve avec le liquide aqueux ; on l'en sépare, par distillation, après neutralisation de l'acide par la chaux. L'acide pyroligneux neutralisé par la chaux donne du pyrolignite de chaux, qui, par distillation sèche, fournit de l'acétone. En le distillant par contre avec l'acide sulfurique, on prépare l'acide acétique industriel. Il est vrai que pour certains de ces produits, nous pourrons nous adresser aux gros producteurs : aux Etats-Unis en particulier et à la Suède.

Cela serait surtout nécessaire avec le développement de nos industries organiques. L'alcool méthylique est la matière première pour la formaldéhyde et pour les méthylations ; la production française s'élève à 2 millions de kilogrammes annuellement, tandis que la consommation atteint le double de ce chiffre. L'acide acétique sert pour les acétates, l'anhydride acétique, l'acide chloracétique, l'acétanilide et de nombreuses synthèses organiques ; du goudron de bois on peut tirer du gaïacol, qu'il sera sans doute plus intéressant de faire par voie synthétique, en partant de l'orthoanisidine, etc.

Nous sommes aussi tributaires de l'étranger pour la *pâte de bois* et la *cellulose sulfitique* qui sont fournies par le Canada, la Suède et d'autres pays riches en forêts. On doit toutefois insister sur l'intérêt qu'il y aurait à utiliser pour ces fabrications des produits indigènes : la paille, l'alfa, etc., ou d'autres plantes à grand rendement que pourrait nous fournir notre empire colonial, grâce à son climat tropical (1). Ainsi la production de l'Algérie en alfa s'est élevée en 1914, à 89.000 tonnes, dont 230 tonnes seulement

(1) *La fabrication des celluloses de papeterie autres que celle du bois*, par H. DE MONTRESSUS DE BALLORE (1913). — *Végétaux propres à la fabrication de la cellulose et du papier*, par L. ROSTAING et FLEURY-PERCIÉ DU SERT (1904).

furent utilisées par l'industrie française, la majeure partie ayant été exportée en Angleterre.

Nous signalerons aussi l'utilisation des résidus de ces industries; en Suède on prépare de l'alcool en faisant fermenter le glucose contenu dans les liqueurs sulfitiques provenant de la cuisson du bois avec le bisulfite de chaux (2,3 0/0 de sucres dont 1,6 0/0 sont fermentescibles). Le rendement est d'environ 60-80 litres d'alcool pour une tonne de bois. On a, d'autre part, isolé de ces eaux résiduaires, qui contiennent la moitié en poids du bois mis en œuvre, un acide sulfolignique, dont le sel calcaire a trouvé des emplois pour le mordançage de la laine.

Il pourrait y avoir intérêt, en présence d'une industrie chimique organique prospère, à fabriquer, comme nous l'indiquions déjà plus haut, l'acide acétique par une autre voie que celle de la carbonisation du bois. Il semble possible d'en faire industriellement en partant de l'acétylène. Celui-ci par hydratation, en présence de sels mercuriques, donne de l'aldéhyde qui peut être oxydée ultérieurement en acide. L'étude technique de ce procédé semblait suffisamment avancée pour qu'une usine en Allemagne en ait projeté l'exécution industrielle.

Le département des Landes et les départements avoisinants fournissent, grâce à leur richesse en pins, plus de 100.000 tonnes de résines, qui, par distillation, donnent de la térébenthine et de la colophane dont nous sommes des exportateurs importants (plus de 10.000 tonnes d'essence de térébenthine et 50.000 tonnes de produits résineux).

Il faut noter ici que la térébenthine peut servir de matière première pour la fabrication du *camphre synthétique,* lequel peut parfaitement remplacer le produit naturel dans ses emplois industriels et notamment pour la préparation du celluloïd. (Nous importons près de 1.000 tonnes annuellement de camphre du Japon, d'une valeur de 4 à 5 millions de francs). Malheureusement, ce problème résolu par l'industrie allemande (Schering, Rheinische Kampferfabrik) et dans des conditions moins favorables que chez

nous, puisqu'elle doit importer sa matière première, n'a pas donné
en France des résultats satisfaisants. Les avis restent partagés sur
l'avenir qui est réservé à cette industrie synthétique. Comme le
produit naturel constitue un monopole japonais, les prix peuvent
en être fixés de façon à rendre la synthèse sans intérêt économique.
Il se peut aussi que les procédés employés n'aient pas été suffisamment mis au point. Mais nous ne pouvons entrer ici dans des
détails sur cette fabrication très spéciale et très savante (1).

Nous ne dirons qu'un mot de l'industrie des *parfums naturels*
qui est une spécialité de notre littoral de la Méditerranée. Rien
qu'à Grasse on traite annuellement : 4,4 millions de livres de fleurs
d'oranger, 3,3 millions de livres de pétales de roses, 2,64 millions
de livres de jasmin, 880.000 livres de violettes, 660.000 de tubé-
reuses, etc. C'est une industrie très florissante qui doit marcher de
pair avec celle des parfums synthétiques, car les deux se complètent parfaitement.

Il faudra aussi mettre en valeur pour ces produits notre empire
colonial (2).

Déjà la Côte d'Ivoire peut nous fournir des essences de palma-
rosa, de thym, de lemongrass et de basilic, intéressantes pour les
industries chimiques spéciales ; la Martinique produit des gousses
de vanille ; nos autres colonies, des plantes et graines oléagineuses
(arachides) ; puis il faut signaler : le copal dur de Madagascar et de
la Réunion, les gommes du Sénégal, les lianes et plantes caout-
choutifères de l'Afrique centrale et du Tonkin, le sapindus utilis

---

(1) EUG. GRANDMOUGIN. *La fabrication industrielle du camphre synthétique.*
Génie civil, LVIII, 363 (1911).
Voici, à titre documentaire, la production mondiale du camphre (pour 1913).

Pays		Tonnes
Japon { Formose		2.084
Shikoku		906
Kynshu		
Chine		589
Divers		1.857
Mondiale		5.436

Au prix de 4 frs. le kilo, cela représente une valeur de près de 22 millions.
(2) *Plantes à parfums*, par Paul HUB ar (1909).

d'Algérie, riche en saponine, le cacao de la Guadeloupe, de la Martinique, de la Guyane (et tout récemment, 409 tonnes du Cameroun allemand conquis), certaines fibres textiles, etc. Nous aurons encore l'occasion de revenir sur plusieurs de ces produits du sol et sur le développement à donner à ces cultures (1).

Annexes au chapitre VI

Production des produits agricoles dans les grands pays industriels (1913)

	Froment	Avoine	Pommes de terre
	(Milliers de quintaux métriques)		
Etats-Unis	205.000	162.900	83.952
Allemagne	46.600	97.100	541.100
Angleterre	15.400	29.200	77.300
France	113.300	52.656	135.900

Production des céréales (1917)

	Froment	Seigle	Orge	Avoine	Maïs
	(En millions de quintaux)				
Angleterre	17,6	»	13,1	33,9	»
Etats-Unis	182,9	15,3	43,4	228,0	873,7
Canada	63,5	1.05	13.0	66,5	2,6
France	39,5	6.95	9.00	34,4	3,3

Richesse des grands pays industriels en bétail (1910)

	Chevaline	Bovine	Ovine	Porcine
	(En 1000 têtes)			
Etats-Unis	21.040	69.089	57.218	47.782
Allemagne	4.516	20.159	5.788	21.885
Angleterre	2.095	11.765	31.165	3.561
France	3.198	14.532	17.111	6.900

(1) *Bibliothèque pratique du coton*, par Paul Hubert.

II. — L'Essor des industries chimiques. 5

VII

INDUSTRIES ALIMENTAIRES ET INDUSTRIES CONNEXES (1)

Les produits récoltés : blés, pommes de terre, betteraves, riz, (provenant de l'Indo-Chine) etc., servent d'une part à l'alimentation directe, et, d'autre part, de matières premières pour certaines industries, telles que la fabrication de l'amidon, de la fécule, du sucre et des produits qui en dérivent : amidons grillés divers, glucoses, dextrines, caramels, etc.

Nous n'insisterons pas sur la *féculerie*, qui est une industrie particulière aux Vosges et à l'Oise, car les moyens qu'elle emploie sont essentiellement mécaniques. L'amidon étant préformé dans le tubercule, il suffit de râper la pomme de terre pour en isoler la fécule par tamisage suivi d'un déposage, puis du séchage. Nous sommes du reste tributaires de l'étranger pour une certaine quantité de ce produit. (Importation : environ 8.500 tonnes en 1913.) Il y avait, en France, en 1913, environ 185 féculeries produisant de 300.000 à 350.000 quintaux métriques de fécule. La fabrication de l'amidon, en partant du blé, du riz ou du maïs,

---

(1) Bibliographie à consulter : *Les industries agricoles et alimentaires*, par L. François et R. Vallier (1914).

Le pain, par l'intendant militaire Sérand (1911).

Technologie sucrière, par Gaston Dejonghe (1910).

Traité théorique et pratique de la fabrication du sucre de betteraves, par P. Horsin-Déon (3ᵉ édition).

importés d'Indo-Chine, de la République Argentine, de Russie et
de Roumanie, nécessite par contre l'intervention de procédés chimiques ou de fermentation pour séparer les albumines végétales
(gluten), qui sont contenues dans les matières premières et qu'il
est important de récupérer sous une forme comestible ou industrielle.

Les produits ainsi obtenus peuvent servir pour les besoins alimentaires ; pour l'industrie des apprêts, on peut utiliser l'amidon
isolé du marron d'Inde, qui, lui, n'est pas comestible ou la *fécule
de tavolo*, originaire de Madagascar et qui est d'importation
récente.

L'industrie des pâtes alimentaires est originaire d'Italie ; elle
s'est développée en France dans la seconde moitié du xix° siècle et
a acquis une certaine importance puisque sa production s'élevait
à 100,000 tonnes environ, dont 1/10 était exporté en Italie, en
Amérique et dans le Levant. Pour la confection de ces produits,
tels que macaronis, vermicelles, nouilles, lazagnes, coquillettes et
autres on utilise surtout des semoules provenant de blés durs. On
pétrit ces semoules avec de l'eau, on presse à chaud, on moule,
on découpe et l'on sèche. Les principales usines sont situées à
Lyon, Paris, Marseille, Nice, Valence et en Savoie.

L'industrie de la panification consomme la majeure partie de
nos farines (environ 60 millions de quintaux). Il n'est peut-être
pas inutile de rappeler à ce sujet que le procédé de mouture aux
cylindres, créé en Hongrie vers 1873, n'a été introduit dans nos
moulins que vers 1885, et que, dans ce domaine aussi, nos méthodes routinières n'ont abdiqué que devant la diminution notable
de nos exportations. Le pain fait à Paris est, avec le pain viennois,
un des meilleurs qui existent. Néanmoins nos procédés de panification ont besoin d'être modernisés. Que dans les campagnes et
les bourgades éloignées on pétrisse la pâte d'après des procédés
datant des origines de l'humanité, cela peut, à la rigueur, se con-
cevoir. Mais, dans les grandes agglomérations, on devrait trouver
partout le pétrin et le four mécaniques, qui sont les seules installations répondant à l'hygiène moderne. Du reste, la pénurie de
main-d'œuvre après la guerre obligera les boulangers à avoir
recours, plus que par le passé, à la force motrice pour le travail

de la pâte. Nous n'examinerons pas ici la question s'il y aurait intérêt à remplacer la levure par des procédés chimiques. Mais nous croyons intéressant de signaler l'importance prise dans les pays anglo-saxons par les poudres à lever — *baking-powders* — composées essentiellement de bicarbonate de soude et de crème de tartre. C'est une fabrication qui, grâce à notre production en crème de tartre, pourrait facilement s'exécuter chez nous et prendre même un certain développement.

Une autre de nos industries alimentaires fort importante est *l'industrie sucrière*, qui, jusqu'en 1875, était la première d'Europe. Depuis elle a été fortement devancée par celle de l'Allemagne qui s'est appliquée surtout à améliorer le rendement en sucre des racines. Elle a aussi employé avant nous le principe de la diffusion, imaginé par Mathieu, de Dombasle, mais exécuté industriellement, en premier lieu, par Robert en Moravie. Notre dernière campagne de 1913-1914, avant la guerre, avait donné, avec une surface cultivée en betteraves d'environ 250.000 hectares, une récolte de 5.827.960 tonnes de racines et 738.440 tonnes de sucre, obtenues dans 213 usines, alors que l'Allemagne produisait dans 342 fabriques : 2.478.700 tonnes de sucre avec 15.797.400 tonnes de betteraves. On voit que le rendement est de 15,7 0/0 en Allemagne contre 12,7 0/0 en France et le rapport reste approximativement le même pour la campagne 1912-1913 (France : 960.900 tonnes de sucre avec 6.674.015 tonnes de betteraves ; Allemagne : 2.700.913 tonnes de sucre avec 16.634.214 tonnes de racines, soit respectivement : 14,4 et 16,2 0/0).

Il ne faut pas oublier que le jus de betteraves est chez nous une importante source d'alcool, ce qui explique ces différences. Néanmoins il y a encore des perfectionnements à faire, soit par la sélection des graines, soit par l'augmentation des engrais et l'amélioration des procédés de culture, de façon à obtenir des racines aussi riches en sucre que possible. Au point de vue technique la fabrication du sucre dépend surtout de la perfection des appareils mécaniques puisque la seule opération chimique est la défécation du jus à la chaux suivie d'une carbonatation par l'acide carbonique seul ou avec addition d'acide sulfureux, dont on utilise ainsi le pouvoir décolorant. Nous signalerons ici l'importance croissante des hydrosulfites (redos, blankite, etc.) pour la décoloration des jus.

Quant aux mélasses on peut en extraire une partie du sucre qui y est contenu par l'osmose ou par des procédés chimiques, à la strontiane notamment ; dans le Nord on les fait généralement fermenter pour produire de l'alcool.

Les vinasses de betteraves fournissent, par calcination, du salin de betteraves, riche en potasse. Il y aurait lieu de récupérer l'azote qui est contenu dans les mélasses (1 1/2 0/0 environ) principalement sous forme de bétaïne.

Les vinasses de betteraves sont, à cet effet, concentrées jusqu'à une densité de 1,4, après distillation de l'alcool, puis calcinées en vase clos. Le résidu dans les cornues fournit de la potasse, tandis que les gaz formés, contenant de l'ammoniaque et de la triméthyl-amine, sont chauffés dans un surchauffeur approprié à 1.000-1.100° C., ce qui décompose la triméthylamine en méthane et acide cyanhydrique. Les gaz cyanés obtenus, qui contiennent de 5 à 8 0/0 d'ammoniaque et environ 10 0/0 d'acide cyanhydrique, sont refroidis ; on absorbe l'ammoniaque par l'acide sulfurique, l'acide cyanhydrique par la soude, tandis que le méthane peut servir pour chauffer l'appareil de décomposition.

On peut admettre qu'en traitant ainsi toutes les mélasses de notre industrie sucrière, on pourrait obtenir environ 3.000 tonnes de cyanure de sodium et 4.000 tonnes de sulfate d'ammoniaque — encore un emploi pour l'acide sulfurique !

A mentionner aussi la fabrication du *chlorure de méthyle*, créée par Vincent, et qui résulte de la décomposition de la triméthyl-amine dans des conditions particulières.

On a également préparé des méthylamines comme sous-produits, mais ces composés n'ont actuellement qu'un intérêt restreint ; leur emploi augmenterait dans le cas d'une industrie prospère des matières colorantes.

Notons aussi la fabrication du sucre de canne dans nos colonies ; la Guadeloupe produit 39.000 tonnes, la Martinique et les Indes françaises 42.000 tonnes environ annuellement. Avec les moulins modernes, on peut exprimer la canne à sucre à des pressions considérables, de sorte que la bagasse obtenue peut directement servir de combustible.

Comme on procède en outre au mouillage entre les expressions successives, on obtient la majeure partie du sucre, de sorte que les procédés de diffusion ne possèdent pas le même intérêt pour la canne que pour la betterave. Le point le plus important dans l'industrie sucrière est toujours l'évaporation des jus. Tous les perfectionnements dans cette direction, tel que le procédé par grimpage, par exemple, présentent donc un intérêt incontestable.

Les industries du *cacao* et du *chocolat*, qui se rattachent à l'industrie sucrière, sont intéressantes au point de vue alimentaire, car le chocolat est un aliment des plus substantiels et des plus salutaires qui soient. La forte consommation de produits manufacturés en Hollande et en Suisse montre que ces industries sont encore susceptibles de développement; et comme nous sommes mieux situés que nos voisins, obligés d'importer et le cacao et le sucre, il semble certainement possible de les concurrencer.

L'importance de cette industrie ressort du chiffre des importations de cacao qui se sont élevées à 27.800 tonnes en 1913. Les colonies françaises ont produit, cette même année, 1.800 tonnes. L'industrie française consomme environ $\frac{1}{10}$ de la consommation mondiale qui s'est montée à 251.400 tonnes en 1913.

On peut se rendre compte de l'importance de cette industrie dans les principaux pays manufacturant le cacao par le petit tableau suivant :

Cacao manufacturé

Pays	1913	1914	1915
		(Tonnes)	
Etats-Unis..............	67.000	74.000	84.000
Allemagne.............	51.000	—	—
Angleterre.............	27.500	29.000	47.000
Hollande	30.000	32.000	41.000
France................	28.000	31.000	31.000
Suisse................	10.000	11.000	11.000

On peut noter ici que l'industrie chocolatière s'est developpée pendant les premières années de la guerre ainsi qu'il ressort des chiffres d'importations du cacao. De même les importations du chocolat sont montées de 600 tonnes avant la guerre à plus de 3.000 tonnes en 1916. La pénurie des matières premières a ensuite entravé cette industrie, mais qui reprendra certainement toute son importance.

*

Quant à la préparation des *glucoses* par saccharification des fécules, elle devrait se faire de préférence dans des chaudières autoclaves, ce qui diminue sensiblement le temps nécessaire à l'opération. En prenant comme agent d'hydrolyse de l'acide chlorhydrique, il suffit de le neutraliser, après la cuisson, par le carbonate de soude, puis d'évaporer, après filtration sur du noir animal, dans le vide, à la concentration voulue, en utilisant un appareil approprié dont il existe différents modèles.

Selon qu'il s'agit de préparer du sucre en masse ou du sirop de fécule, il faudra modifier les proportions d'acide et la durée de la cuisson. Mais ce sont là des détails techniques sur lesquels nous ne pouvons nous étendre.

A titre documentaire, nous signalerons que la dernière campagne normale (1912-1913) a produit un peu plus de 20.000 tonnes de glucose (21.377) qui sont consommées presqu'entièrement chez nous ; un cinquième est utilisé en brasserie (3.928 tonnes).

Il nous est impossible d'entrer dans des détails sur l'industrie du lait et les produits qui en dérivent : beurre, fromages (et les nombreuses variantes de cet aliment), lait condensé, crème stérilisée, sucre de lait, etc.

On jugera toutefois de l'importance de l'industrie laitière par le fait que la production française s'élevait, avant la guerre, à environ 75 millions d'hectolitres ayant une valeur supérieure à 2 milliards de francs.

Au point de vue industriel, la *caséine* mérite toutefois une mention ; son industrie est fort développée dans les Charentes et dans le Poitou, qui en produisent environ 8.500 tonnes annuellement, dont 6.000 tonnes sont exportées (en 1913).

Cette production pourrait être augmentée d'une façon considérable ; il faut toutefois traiter des quantités de lait assez importantes, la proportion de caséine comme celle de la graisse ne dépassant guère 3 0/0.

Selon le mode de coagulation, la caséine obtenue est alimentaire ou elle sert en industrie pour la confection de matières plastiques diverses, colles, etc.

Production européenne du sucre de betteraves

	1912-1913	1914-1915	1916-1917
	(En tonnes)	(En tonnes)	(En tonnes)
Allemagne...............	2.730.000	2.500.000	1.500.000
Autriche-Hongrie........	1.920.000	1.602.305	900.000
France	973.000	802.961	250.000
Belgique...............	300.000	203.608	100.000
Hollande...............	317.000	302.458	275.000
Russie	1.386.000	1.937.336	1.500.000
Divers.................	716.000	678.008	550.000
Total pour l'Europe..	8.342.000	7.556.685	5.075.000
Etats-Unis.............	»	646.257	
Canada.................	»	12.502	
Mondiale		8.215.445	

Production mondiale du sucre de canne

	1913-1914	1915 1916
	(En tonnes)	(En tonnes)
Martinique......................	38.730	40.000
Guadeloupe.....................	39.920	40.000
Amérique (total)................	4.984.000	5.214.384
Asie	4.065.730	4.339.000
Maurice	249.800	215.528
Réunion........................	35.784	40.000
Afrique (total)	474.664	515.528
Australie.......................	355.000	240.000
Espagne........................	12.231	5.000
Total...............	9.893.226	10.313.912

VIII

LES INDUSTRIES DE FERMENTATION ET INDUSTRIES ANNEXES (1)

La France est un gros producteur d'alcool. Ce produit est obtenu soit dans les exploitations agricoles sous forme de vins, poirés, cidres, eaux-de-vie diverses, soit, industriellement, par fermentation du jus de betteraves, du sucre contenu dans les mélasses, ou des féculents après saccharification ou par d'autres procédés.

Pour le vin, la récolte de 1914 s'est élevée à près de 60 millions d'hectolitres, correspondant à près de 5 millions d'hectolitres d'alcool, et, en dehors de cette production, il faut encore compter environ 3 millions d'hectolitres obtenus par les industries de fermentation et de distillation (3.106.609 hectolitres en 1912 ; 2.733.908 hectolitres en 1913). Il est toujours intéressant de comparer ces chiffres à ceux des autres pays producteurs d'alcool : nous voyons que l'Allemagne produit 3.750.000 hectolitres ; la Russie : 5.580.000 hectolitres et les Etats-Unis : 3.650.000 hectolitres, alors que la production mondiale est de 22.900.000 hectolitres.

(1) Bibliographie à consulter :

Traité complet théorique et pratique de la fabrication de l'alcool et des levures, par G Dejongne, 3 vol. (1899-1903).

Les catalyseurs biochimiques dans la vie et dans l'industrie, par Jean Effront (1914).

La vinerie, par E. Barbet (1911).

La chimie et la bactériologie du brasseur, par Jules Flamand (1909).

La grande industrie des acides organiques, par Ulysse Roux (1912).

La fabrication d'alcool avec le jus de betteraves s'élève à plus de un million d'hectolitres (1.014.690 hectolitres en 1911-1912) et les mélasses en fournissent un demi-million d'hectolitres (510.400 hectolitres en 1910-1911). L'emploi de l'alcool industriel dénaturé ne fut que de 645.134 hectolitres en 1912 ; c'est assez dire la quantité considérable qui est consommée sous forme de boissons alcooliques diverses.

La consommation des spiritueux s'est, en effet, montée à 1.741.000 hectolitres en 1913, mais il faut noter qu'elle s'est abaissée à 700.000 hectolitres en 1916.

Cette forte production d'alcool dans notre pays constitue un danger social considérable sur lequel il faut absolument insister, car l'alcoolisme provoque une dégénérescence de la race et est certainement l'un des facteurs principaux ayant pour cause la diminution de la natalité et l'augmentation de la tuberculose.

Le législateur pourrait enrayer le mal en limitant les débits de boissons alcooliques, en supprimant le privilège des bouilleurs de cru, en interdisant les liqueurs nocives, etc. Malheureusement, des intérêts particuliers très puissants ont empêché, jusqu'à présent, qu'une réforme absolument vitale pour notre pays fût entreprise dans ce sens. Il sortirait du cadre de notre étude d'examiner cette question si importante pour la santé et l'avenir de la race, mais il fallait la signaler parce qu'elle a forcément sa répercussion sur nos industries et que la production inférieure, en qualité et en quantité, de certaines contrées en est la conséquence directe.

Quant à l'*industrie vinicole* de notre pays, qui est la première du monde, si elle doit profiter des progrès incessants des sciences œnologiques et de fermentation, nous rappellerons que nous avons à Bordeaux un institut de chimie qui s'est spécialisé dans ces questions et qui pourra contribuer à la diffusion des connaissances et applications utiles dans cette industrie.

Parmi d'autres procédés pour obtenir l'alcool, nous ne pensons pas qu'il y en ait offrant un intérêt immédiat. On peut cependant transformer les déchets de bois : sciure de bois, sarments de vignes, etc., par l'hydrolyse, en glucose fermentescible, et il paraît que les Américains ont obtenu des résultats encourageants par le procédé Classen à l'acide sulfureux. On ne peut songer à faire de l'alcool avec l'éthylène contenu dans le gaz des cokeries. Nous avons déjà signalé plus haut l'hydratation de l'acétylène en aldéhyde, en présence de sels mercuriques, ce qui permet d'obtenir soit de l'acide acétique par oxydation, soit de l'alcool par réduction. Enfin, les eaux résiduaires de la fabrication de la cellulose sulfitique peuvent également donner de l'alcool ; mais cette industrie n'est pas assez développée chez nous pour constituer un appoint sérieux.

Par suite des fortes demandes des poudreries on a aussi fabriqué de l'alcool de pommes dans les distilleries de betteraves, de même qu'on a essayé d'utiliser les marrons d'Inde (rendement 20 litres environ par 100 kilos) ; ces industries n'offrent toutefois qu'un intérêt passager. Mais on a surtout été amené à importer de l'alcool de l'étranger, soit 1.330.000 hectolitres en 1916.

L'alcool sert en industrie surtout comme dissolvant, d'une part, et comme agent d'éthylation, d'autre part, soit sous forme de bromure d'éthyle ou d'éthylsulfate alcalin. C'est aussi la matière première indispensable pour la fabrication de l'éther, de l'iodoforme, du chloroforme et du chloral.

L'Allemagne qui est un gros producteur de pommes de terre — environ 400 millions de quintaux par an (343 millions en 1911, 502 millions en 1912) — en transforme une quantité notable en alcool par saccharification et fermentation. Comme sous-produit, il se forme de l'*alcool amylique* qui est un produit que nous sommes obligés d'importer pour divers emplois. Il paraît que, d'après les essais dus à M. Fernbach, de l'Institut Pasteur, on peut augmenter le rendement de cet alcool lors de la fermentation dans des proportions notables. Si ce fait se vérifie, nous aurons là le moyen de nous affranchir des importations étrangères de ce produit et de développer ses applications.

Nous n'insisterons pas sur les autres industries de fermentation régionales : la fabrication des poirés et cidres en Normandie, la *brasserie* dans l'Est et le Nord. Quoique notre production de bière dépasse 18 millions d'hectolitres par an, nous sommes distancés de loin par l'Allemagne et l'Angleterre et à peu près placés au même rang que la Belgique. Cela n'a évidemment rien d'étonnant

puisque notre pays est le plus grand producteur de vin. Par la
fermentation haute, localisée dans le Nord, le Pas-de-Calais, la
Somme, l'Aisne et les Ardennes, on produit 14 millions d'hectolitres, alors que la fermentation basse, en usage en Meurthe-et-
Moselle, dans les Vosges, à Paris et sa banlieue, ne sert que pour
fabriquer 4 1/2 millions d'hectolitres environ. Les importations
d'Allemagne ne dépassaient pas 100.000 hectolitres annuellement.
Pour l'étude de la brasserie, qui, dans ses méthodes, a tout à fait
adopté des principes industriels — ce qui la différencie essentiellement de l'industrie vinicole — nous possédons une école spéciale
à Nancy qui jouit d'un excellent renom et d'une réputation mé-
ritée (1).

Un sous-produit de l'industrie vinicole est la *crème de tartre*,
dont notre pays est forcément, avec l'Espagne, un des plus gros
producteurs, et dont elle exporte des quantités considérables (pour
environ 20 millions de francs annuellement) sous forme de tartre
brut, crème de tartre raffinée et acide tartrique. Il nous semble
qu'il y aurait intérêt à raffiner la totalité des tartres dans nos
usines et à augmenter notre production en acide tartrique (nouvel
emploi pour l'acide sulfurique !) à condition de trouver des débouchés nouveaux pour ce produit.

L'industrie du *vinaigre*, par oxydation de l'alcool, peut être
rattachée aux industries de fermentation. C'est un organisme
microscopique, le *mycoderma aceti*, qui provoque cette réaction
par sa présence, soit par son action directe, soit d'une façon indi-

(1) Voici, à titre documentaire, la production de bière dans les quatre grandes
nations industrielles (pour 1913) :

Pays	Production de bière
	(En milliers d'hl.)
Etats-Unis.................	70.845
Allemagne.................	68.818
Angleterre.................	57.087
France....................	12.644

recte par suite de la formation d'une substance active comme dans
le cas des fermentations. L'inconvénient des procédés usuels
— aussi bien du procédé d'Orléans que du procédé dit rapide —
est la forte déperdition d'alcool par suite de l'évaporation. Il y
aurait certainement lieu d'étudier soit la récupération de l'alcool
— ce qui paraît fort difficile — soit plutôt une modification permettant l'exécution de cette réaction par voie chimique.

Nous rattacherons ici l'industrie de l'*acide lactique* par des procédés de fermentation en partant du glucose. Cette fabrication
vient d'être montée en France tout récemment, et il faut espérer
qu'elle arrivera à nous affranchir des importations allemandes
(environ 250 tonnes annuellement).

Parmi les divers emplois de cet acide, nous signalerons surtout
ses applications dans l'industrie textile où il sert au mordançage
de la laine. On l'utilise pour la réduction du bichromate soit tel
quel, soit sous forme de son sel de potassium acide (lactoline). Un
autre emploi assez important est la préparation du *lactate d'antimoine*, qui sert à la fixation des tanins. L'antimonine par exemple
est un lactate de chaux et d'antimoine contenant 27 0/0 Sb^2O^3 et
pouvant remplacer le tartre émétique avec 43,4 0/0 Sb^2O^3. Enfin,
l'acide lactique peut servir aussi dans l'industrie de la tannerie
pour le traitement des cuirs.

L'*acide citrique*, qui se fait par décomposition, par l'acide sulfurique, du citrate de chaux importé de Sicile, pourrait peut-être
aussi être préparé en partant du glucose par l'action de certains
microorganismes, tels que le *citromyces pfefferianus* et *glaber*.
Toutefois les essais industriels entrepris, jusqu'à présent, n'ont pas
abouti même en employant des cultures pures, ce qui est la condition première à réaliser pour obtenir des résultats comparables.

Pour apprendre la technique particulière aux industries de fermentations, la sélection des cultures, leur maintien à l'état pur, etc.,
etc., nous avons, à Paris, l'Institut Pasteur qui est à même de
former les bactériologues nécessaires. C'est aux industriels à
comprendre l'importance des nouvelles méthodes pour le contrôle
et la conduite des industries de fermentation. Il importe, enfin, de
mentionner qu'en Allemagne divers instituts, subventionnés par
l'Etat, sont installés en vue de fournir aux distillateurs d'alcool,

aux brasseurs et même aux vignerons les cultures pures dont ils
ont besoin pour leurs industries.

ANNEXES AUX CHAPITRES VI ET VII

Production de l'alcool en France (hl.)

1912...............................	3.309.000 hl.
1913...............................	2.953.000 »
1914...............................	1.654.000 »
1915...............................	1.987.000 »

Production de l'alcool en France avec diverses matières premières

Matières premières mises en œuvre	Alcool produit en	
	1913	1914
	(En hectolitres)	
Matières amylacées.................	429.073	465.636
Mélasse............................	606.690	376.951
Betteraves sucrières...............	1.553.640	505.922
Vins...............................	109.714	94.386
Cidres et poirées..................	129.594	112.111
Levures et lies....................	105.576	82.785
Fruits.............................	11.493	15.495
Divers.............................	2.128	813
	2.953.908	1.654.599

Production de l'alcool dans les principaux pays industriels

	1912
Russie.............................	5.580.000 hl.
Allemagne..........................	3.750.000 »
Etats-Unis.........................	3.650.000 »
France.............................	3.309.000 »
Angleterre.........................	1.193.000 »
Italie.............................	800.537 »
Mondiale..................	22.900.000 »

Consommation industrielle de l'alcool dénaturé en France

	1913
Alcools de chauffage et d'éclairage.....	512.319 hl.
Vernis.............................	16.488 »
Alcools d'éclaircissage (ébénisterie)	1.016 »
Matières plastiques (celluloïd, etc.).....	17.905 »
Matières tinctoriales (chapellerie).......	1.009 »
Teintures, couleurs...................	853 »
Présure liquide......................	196 »
Collodion...........................	863 »
Soie artificielle......................	293 »
Chloroforme........................	529 »
Chloral............................	88 »
Produits chimiques et pharmaceutiques.	4.715 »
Usages scientifiques..................	332 »
Ethers, fulminates, explosifs	167.823 »
Total.................	724.429 »

IX

INDUSTRIE DES CORPS GRAS ET INDUSTRIES ANNEXES (1)

L'industrie des corps gras se rattache tout naturellement aux industries qui viennent d'être étudiées précédemment. Les graisses et les huiles servent, en effet, à l'alimentation — les corps gras sont un aliment indispensable à l'homme et important par le nombre des calories dégagées — ; elles ont un emploi industriel considérable et dérivent directement ou indirectement des produits du sol. On les obtient, ainsi qu'il est bien connu, par expression ou extraction des graines et produits oléagineux divers : olives, arachides, graines de lin, noix de coco, etc., recueillis chez nous ou importés des colonies ou de l'étranger, ou bien on les isole, par fusion ou extraction, des tissus adipeux des animaux d'élevage ou des produits des pêcheries. Dans certains cas on les recueille aussi, comme pour le beurre par exemple, dans les industries agricoles, à titre principal ou comme sous-produit, sans que l'obtention nécessite l'abatage de l'animal.

(1) Bibliographie à consulter : *Les huiles, graisses et cires*, par LEWKOWITSCH et BONTOUX, tomes I-III (1906-1910).

Traité pratique de savonnerie, par MORIDE-VARENNE (1909).

Fabrication moderne et applications des savons industriels, huiles solubles et matières d'ensimage, par R. EHRSAM (1913).

Le Palmier à huile, par Paul HUBERT (1910).

Les corps gras, par A.-M. WILLON.

Beaucoup des matières premières employées pour la préparation des huiles, et surtout celles d'origines végétales, proviennent des contrées tropicales où la croissance des plantes oléagineuses, dans un climat chaud, est plus rapide, et la richesse en corps gras plus élevée que dans nos contrées. Rien n'empêche d'augmenter encore les plantations et d'améliorer les cultures de ces plantes dans nos colonies. Mais il y a lieu aussi de développer l'emploi de nouvelles plantes et leur culture. Ainsi l'huile de soja, peu connue il y a quelques années, est devenue d'un emploi courant sur le marché européen. Il importe toutefois de signaler que pour les emplois comestibles il s'agit d'être prudent quand on introduit de nouvelles huiles et d'être bien certain de leur parfaite inocuité. Des accidents mortels, survenus il y a quelques années à la suite de la consommation d'une margarine provenant d'une usine allemande, prouvent qu'on ne peut être assez prudent en cette matière.

Vu la grande valeur commerciale des corps gras, il importe de les récupérer dans les industries diverses qui les produisent ou les utilisent et, à ce point de vue, on ne devrait perdre aucun déchet d'abattoirs : graisses, os, issues, etc., qui en contiennent, comme il conviendrait de traiter les eaux de lavage des laines, les eaux résiduaires des industries textiles, etc., pour en isoler les corps gras qui y sont contenus. Dans ce domaine de la récupération des graisses, il y a encore certainement fort à faire. Les graisses ainsi récupérées peuvent servir aux usages industriels les plus divers : préparation des cambouis, graisses pour engrenages, pour les cuirs, etc.

Nous n'entrerons pas dans les détails en ce qui concerne l'obtention des corps gras à partir des matières premières, car les procédés employés sont jusqu'ici uniquement du domaine de la mécanique : presses hydrauliques de divers modèles pour exprimer les matières premières, à froid ou à chaud ; appareils pour l'extraction à la benzine, au sulfure de carbone ou au tétrachlorure de carbone, des tourteaux, des os et des résidus divers ; appareils pour la fusion des suifs, etc. Partout on devrait disposer de l'outillage le plus perfectionné, en vue d'obtenir le maximum de rendement avec le minimum de main-d'œuvre en même temps que les produits les plus purs et le moins de sous-produits, tout en travaillant autant que possible dans les conditions les plus hygiéniques. Ainsi les fondoirs de suif devraient opérer en vases clos, à la vapeur d'eau ou à l'eau surchauffée, pour éviter les odeurs nauséabondes qui sont inévitables dès que l'on travaille dans des appareils ouverts.

Après expression, extraction ou fusion des huiles et graisses, on procède aux opérations de raffinage qui consistent essentiellement en filtrations, suivies, si nécessaire, d'un traitement chimique approprié à l'huile, soit à l'acide sulfurique, à la soude, etc., ou d'un procédé de décoloration.

Quoique les industries des corps gras soient disséminées un peu partout : dans le Nord, où l'industrie textile en consomme des quantités considérables, à Paris, avec ses fondoirs de suif, il y a cependant une région qui s'est spécialisée tout particulièrement dans cette industrie, grâce à sa situation géographique : c'est la région de Marseille. Le complément nécessaire de cette industrie régionale serait un institut de chimie spécialisé pour l'étude des corps gras et qui se rattacherait tout naturellement à la faculté des sciences Aix-Marseille.

L'importance de la région de Marseille ressort du chiffre annuel des transactions en huiles, graisses et tourteaux qui s'est élevé, en 1912, à environ 350 millions de francs. On compte 45 huileries disposant de 1.441 presses et produisant environ 1.000 tonnes d'huile par jour. Les importations en matières premières oléagineuses (arachides, graines de lin, de sésame, de colza, de ricin, de coton, de coprah, etc.), furent pour l'année indiquée, d'environ 600.000 tonnes dont on a extrait 272.000 tonnes d'huile (312.000 tonnes en 1911) et obtenu, en outre, 285.920 tonnes de tourteaux qui servent à l'alimentation du bétail, comme engrais, etc. Le petit tableau suivant donnera quelques indications intéressantes sur l'importance des diverses matières premières et les rendements en huiles dans la région de Marseille :

Produits oléagineux	Importations	Huiles obtenues
	(En tonnes)	(En tonnes)
Arachides (Madras).................	200.000	84.000
Arachides (pour huiles comestibles).	160.000	56.000
Coprah...........................	160.000	100.000
Graines de sésame.................	20.000	10.000
Graines de lin....................	17.000	6.000
Graines de ricin..................	15.000	6.000
Graines de colza..................	5.000	2.000
Divers...........................	26.600	8.100
	603.600	272.100

Quant aux huiles fixes, pures, importées, on en trouvera le détail dans les tableaux des importations annexés à ce livre et auxquels nous renvoyons pour plus ample informé. Nous sommes, en particulier, de grands importateurs d'huile d'olives (16.000 tonnes environ en 1913), provenant de la Tunisie, de l'Algérie, de l'Italie, de la Grèce et de l'Espagne (ce dernier pays en a produit 230.000 tonnes en 1913) ; un tiers de cette huile est de nouveau exportée, après raffinage, dans le monde entier.

Il n'est peut-être pas sans intérêt de signaler que si la France importait, en 1913, 1.219.000 tonnes de graines et produits oléagineux pour plus de 260 millions, 200.000 tonnes seulement provenaient de ses colonies. Pendant la même période l'Allemagne importait 1.600.000 tonnes de produits oléagineux (correspondant à 570.000 tonnes d'huiles végétales) et l'Angleterre 1.473.000 tonnes.

D'autre part la guerre, par suite de nombreuses difficultés et de la rareté du fret, a sensiblement entravé l'importation des matières oléagineuses. Celle-ci a baissé dans des proportions considérables. Voici les chiffres pour la région de Marseille :

Années	Importations
	(En tonnes)
1910	665.679
1914	605.474
1915	516.277
1916	453.583

C'est l'Angleterre qui, disposant de la plus grosse partie du fret, a profité de sa supériorité maritime pour s'assurer la suprématie du marché des huiles, de sorte que, pour nos approvisionnements d'huiles nous sommes aujourd'hui tributaires du marché anglais.

Vu la valeur élevée des huiles et graisses comestibles, il est bien évident que l'industrie des corps gras a un intérêt primordial à transformer des graisses industrielles en graisses comestibles. A ce point de vue, l'industrie marseillaise a obtenu des résultats tout à fait remarquables. Ainsi le procédé de neutralisation et de désodorisation des huiles d'arachides a acquis une importance considérable ; la production de l'huile comestible s'est élevée à près de 50.000 tonnes dont plus de la moitié est exportée (26.500 tonnes en 1913).

L'industrie du *beurre végétal*, végétaline, cocose, etc., comme substituant du beurre, est également des plus florissantes. La matière première est l huile de coco qui est d'abord neutralisée par un traitement alcalin à la chaux ou à la soude, puis désodorisée par distillation à la vapeur d'eau surchauffée ou par l'air chaud, qui enlèvent les principes odorants composés de cétones supérieures (ce procédé est dû à un chimiste alsacien, M. Freyss). Cinq grandes usines en préparent annuellement au moins 50.000 tonnes d'une valeur d'environ 55 millions de francs ; 80 0/0 de la production environ sont exportés en Angleterre, en Scandinavie et en Hollande.

On doit aussi mentionner ici la préparation *des graisses de chocolat* avec la stéarine isolée des huiles de coco ou de palmiste par refroidissement de ces huiles, suivi d'une expression à la presse hydraulique. Ces graisses sont des succédanés destinés à remplacer en chocolaterie et dans la confiserie le beurre de cacao que l'on obtient en exprimant à la presse hydraulique, à chaud, les fèves de cacao, séparées des coques par vannage, puis broyées. Nous ajouterons ici que les fèves de cacao, dépouillées de la plus grande partie de leur matière grasse, servent à la fabrication des chocolats inférieurs et des poudres de cacaos solubles.

La *margarine* est également un produit remplaçant le beurre ; elle se faisait primitivement avec du suif (premier jus) auquel on enlevait, par des procédés appropriés, les glycérides solides et peu digestifs. Par battage avec une certaine quantité de lait puis par addition d'huiles végétales appropriées, on arrivait à faire un produit comestible. Peu à peu, on a remplacé les graisses animales par les huiles végétales et l'on fabrique actuellement des produits composés presque uniquement de graisses végétales, surtout avec de l'huile de coprah et de l'huile de palmiste, et qui se rapprochent donc sensiblement des beurres végétaux mentionnés plus haut. Dans les pays septentrionaux on préfère, en général, les graisses mi-solides aux huiles employées par les méridionaux ; c'est ce qui explique le succès et l'importance croissante de tous les produits qui tendent à remplacer le beurre.

Pour obtenir une imitation du beurre aussi parfaite que possible, on colore souvent avec des colorants appropriés (aniline-azo-diméthylaniline par exemple). Afin de donner la propriété de pétiller et de brunir comme le beurre qui fond, on fait des additions diverses : jaune d'œuf, lécithine, sucre de lait, carbonate et bicarbonate de soude, etc., sans que toutefois on soit arrivé, semble-t-il, à un résultat absolument parfait. Il y a donc encore lieu de continuer de faire des recherches.

* *

Parmi les nombreux emplois industriels des huiles, nous croyons devoir faire abstraction de leur utilisation comme *huiles de graissage*, car cet emploi va en diminuant constamment, vu qu'elles sont remplacées, de plus en plus, sauf pour des usages spéciaux, moteurs à explosion, par exemple, par des lubrifiants d'origine minérale. Notons cependant que pour certaines industries cette substitution n'a pas été sans inconvénients. Ainsi les tissus tachés d'huile minérale ne peuvent être complètement dégraissés par le blanchiment habituel. On a préconisé, par conséquent, pour le graissage des métiers à tisser un mélange d'huile de coton et de pétrole d'Ecosse qui peut être saponifié complètement par les lessives alcalines. Il peut aussi être intéressant de signaler, incidemment, que le procédé de Hemptinne (action d'effluves électriques sur les huiles saponifiables), peut servir pour rendre celles-ci plus consistantes en vue de leur emploi comme lubrifiants.

Les industries de saponification utilisent les graisses et les huiles les plus diverses pour la fabrication des *savons*, selon les produits qu'il s'agit d'obtenir, et suivant leur qualité et leurs propriétés. Mentionnons parmi les matières premières les plus importantes : les huiles d'olives, de deuxième ou troisième pression et d'extraction, pour les savons utilisés dans l'industrie textile et pour les usages domestiques ; l'huile industrielle d'arachides qui est l'huile d'élection pour les savons blancs mousseux, l'huile de coco ou de coprah, soit seule, soit en mélange, pour les savons durs : blancs mousseux et marbrés mixtes ; l'huile de lin pour les savons mous à base de potasse, etc. L'huile de palmiste et l'huile de coton ser-vent beaucoup moins en France que dans d'autres pays. On a aussi utilisé, récemment, l'huile de kapok ; deux usines à Marseille ont traité 1.500 tonnes de graines qui ont donné 225 tonnes d'huile (15.0/0). Il faut toutefois faire remarquer que le choix de la matière grasse est beaucoup une question de prix ; ce choix peut donc varier sensiblement d'après les cours de ces matières.

Dans ce domaine aussi, l'industrie marseillaise jouit d'un renom justifié, et elle exporte une quantité notable de sa production (près de 45.000 tonnes annuellement). Sans posséder des usines aussi importantes que certaines sociétés anglaises, elle fait néanmoins bonne figure, grâce à la qualité des produits qu'elle manufacture.

Nous ne pouvons entrer ici dans les détails de la fabrication des savons, ce qui nous entraînerait à des développements excessifs. Mais nous croyons utile de signaler le procédé de saponification par la lipase, le ferment contenu dans les graines de ricin. Ce procédé s'effectue à une température modérée, ce qui constitue une notable économie de vapeur et une dépense moindre que par les procédés de cuisson habituels.

Pour les industries de la stéarinerie et de la fabrication des bougies, ce procédé offre moins d'intérêt. On y emploie, comme par le passé, le procédé de saponification à la chaux dans l'autoclave, la saponification à l'acide sulfurique ou le procédé mixte : chaux et acide sulfurique, qui permet d'obtenir, en outre de la glycérine, un bon rendement en stéarine. Le procédé de saponification par la magnésie a, sur celui à la chaux, l'avantage de donner du sulfate de magnésie soluble, lors de la décomposition des savons magnésiens par l'acide. Il y a, enfin, le procédé Twitchell, qui opère la saponification par l'action de carbures aromatiques sulfonés et qui présente, paraît-il, un certain intérêt.

On sépare, ainsi qu'il est bien connu, l'acide oléique, liquide à température ordinaire, des acides palmitique et stéarique par expression, à chaud, à la presse hydraulique. L'emploi principal de l'acide oléique, appelé communément oléine, est la fabrication des savons de soude ou de potasse employés dans l'industrie textile. On peut aussi envisager, actuellement, sa transformation en acide stéarique par hydrogénation catalytique ; les autres procédés proposés pour son durcissement n'ont pas donné de résultats suffisamment industriels. Il faut aussi constater, en passant, que l'emploi croissant des graisses pour les usages alimentaires, a provoqué un emploi plus considérable de la paraffine en remplacement de la stéarine pour la fabrication des bougies (la consommation des bougies s'est élevée à 18.900 tonnes environ en 1913).

* *

Mais le progrès le plus important, réalisé dans le domaine des corps gras dans ces dernières années, est, sans contredit, celui de *l'hydrogénation des huiles*, procédé qui mérite de retenir toute notre attention. Comme cela s'est produit beaucoup trop souvent, l'idée du procédé est d'origine française, mais la réalisation a été effectuée d'abord à l'étranger, toujours plus entreprenant que nous, disposant de laboratoires de recherches et n'hésitant pas à faire des sacrifices pour l'étude et la mise au point d'une nouvelle fabrication (1).

Ce procédé consiste, en principe, à faire agir de l'hydrogène sur les graisses liquides en présence d'un catalyseur approprié. On réalise ainsi la fixation de l'hydrogène sur la double liaison des acides non saturés contenus dans ces graisses, ce qui les transforme en acides saturés et provoque, par ce fait même, le durcissement de

(1) *L'Hydrogénation des huiles*, par E. Grandmougin, *Tech. Mod.*, 1913, 875.

l'huile. Selon le degré d'hydrogénation, on pourra donc obtenir tous les états intermédiaires entre les huiles liquides et les graisses solides.

Le catalyseur par excellence serait le palladium ; toutefois son prix élevé et sa rareté l'écartent de l'emploi industriel, malgré qu'il soit possible de le régénérer après usage. C'est le nickel qui paraît être le catalyseur industriel par excellence ; il agit d'une façon efficace à l'état finement divisé, et donne aussi des résultats satisfaisants sous forme d'oxyde. Il paraîtrait même que c'est ce procédé qui serait actuellement préférable à tout autre. Le premier brevet allemand sur l'hydrogénation des huiles date de 1902 ; en France, on n'a pris que des brevets concernant l'appareillage et non pas en ce qui concerne le principe lui-même. On peut se demander si le procédé, dont le principe a été publié par M. Sabatier, était encore susceptible de protection. Mais c'est là une question juridique que nous ne pouvons discuter ici, aussi peu que celle concernant les brevets utilisant au lieu du métal finiment divisé de l'oxyde de nickel ou des sels de nickel (formiate, p. ex.) comme catalyseurs. On connaît ce procédé par des publications de savants russes (Jpatiew et Fokin) et l'on peut se demander également quelle est, dans ces conditions, la valeur juridique des procédés brevetés. Nous ne pouvons également donner des détails sur la réalisation industrielle de l'hydrogénation. Il importe toutefois de signaler qu'il faut employer de l'hydrogène très pur, car les impuretés rendent le catalyseur inactif. Celui-ci doit se trouver à l'état finement divisé, suspendu dans l'huile qu'il s'agit d'hydrer, et il faut maintenir celle-ci à une température appropriée.

L'appareil employé peut varier dans son principe, et il existe de nombreux modèles : mais au point de vue chimique tous les procédés se ressemblent.

En France, deux usines, dont une à Marseille et l'autre à Lyon, produisent environ 20.000 tonnes de graisses durcies. Pour l'industrie française en particulier la question des matières premières est assez délicate. Le marché européen des huiles de poisson se trouve dans les pays scandinaves et nous est peu accessible. Notre approvisionnement se fait plutôt en Extrême-Orient (Japon, Indo-Chine, etc.).

Le but de l'hydrogénation est de transformer des huiles de valeur industrielle inférieure en produits ayant un prix notablement supérieur ; l'opération a donc de l'intérêt aussi longtemps que l'écart entre les deux prix est supérieur aux frais de l'hydrogénation. Ce procédé semble être appelé à venir tout d'abord en aide à l'industrie des savons, pour laquelle le prix de la matière première est de la plus grande importance et que la hausse constante des corps gras met dans une position difficile. Elle présente aussi de l'intérêt pour la stéarinerie, quoique, vu le développement considérable de l'éclairage par le gaz et par l'électricité, cette industrie soit plutôt à son déclin. On produit également par ce procédé de l'huile de ricin durcie qui sert comme isolateur dans l'industrie électrique. Quant à savoir si les graisses hydrées peuvent servir à l'alimentation, on ne paraît pas absolument fixé sur ce point. Si l'on prend comme point de départ des produits irréprochables, il ne semble pas y avoir de raison pour ne pas les utiliser à cet effet, car la faible proportion de nickel qui y demeure (environ 1 millionième) paraît sans danger.

Pour l'industrie de la savonnerie, on arrive aussi à désodoriser des huiles de poisson par un traitement à l'acide sulfurique qui enlève les amines, puis en les chauffant dans une atmosphère d'acide carbonique vers 200°. Les produits odorants sont entraînés, l'acide clupanodonique est polymérisé et, après refroidissement dans le vide et traitement à l'eau chaude, on obtient des huiles (neutraline, par exemple) absolument dépourvues d'odeur comme les savons qui sont préparés avec ces produits.

Il est, enfin, intéressant de faire remarquer que les constantes physiques et chimiques, qui servaient jusqu'à présent de repère pour caractériser les corps gras, sont profondément modifiées par l'hydrogénation ainsi que par la désodorisation, et c'est un point fort important sur lequel il convient d'attirer l'attention des chimistes analystes.

* *

Les *sulforicinates*, obtenus par l'action de 25 à 30 0/0 d'acide sulfurique concentré sur l'huile de ricin, à froid, puis lavage subséquent à l'eau salée et neutralisation à la soude ou à l'ammoniaque, offrent un intérêt tout particulier pour l'industrie textile. Leur emploi a cependant diminué par suite de la substitution partielle du rouge de paranitraniline au rouge d'alizarine.

Pour la production du rouge para, on ajoute, à la préparation du naphtol, un ricinate de soude ou d'ammoniaque. Ce produit s'obtient en saponifiant l'huile de ricin par la soude caustique ; on décompose ensuite le savon de ricin, obtenu par l'acide sulfurique, et l'on sépare de cette façon l'acide ricinique, qui est ensuite neutralisé à la soude ou à l'ammoniaque. Le produit ainsi obtenu est lancé sous les noms les plus divers et sert pour le naphtolage des tissus destinés à être teints ensuite en diazo de paranitraniline.

Le mercerisage demande des huiles solubles dans les lessives alcalines concentrées et destinées à faciliter le mouillage des tissus écrus. Il y a aussi à signaler les savons monopole et autres qu'on ajoute aux bains de teinture pour obtenir une meilleure pénétration des fibres et qui ne précipitent pas immédiatement par les sels calcaires des eaux dures. Pour éviter l'huilage préalable des tissus destinés à l'impression en alizarine, on a préparé des dérivés de l'acide ricinique par action de la formaldéhyde (le lizarol par exemple) qui offrent un intérêt incontestable pour les indienneurs.

Tous ces produits, et d'autres de nature plus spéciale, méritent d'attirer l'attention de nos industriels. Il nous semble que dans ce domaine aussi l'industrie allemande nous avait devancés parce que, en utilisant des chimistes spécialistes rompus aux recherches spéciales sur les huiles et toujours à l'affût de toutes les publications et de toutes les nouveautés, elle savait, mieux que nous, profiter des progrès incessants de la science sans compter son organisation commerciale prête à se plier à toutes les exigences de la clientèle.

Il nous faut mentionner aussi, à cette occasion, les *huiles d'ensimage* qui servent à la préparation des fibres textiles en filature, et de la laine en particulier. Pour toutes ces huiles textiles on emploie de plus en plus des mélanges d'huiles végétales saponifiables ou des sulforicinates avec des huiles minérales que l'on arrive à émulsionner d'une façon durable. Il importe cependant de ne pas exagérer la proportion d'huile minérale, car il peut se présenter des difficultés lors des opérations de lavage ou de dégorgeage.

Le tétrachlorure de carbone possède, ainsi que d'autres composés analogues, un pouvoir émulsionnant remarquable, ce qui permet précisément de l'employer pour ces préparations destinées au traitement des fibres textiles. Nous signalerons aussi, à cette occasion, l'anilide de l'acide stéarique qui possède le pouvoir d'émulsionner les graisses d'une façon spécifique. Ce produit est donc intéressant pour les apprêts et pour l'ensimage.

Un sous-produit important des industries de saponification est la *glycérine*, dont la principale production se fait également dans la région de Marseille où elle s'élève à environ 9.000 tonnes annuellement.

La plus grande partie est exportée, principalement aux États-Unis, dans les Pays-Bas et en Angleterre (1.275 tonnes en 1910) pour servir à la fabrication des explosifs. La glycérine sert encore dans les industries textiles et pour les apprêts où elle est souvent remplacée par des succédanés : solution de glucose, etc.

Une fabrication intéressant également l'industrie textile est celle de l'*acétine* qui sert comme dissolvant pour les couleurs basiques. Il suffit de chauffer pendant 24 heures, en montant de 120 à 160° C., un mélange de une partie de glycérine avec 1 1/2 partie d'acide acétique cristallisable ; l'eau, formée par la réaction, distille et il reste dans la tourie en grès, dans laquelle l'opération s'est effectuée, l'acétine que l'on soutire après refroidissement. Une acétine industrielle contient environ 50 0/0 d'acide acétique combiné, de l'acide acétique libre et de la glycérine.

Nous avons déjà insisté plus haut sur la nécessité de la récupération des graisses industrielles. En précipitant par l'acide sulfurique les eaux provenant du lavage des laines brutes par le savon, on obtient le *suint brut* qui peut trouver divers emplois. Il importerait de raffiner cette graisse pour en faire de la *lanoline* (adeps lanae) incolore et inodore, dont l'emploi en pharmacie est considérable par suite de sa propriété d'absorber l'eau et les liquides aqueux. Cette industrie n'existe pas en France ; il faudrait la créer pour nous affranchir des importations étrangères. Il semble que le meilleur procédé de purification de cette graisse consiste en un traitement à l'éther de pétrole, ce qui nécessite, il est vrai, une installation spéciale. On paraît aussi avoir obtenu des résultats convenables par précipitation fractionnée à l'état de savons calcaires et décomposition ultérieure par l'acide.

Une opération qui offrirait un intérêt technique incontestable consisterait à obtenir une séparation des corps non saponifiables (cholestérine, isocholestérine, etc.) des graisses saponifiables, contenues dans le suint brut (car tous les acides gras des savons ayant servi au savonnage de la laine y sont également) et qui pourraient servir à nouveau pour faire du savon. On y arrive partiellement par écrémage et turbinage des eaux savonneuses provenant du lavage et c'est peut-être dans cette voie qu'il faudrait persévérer. Le filtre centrifuge Hignette, qui a donné d'excellents résultats dans les huileries, pourrait peut-être servir à cet effet. La distillation à la vapeur d'eau surchauffée ne semble pas avoir donné des résultats satisfaisants.

Enfin, les eaux de lavage provenant des industries textiles et précipitées par la chaux, donnent un savon calcaire impur (suinter) qui peut servir à la fabrication d'un gaz très riche par distillation avec de la houille. A défaut d'une autre solution ce serait encore un moyen d'utiliser ces résidus pour la production de la force motrice et l'éclairage de l'usine.

X

INDUSTRIES ORGANIQUES DIVERSES EN RELATION AVEC LES INDUSTRIES AGRICOLES (1)

Une industrie organique fort importante est celle du *caoutchouc* et de ses dérivés, qui est représentée chez nous par quelques usines renommées et bien conduites.

La production et la consommation mondiale du caoutchouc se sont fortement développées ces dernières années ; la production qui s'élevait à 74.082 tonnes en 1910-1911, a presque triplé depuis pour arriver à 198.000 tonnes en 1916. Ce développement considérable tient à l'essor pris par les plantations de caoutchouc, dont la production s'est élevée à 150.000 tonnes pour l'année indiquée.

Le petit tableau suivant donne la production mondiale :

Provenance	1914	1915	1916
		(En tonnes)	
Plantation......................	71.959	105.205	150.000
Brésil........................	37.000	36.350	35.000
Divers........................	12.000	12.000	13.000
	120.959	153.555	198.000

(1) Bibliographie à consulter : *Guide de l'acheteur du caoutchouc manufacturé*, par PIERRE PELLIER (1912).

Les caoutchoucs artificiels, par L. VENTOUX-DUCLAUX (1913).

Teinture, corroyage et finissage du cuir, par M. C. LAMB, C. MEUNIER et G. PRÉVÔT (1910).

Manuel pratique du fabricant de vernis, par E. COFFIGNIER.

Manuel pratique de la fabrication des couleurs, par R. LEKOINS et CH. DU MANOIR.

L'industrie chimique des bois, par P. DUMESNY et J. NOYER.

Voici, d'autre part, la consommation des principaux produits industriels :

Pays	Caoutchouc brut importé en tonnes	
	1914	1915
Etats-Unis.............................	60.000	90.000
Angleterre..........................	18.500	15.000
Russie................................	11.000	16.000
France	11.000	16.000
	100.500	137.000

On voit donc que ces quatre pays consomment la presque totalité de la production.

L'Allemagne ne figure pas dans cette statistique, car son ravitaillement est entravé par le blocus et le caoutchouc est une des matières premières qui lui manque le plus. On sait que ses chimistes avaient étudié, avec des moyens considérables, la question du *caoutchouc synthétique* sans aboutir toutefois à des résultats industriels. D'après des notes parues dans un journal technique allemand, il paraîtrait cependant qu'une production limitée a pu être réalisée (150 tonnes par mois); il ne faut pas oublier que, pendant la guerre, le prix de revient ne joue qu'un rôle secondaire.

On sait que la synthèse du caoutchouc repose sur la polymérisation, par des moyens appropriés, d'un carbure non saturé : l'isoprène ou ses analogues et homologues. Parmi les matières premières qui pourraient être envisagées pour sa fabrication : l'essence de térébenthine, l'acétone, l'alcool amylique, la benzine de pétrole ou certains dérivés du goudron, seule l'essence de térébenthine est produite chez nous en quantités notables. Mais c'est un produit d'un prix très élevé et, en le prenant comme point de départ, on n'arriverait certainement pas à concurrencer le produit naturel, même si l'on possédait un procédé de préparation convenable de l'isoprène, et si la polymérisation s'effectuait dans de bonnes conditions.

A notre avis, le succès obtenu par le caoutchouc de plantation est une indication suffisante qu'il faut persévérer dans cette voie et développer de plus en plus nos plantations d'Hévéa en Indo-

Chine (Tonkin, Laos, Annam) et dans nos autres colonies tropicales. Si la production est encore faible, parce que les plantations sont récentes, il ne faut pas oublier que la qualité du produit est bien supérieure à celle des gommes sauvages de nos possessions : Congo français, Sénégal, Afrique occidentale française, Madagascar, Guyane, etc., qui nous fournissent plus de 3.000 tonnes annuellement (3.030 tonnes en 1913). La qualité inférieure des gommes sauvages provient surtout des procédés rudimentaires de coagulation qu'il paraît difficile d'améliorer ; mais pour le caoutchouc de plantation il semble qu'on devrait arrriver à préparer une qualité équivalente à la gomme Para, en employant la coagulation à l'acide acétique suivie d'un enfumage.

Nous n'insisterons pas sur la vulcanisation du caoutchouc qui a pour but de lui incorporer du soufre ; il semble bien que cet élément entre en combinaison chimique avec la gomme, et en modifie avantageusement les propriétés physiques et chimiques.

Vu le prix considérable de la gomme, l'industrie de la *régénération du caoutchouc* offre un intérêt considérable ; il y aurait lieu de la développer considérablement au lieu d'exporter les produits usagés, aux Etats-Unis notamment. Le procédé de régénération le plus employé est le procédé à l'acide, dû à l'Américain Mitchell ; il y a ensuite le procédé alcalin, créé par l'Anglais Marks, et puis un troisième procédé reposant sur l'action des dissolvants permettant de séparer la gomme des substances inertes, minérales et autres, qu'on lui a incorporées. Le dissolvant doit naturellement être récupéré intégralement. On a aussi, soit dit en passant, réussi à améliorer des qualités inférieures de caoutchouc brut par l'action de dissolvants appropriés (1).

Enfin, nous savons que par action du soufre sur l'huile de lin, on prépare des *caoutchoucs factices* qui peuvent servir en mélange avec la gomme naturelle. Par laminage de nappes de coton provenant des cardes avec du balata on a préparé des succédanés du cuir.

_____

(1) Eug. GRANDMOUGIN, *La synthèse et la régénération du caoutchouc, Génie civil*, LVIII, 28 (1910).

L'huile de lin qui est une huile siccative par excellence sert à la préparation des *vernis siccatifs* et des produits qui en dérivent. On connaît le rôle particulier joué par le manganèse dans la préparation de ces spécialités. La place nous manque ici pour traiter en détail ces industries particulières : vernis volatils à l'alcool, vernis gras divers aux copals, que l'on rend solubles dans l'essence par une élévation de température qui provoque leur dépolymérisation. Il est vrai que lors du traitement pyrogéné des copals durs, on en perd de 20 à 25 0/0, ce qui rend intéressants les procédés de solubilisation dans l'alcool amylique sans ce traitement préalable.

La préparation des vernis, des siccatifs, des encres grasses et d'imprimerie sont des spécialités souvent tenues secrètes, et qui procèdent d'une longue expérience et de tours de mains particuliers jalousement gardés. Si nous en parlons, c'est pour montrer que, dans ces domaines, dont l'étude scientifique est rendue fort difficile par suite de la complexité des réactions et la multiplicité des facteurs qui interviennent, de longues et patientes expériences font plus que les spéculations les plus hardies. Il faudrait cependant se garder de considérer ces industries comme de la cuisine parce que le mécanisme des réactions n'est pas accessible à l'analyse mathématique.

Au point de vue scientifique, il importe aussi de faire remarquer que l'étude des acides gras non saturés, des glycérides de ces acides et leurs produits de transformation (linoxine) ainsi que des résines, n'est pas encore suffisamment avancée. La méthode de scission par l'ozone, qui a donné des résultats fort intéressants pour la chimie du caoutchouc, promet également de donner des résultats dans ce domaine.

Les *cires*, qui servent pour certaines de ces industries, sont importées en partie, comme les cires du Japon, de Carnauba, de Myrica, de même que les cires minérales de lignite, les paraffines et vaselines qui sont des sous-produits des combustibles fossiles. Nous tirons une certaine quantité de cire d'abeille de notre colonie de Madagascar.

Nous n'insisterons pas sur le traitement des réglisses, guimauve, althea ainsi que des écorces, lichens, etc., transformés dans nos usines pharmaceutiques et autres.

Une industrie nouvelle mérite d'être signalée ici : c'est la décaféinisation du café par des solvants volatils, le benzol en particulier, qui a pour but de lui enlever son principe actif, la caféine, que l'on peut récupérer. On peut aussi rattacher ici les industries de torréfaction : préparation de la chicorée et produits similaires.

La fabrication de la *chicorée* était surtout pratiquée dans la région de Cambrai et les cultures de cette plante couvraient près de 10.000 hectares avant la guerre. Par l'invasion allemande la surface cultivée était tombée à 4.000 hectares, en 1916, puis par suite des prix avantageux obtenus pour les produits torréfiés, elle était remontée à 6.220 hectares en 1917.

Signalons ici la forte consommation de glands torréfiés qui est faite en Allemagne. Ce produit constitue un substituant de la chicorée ou même du café, auquel il est certainement inférieur. Notre consommation nationale de café s'élève à plus de 200 millions de francs annuellement, soit 115.000 tonnes venant de l'étranger.

Pour le *tabac* qui constitue un monopole, la production indigène a été de 24.371 tonnes en 1913 ; il faut y ajouter 37.000 tonnes de tabac importé. Nous ne pouvons entrer ici dans des détails sur les manipulations de ce produit qui est consommé sous diverses formes, ces transformations étant uniquement faites dans les manufactures de l'Etat. Un chiffre fixera l'importance de certaines fabrications : le nombre de cigarettes consommées en 1913 s'est élevé à 3.707 millions et a atteint 4.637 millions en 1916.

Aussi bien pour le café que pour le tabac nous pourrions avoir recours, plus que par le passé, à nos colonies qui nous fournissent encore d'autres produits intéressants, comme les gommes naturelles solubles dans l'eau et qui trouvent des emplois divers en pharmacie, en confiserie, pour les apprêts et l'impression. Pour certains emplois, et notamment dans le domaine de l'impression, ces gommes étant trop coûteuses, on les a remplacées par des

gommes dites des Indes, solubilisées par cuisson avec de l'eau sous pression. Ces solutions évaporées donnent ensuite une gomme sèche parfaitement soluble et qui peut concurrencer pour certains usages les colles et les dextrines, obtenues par torréfaction des amidons par la chaleur seule ou en présence de traces d'acide.

Comme pour ces produits, qui intéressent particulièrement l'industrie des apprêts, nous sommes tributaires de l'étranger, il y aurait lieu de mieux utiliser les laminaires, produites par nos mers, et desquelles on peut extraire une substance gélatineuse azotée : l'algine. Les sels de ce composé, et notamment l'alginate de soude, peuvent servir pour les apprêts. On estime que des 350.000 tonnes de laminaires que l'on recueille en Europe, on pourrait extraire, par un traitement rationnel, 650 tonnes d'iode, 7.000 tonnes de sels de potasse et 30.000 tonnes environ d'algine alimentaire et industrielle. Rappelons ici que l'agar-agar est un produit analogue obtenu par le traitement des fucus et qui sert, entre autre, à la confection des confitures à bon marché.

Il y a, et nous y insistons, dans le domaine maritime encore bien des richesses inexploitées.

Parmi d'autres produits qui rentreraient également dans ce chapitre, mais dont l'énumération complète nous entraînerait trop loin, nous nous contenterons de signaler, enfin, les extraits concentrés de malt (diastafor) particulièrement intéressant pour le déparementage des tissus.

*
* *

La fabrication des extraits tannants mérite une mention particulière. La France est le principal producteur pour *l'extrait de châtaignier*. On consomme pour sa fabrication, dans 30 usines environ, 600.000 tonnes de bois par an ; la valeur de la production s'élève à près de 40 millions de francs et l'exportation en est considérable (110.500 tonnes en 1913). A mentionner que parmi les nombreux procédés de décoloration qui ont été proposés, seul celui au sang trouve un emploi industriel.

Pour l'extrait de quebracho, on importe surtout les produits secs préparés sur place en Argentine et que l'on rend solubles par l'opération du sulfitage. Celle-ci consiste à traiter les extraits avec du bisulfite de soude dans une chaudière autoclave pendant quelque temps, à 140° C. Par cette opération les tanins insolubles sont solubilisés ; le bisulfite agit comme agent de sulfonation. Nos exportations en extrait de quebracho (5.000 t. environ en 1913) dépassent sensiblement nos importations.

Quoique gros producteurs et exportateurs d'extraits de châtaignier, de quebracho, d'écorces de tan, etc., nous sommes cependant tributaires de l'étranger pour certains produits tannants. Nous pourrions, il est vrai, utiliser d'une façon plus rationnelle nos produits coloniaux. Ainsi Madagascar exporte plus de 50.000 tonnes d'écorces de palétuvier, mais elles vont en Allemagne.

Les sumacs viennent de la Sicile (importation 3.633 tonnes) ; les noix de galles et le libidibi de l'Orient (3.700 tonnes en 1913) ; le bois de quebracho de l'Argentine (3.563 tonnes en 1913) ; d'autre part les sels de chrome ne sont pas fabriqués en France, du moins pas en quantités suffisantes. Il y a donc intérêt à signaler que l'on a préparé des matières synthétiques pouvant remplacer, dans certains cas, les matières tannantes d'origine végétale par action de la formaldéhyde sur le phénol notamment, en présence d'acide sulfurique. Les résultats obtenus jusqu'à présent avec des produits ainsi préparés (néradol, syntan, par exemple) paraissent satisfaisants. En présence de l'excès de phénol, qui va être disponible après la guerre, il semble qu'il pourrait y avoir là un débouché intéressant pour ce produit.

Disons, à cette occasion, quelques mots sur l'industrie de la tannerie, qui est une grande industrie organique dont le développement est cependant plutôt dû à l'expérience qu'à la science. Cela tient essentiellement à la complexité des réactions en jeu et qui rappellent les phénomènes de la teinture dont le mécanisme, malgré de nombreuses études, n'a pas encore pu être élucidé. Pour donner une idée de l'importance de cette industrie, il suffira de signaler que la valeur des cuirs employés annuellement en Europe atteint pour le moins trois milliards de francs. Notre part dans ce chiffre est très appréciable, mais nous dépendons de l'étranger pour une partie de nos matières premières, car nous importons pour plus de 220 millions de peaux par an.

On sait que le tannage a pour but de rendre les peaux imperméables et capables de résister à la putréfaction tout en leur conservant la souplesse nécessaire à l'usage.

Il y a actuellement trois procédés principaux de tannage : celui aux matières tannantes diverses, le tannage à l'huile ou chamoiserie et la mégisserie ou tannage aux sels minéraux : tannage à l'alun et tannage au chrome. Le cuir glacé pour gants, obtenu d'après cette dernière méthode, constitue une spécialité française ; cette industrie s'exerce en particulier à Grenoble.

Tout récemment, enfin, on a obtenu, comme nous le disions plus haut, des résultats encourageants en se servant de produits tannants synthétiques et il y a là encore un vaste domaine à exploiter. Sans vouloir donc insister sur la technique de la tannerie, il y a lieu cependant d'indiquer cette nouvelle direction qui sera peut-être capable de rénover les antiques méthodes usitées jusqu'à présent.

Comme nous avons du reste une école pour la tannerie à Lyon, elle pourra certainement s'occuper de ce problème particulier et donner les indications nécessaires aux industriels qui s'intéresseraient à cette question.

Quant aux produits pouvant remplacer le cuir, nous aurons l'occasion d'en parler en traitant plus loin la question des matières plastiques et des succédanés.

. .

L'industrie des extraits tinctoriaux a profité de la pénurie de matières colorantes artificielles pour se développer d'une façon considérable, et il est à présumer que son importance persistera encore un certain temps après la guerre surtout si, par des droits protecteurs élevés, on tend à protéger l'industrie des matières colorantes artificielles.

Les principales fabriques d'extraits tinctoriaux se trouvent au Havre ; c'est par ce port principalement que se font les importations des bois de teinture, qui se sont élevées à 25.178 tonneaux de bois de campêche, 4.554 tonneaux de bois jaune, et 761 tonneaux de bois du Brésil en 1912. Notons encore près de 2.000 tonneaux de quercitron provenant en partie de Madagascar, ainsi que de certains lichens tinctoriaux, et en particulier de l'orseille, originaire de la même colonie.

Ces chiffres se sont sensiblement maintenus malgré la guerre ; ainsi pour 1915 les importations se montent pour le Havre de 70.000 à 75.000 tonneaux dont 22.000 tonneaux de bois de campêche et 35.000 tonneaux de quebracho. Toutefois l'importation du bois jaune s'est élevée à 9.700 tonneaux, tandis que le bois rouge a baissé à 300 tonneaux et le quercitron à 800 tonneaux.

Pour la fabrication des extraits, notre industrie possède un renom justifié. Ainsi nos extraits de campêche, pour la teinture des noirs, sont réputés. Il y aurait lieu de développer certaines spécialités : noirs réduits pour l'impression, etc., qui ne peuvent être remplacés par les colorants artificiels.

La supériorité de notre fabrication ressort du fait que nous exportons environ 4.000 tonnes d'extraits tinctoriaux dont 1.200 tonnes vont en Allemagne.

Notons ici que la production mondiale en colorants naturels est estimée, pour le monde entier, à 40 millions de francs environ, dont 27 millions pour l'Europe. Dans cette dernière somme la France compte pour plus de la moitié ; on estime la production française à environ 15 millions de francs annuellement.

Pour certaines couleurs artistiques, nous possédons également un excellent renom : beaucoup d'entre elles sont d'origine minérale, mais il y en a aussi dérivant du règne végétal ou animal, tel que le jaune indien, les laques de cochenille et quelques laques de garance, encore toujours employées malgré les alizarines artificielles.

A mentionner aussi la fabrication des couleurs extraites des plantes et des fleurs : chlorophylle, anthocyanes diverses, etc., qui servent pour la coloration des matières alimentaires.

A ces industries viennent, enfin, s'ajouter celles des encres, etc., diverses que leur multiplicité et leur diversité nous empêchent de traiter en détail.

XI

MATÉRIAUX DE CONSTRUCTION ; MORTIERS ET CIMENTS ; CÉRAMIQUE, VERRERIE (1)

Mortiers et ciments. — La chaux vive, obtenue par calcination du calcaire, qui est du carbonate de calcium et qui, lors de cette opération, perd son acide carbonique, est un produit de toute première importance. Cette calcination se fait dans des fours à chaux de divers modèles.

A part les anciens fours à meules dont l'emploi n'est plus guère que local, il y a intérêt, pour des raisons d'économie de combustible, sur lesquelles nous avons maintes fois insisté et dès qu'il s'agit d'une production notable, à employer des fours à marche continue comme par exemple le four annulaire de Hoffmann, qui sert également à la cuisson des briques, tuiles, etc.

Les emplois de la chaux dans l'industrie chimique sont multiples ; elle sert, en outre, de temps immémorial, et en quantités

(1) Bibliographie à consulter :
Pierres et matériaux artificiels de construction, par A. GRANGER.
Traité des industries céramiques, par E, BOURRY.
La verrerie au XXᵉ siècle, par HENRIVAUX.
Manuel de céramique industrielle, par ARNAUD et FRANCHE.
Contribution à l'étude des argiles et de la céramique, par CHANTEPIE.
Les argiles réfractaires, par BISCHOF.
Le verre et le cristal, par HENRIVAUX.
La porcelaine, par DUPREUIL.
La fabrication des émaux et l'émaillage, par ROUDAN.

considérables, pour la fabrication du mortier. Celui-ci est composé, comme on le sait, d'un mélange de chaux éteinte et de sable ; cette composition durcit à l'air par suite de la fixation de l'acide carbonique et du départ de l'eau.

Pour cet emploi la chaux vive est éteinte par de l'eau froide ; elle s'échauffe alors fortement en foisonnant et en formant une pâte absolument blanche, consistante et onctueuse, qui n'est autre que la chaux grasse utilisée par les maçons. Le même procédé est employé dans l'industrie chimique pour préparer les laits de chaux nécessaires aux neutralisations et précipitations. Ajoutons cependant que cette opération peut être effectuée à l'aide de machines appropriées qui réalisent une notable économie de main-d'œuvre et qui fournissent un produit particulièrement convenable.

La production de chaux vive s'est élevée, en 1912, en France, à 561.673 tonnes d'une valeur de plus de 7 millions de francs.

Comme nous le disions plus haut, on obtient, par addition de sable à la chaux éteinte, les mortiers aériens ; si l'on prend des graviers, on fait du béton. Ces deux adjuvants à la chaux ont été extraits des carrières à raison de 5.304.981 tonnes d'une valeur de 9.238.811 francs, mais dont une partie seulement a été utilisée pour cet usage.

Les chaux hydrauliques s'obtiennent par calcination d'un calcaire argileux possédant une teneur de 10 à 15 0/0 d'argile. La production en est fort importante puisqu'elle s'est élevée, en 1912, à 2.245.923 tonnes d'une valeur de près de 33 millions de francs.

Avec une plus forte proportion d'argile on obtient, enfin, par calcination, les ciments, dont le ciment *Portland* est le type le plus important et le meilleur. Jusqu'il y a quarante ans, ce ciment était un produit anglais et l'Angleterre était maîtresse du marché mondial ; depuis, sa fabrication a été montée dans tous les grands pays industriels dont la production a dépassé, et de beaucoup, celle du pays d'origine.

Les ciments s'obtiennent, d'une façon générale, par mélange de calcaire et d'argile (silicate d'alumine) dans les proportions voulues et déterminées par l'analyse des matières premières, puis par calcination subséquente dans des fours appropriés. Dans ce domaine, l'analyse chimique a rendu les plus précieux services aussi

bien pour la préparation des mélanges que pour le contrôle de la
fabrication et l'emploi de plus en plus important de ces produits.
Il n'est peut-être pas inutile de rappeler que c'est à des savants français que l'on doit des travaux fondamentaux sur cette matière et
il est juste de signaler ici les noms de Vicat pour l'analyse des
matières premières et de Le Chatelier pour l'étude du mécanisme
chimique de la préparation et des transformations des ciments.

La production française est en progression. Alors qu'en 1897,
elle n'atteignait guère que 400.000 tonnes, elle s'élève actuellement à plus de 2 millions de tonnes (1.924.377 tonnes en 1912)
d'une valeur de près de 50 millions de francs (48.942.294 francs).

C'est un tonnage déjà important mais qui est loin d'atteindre
celui des autres pays et notamment celui des Etats-Unis (15 millions de tonnes) et celui de l'Allemagne (7 millions de tonnes). Il
nous semble qu'il y aurait lieu de développer encore cette industrie, notamment en prévision des reconstructions nécessitées par
les destructions causées par la guerre et vu les applications de
plus en plus importantes du ciment armé.

Le ciment s'emploie avec addition de sable comme mortier pour
les constructions à l'air et sous l'eau. On peut également préparer
du béton par un mélange de mortier de ciment et de gravier ou
de cailloux ; ce béton sert sur une vaste échelle pour les fonda-
tions, trottoirs, môles, etc.

Nous signalions déjà plus haut l'application du ciment armé ou
béton armé qui consiste à noyer dans l'intérieur du ciment, avant
sa prise, un réseau de fils ou de barres de fer formant armature :
cette application des plus fructueuses est due au Français Monier
et au Belge Hennebique.

Il a déjà été question, jadis, du ciment de laitier, sous-produit
de l'industrie sidérurgique (1) ; on peut également mentionner ici
quelques spécialités, telles que le ciment romain, les ciments de
pouzzolanes, les ciments magnésiens (ciment Sorel) et autres qui
constituent des produits d'un emploi plus restreint.

Enfin, il faut ajouter à ces matériaux de construction le plâtre,
obtenu par calcination, à une température appropriée, du gypse

_____

(1) L'Allemagne en a produit, en 1912, 2 693.162 fûts (à 170 kgs).

naturel. Sa production en France est s'élevée, en 1912, à 1.730.787 tonnes d'une valeur de 16.845.258 francs. Les applications du plâtre sont multiples et suffisamment connues pour qu'il soit inutile de les détailler ici.

Par l'exposé sommaire que nous venons de faire, on peut se rendre compte que l'industrie des mortiers et ciments représente un total d'au moins 100 millions de francs, mais ce chiffre pourrait et devrait être facilement augmenté (1).

Il est, en outre, intéressant de noter que pour les ciments et le plâtre nous sommes exportateurs, ainsi qu'il ressort du petit tableau suivant (pour 1912).

	Importations	Exportations	Prix moyen par tonne
	(Tonnes)		(Francs)
Chaux ordinaire............	222.577	140.465	14,80
Chaux hydraulique.........	280.972	224.688	23,06
Ciments..................	115.286	361.867	44,31
Plâtre...................	7.171	174.486	11,91

En somme nos exportations de 800.000 tonnes environ d'une valeur de 24 millions de francs dépassent assez sensiblement nos importations (625.000 tonnes pour 15 millions environ).

. .

Céramique. — Parmi les produits manufacturés depuis les temps les plus reculés, il y a à mentionner plus particulièrement ceux de l'industrie céramique obtenus par cuisson de l'argile. A

(1) Ce n'est qu'incidemment que nous signalerons, en passant, l'industrie des ciments dentaires, dont beaucoup sont des spécialités étrangères. Sans constituer des produits à grands débouchés, ils représentent cependant, par suite de leur prix relativement élevé, un chiffre d'affaires qui n'est pas négligeable et qui mériterait d'attirer, plus que par le passé, l'attention de nos chimistes et chercheurs. D'après quelques indications, il semblerait que les dérivés du glucinium présentent un certain intérêt pour cette industrie. La prise de ces ciments s'effectue généralement en présence d'acide phosphorique.

la poterie commune : terres cuites, briques, tuiles sont venus s'ajouter successivement, par suite des progrès réalisés : le grès, la faïence, la majolique, la porcelaine, puis, pour les besoins industriels, la poterie industrielle, les tuyaux, les creusets, les matières réfractaires, etc.

Au point de vue chimique, tous les produits céramiques sont à base d'argile, c'est-à-dire à base de silicate d'alumine qui possède la propriété de former avec l'eau, à froid, une pâte plastique que l'on peut façonner et qui, par la cuisson, acquiert une dureté et une résistance suffisantes pour l'emploi. On peut, en outre, recouvrir les pâtes cuites de certains enduits pour leur donner du brillant et les rendre imperméables ; ces enduits portent le nom de glaçures.

Ce qui distingue essentiellement les produits céramiques des verres, dont il sera question plus loin, c'est la prédominance de l'alumine et la faible proportion de chaux et d'alcalis ; par ce fait même leur fusion est incomplète lors de la cuisson, à l'encontre des verres qui sont complètement fondus.

Il ne peut entrer dans notre idée de vouloir donner ici des détails au sujet de la classification de ces divers produits ainsi que de leur fabrication : moulage, obtention des glaçures et cuisson.

Au point de vue de l'industrie chimique, il importe cependant de signaler plus particulièrement la fabrication des objets en grès vernissés ou non, notamment des appareils de condensation pour acides (Cellarius, Valentiner), les touries et tours à condensation pour acides, les matériaux de diverses formes pour tours de Glover, les récipients pour le transport d'acide chlorhydrique par chemin de fer, les pompes à acides, les serpentins et réfrigérants, etc.

Beaucoup de ces appareils et poteries venaient d'Allemagne et quoique nous possédions, à La Chapelle-aux-Pots, une excellente terre à poterie, celle-ci ne servait qu'à la confection des poteries les plus simples. La guerre a obligé nos céramistes à faire un effort sérieux et on peut affirmer que, dans ce domaine, les produits obtenus peuvent parfaitement remplacer ceux venant de l'étranger. Même la Manufacture Nationale de Sèvres qui, jusqu'à la guerre

s'était bornée à faire des produits de luxe a été amenée à fabriquer
des grès industriels. Nous importions, avant la guerre, 2.403 quintaux de grès pour l'industrie chimique, dont un tiers venait
d'Allemagne, le reste de Belgique et de l'Angleterre.

Il y a aussi l'industrie des matériaux réfractaires où les Allemands avaient acquis, grâce à leur ténacité et à l'étude méthodique des procédés, une supériorité incontestée et ils faisaient
dans ce domaine une concurrence sérieuse aux Anglais (chamotte,
pierre de Dinas).

La substance réfractaire par excellence est l'argile pure, qui est
un silicate d'alumine hydraté ; après cuisson elle constitue la chamotte qui est d'autant plus réfractaire qu'elle contient moins
d'oxydes alcalino-terreux. Pour certains emplois, on préfère les
argiles riches en silice, notamment pour la confection des pots
utilisés en verrerie ; pour les fours à ciments, par contre, on
donne la préférence aux argiles riches en alumine.

Les briques de Dinas étaient primitivement originaires d'Angleterre, mais les Allemands étaient également arrivés à en fabriquer d'excellente qualité. Elles sont constituées de silice presque
pure et elles offrent cette particularité d'augmenter de volume au
feu tandis que la chamotte subit un retrait.

Les emplois de ces produits réfractaires sont excessivement
multiples : dans les verreries, les fabriques de ciments, pour les
fours Martin, pour les fours à cornues de divers modèles, pour la
construction de la base des hauts-fourneaux, etc.

Pour la distillation du zinc, il faut des cornues appropriées ;
pour préparer l'acier au creuset, on emploie des creusets composés
d'argile et de graphite. Le revêtement des convertisseurs et la
préparation des soles pour l'obtention de l'acier basique exigent
des briques basiques de magnésie ou de dolomie.

La dolomie venait d'Asie Mineure (Eubie) et d'Autriche (Styrie) ;
on en produit cependant une certaine quantité en France : 82.308
tonnes en 1912 d'une valeur de 271.000 francs.

Pour le contrôle des températures, lors de la cuisson, il faut
employer des pyromètres. Les montres de Séger servent tout
particulièrement à cet effet ; elles étaient fabriquées en Allemagne.
La guerre nous a obligé de monter cette fabrication en France, ce

qui rend ainsi nos industries céramiques indépendantes de l'étranger pour l'avenir (1).

Nous ne pouvons développer ici la confection des poteries fines ; faïences et porcelaines. Il suffira de rappeler qu'au point de vue artistique nos manufactures de Sèvres, de Limoges, de Vierzon, de Bayeux, etc., soutiennent leur bon renom. Le traité de paix nous rendra, espérons-le, les importantes faïenceries de Sarreguemines en Lorraine annexée.

Pour se rendre compte de l'importance des industries céramiques, il est bon de signaler les chiffres de production des argiles, terres réfractaires et kaolin. Ce dernier produit sert particulièrement à la préparation de la porcelaine ; nous en possédons un gisement très pur à Saint-Yrieix près de Limoges (Haute-Vienne) dont la production fut de 12.140 tonnes en 1912.

Argiles	Tonnes	Valeur en francs
Argile pour briques et tuiles.......	6.248.951	7.647.418
Argile pour faïence et poterie......	313.599	1.396.295
Argile réfractaire	407.124	2.931.783
Kaolin ou feldspath..............	75.104	1.795.940

D'après les données que nous possédons, nous importions 262.265 tonnes de produits céramiques allemands pour une valeur de près de 26 millions de francs, alors que nous n'en exportions que 119.293 tonnes et pour une valeur beaucoup plus faible (2.721.332 francs). C'est donc un tribut annuel de 23 millions que nous payions à l'Allemagne et dont il serait intéressant de s'affranchir.

Quant au mouvement total des produits céramiques, on signale près de 80 millions aux importations et 53 millions aux exportations, soit un total de 133 millions, alors que les matières premières ne représentent guère plus de 15 millions de francs.

(1) E. GRANDMOUGIN, « La thermométrie et pyrométrie industrielles », *Génie Civil*, LXI, 376.400 (1912).

Verre. — Au point de vue chimique le verre est composé de silicates doubles riches en silice ; ainsi le verre ordinaire est formé par des silicates alcalins et de chaux ; les verres d'optique et le cristal contiennent des silicates de plomb unis aux silicates alcalins. C'est cette teneur élevée en silice qui rend les verres inattaquables aux acides et qui les distingue des ciments qui sont des silicates basiques, ce qui fait qu'ils sont déjà attaqués même par les acides dilués.

Au point de vue physique le verre est caractérisé par son état amorphe et transparent ; il est homogène au point de vue optique, mauvais conducteur de la chaleur et de l'électricité.

Un verre idéal serait le quartz fondu (vitréosil, argentan, thermal, etc.) qui a, en outre, l'avantage d'être à peu près insensible aux brusques variations de température. C'est une des raisons pour lesquelles il trouve, malgré son prix relativement élevé, un emploi de plus en plus considérable dans tous les arts chimiques. On produit des variantes de ce verre en lui incorporant de l'oxyde de zircone ou d'autres oxydes peu fusibles.

La matière première essentielle pour la fabrication du verre est la silice que l'on emploie sous forme de sable aussi pur que possible. Ainsi les sables de Fontainebleau, Nemours et Chantilly ne contiennent que 0,01 0/0 de fer et leur production s'est élevée à 204.000 tonnes (valeur 408.000 francs). On en trouve également dans le département du Nord (production 290.000 tonnes) et dans l'Oise (170.000 tonnes) (1).

Il faut ensuite du sulfate de soude, sous-produit de l'industrie des acides chlorhydrique et nitrique, puis, selon la pureté du verre à obtenir, du calcaire, de la craie ou même du spath, enfin, du carbonate de potasse et du minium pour le cristal et les verres d'optique. On ajoutera, en outre, aux silicates en fusion, des décolorants et des clarifiants pour les verres incolores et, pour les verres colorés, selon la coloration à obtenir, des oxydes métal-

---

(1) La production totale française de sables et de silex pour l'industrie s'est élevée, en 1912, à 1.080.913 tonnes pour une valeur de 2.076.323 francs.

liques ou autres composés appropriés : oxyde de cobalt, nitrate d'urane, pourpre de Cassius, etc.

Nous ne pouvons étudier ici le travail du verre et de ses nombreuses variantes.

Si, au point de vue artistique, nos verreries et cristalleries de Saint-Gobain, Cirey, Baccarat, Montluçon, Clichy et autres (en attendant le retour de celle de Saint-Louis-Münzthal, en Lorraine annexée) soutiennent le renom de notre industrie verrière, il serait désirable cependant qu'elles arrivent à préparer des verres pouvant remplacer, pour le laboratoire et l'optique, les produits renommés de Bohême et d'Iéna. Il s'agit là sans doute plutôt d'une question économique que d'un problème technique, la composition de ces verres étant connue (1). Notons cependant que les usines d'Iéna s'étaient particulièrement spécialisées dans la fabrication des verres d'optiques et étaient arrivées à des relations bien établies entre la composition chimique et les propriétés optiques.

Ce résultat a été obtenu par une étude méthodique et surtout par la collaboration de physiciens et de chimistes. Nous avons là un exemple typique des résultats précieux que peuvent donner l'union intime de la science et de l'industrie.

Ces études ont, entre autres, permis de constater que l'acide borique, employé dans certaines compositions, raccourcit la partie bleue du spectre dans le flint ; dans le crown-glass l'addition d'acide phosphorique augmente la réfraction tout en diminuant la dispersion.

Si jadis, la verrerie constituait plutôt un art qu'un métier (gentilhomme-verrier), celle-ci c'est cependant industrialisée de plus en plus au point de constituer actuellement une industrie considérable.

On se rendra compte de l'importance de la production de certains produits, si l'on considère que le syndicat européen des fabricants de bouteilles, fondé en 1907, produisait au total 1.430 millions de bouteilles d'une valeur de 180 millions de francs. Sur ce total, l'Allemagne, qui comptait 400 verreries avec 60.000 ouvriers,

_____

(1) Consulter : *La verrerie scientifique assurée par l'industrie française*, par BERLEMONT (1915).

en produisait plus du tiers, c'est-à-dire, presque le double de la France (Allemagne : 530 millions, Angleterre 305 millions, France 295 millions).

Au point de vue mécanique, nos verreries étaient dépassées par des usines étrangères, et notamment par les usines américaines, où le prix élevé de la main-d'œuvre a provoqué la création de machines particulièrement perfectionnées.

Les événements actuels ont démontré que, pour bien des articles de verrerie, nous dépendions de l'Allemagne, car nous importions de ce pays 13.225 tonnes de verrerie pour 17 millions de francs alors que nous ne lui en vendions que 6.000 tonnes pour un peu-plus de 3 millions. Il y a donc une reprise de près de 14 millions que notre industrie verrière aurait intérêt à faire pour nous affranchir à l'avenir des importations germaniques.

Signalons notamment les verres ou cheminées de lampes dont l'Allemagne importait annuellement 15.643 quintaux (soit 93 0/0 de l'importation totale).

Il est cependant nécessaire d'ajouter que pour les industries qui viennent d'être examinées : matériaux de construction, céramique et verrerie qui représentent un tonnage considérable, mais dont la valeur marchande est relativement faible, la dépense du combustible nécessaire pour l'obtention des températures élevées est un facteur important du prix de revient. Tant que notre production nationale en combustibles sera inférieure à notre consommation, notre situation sera toujours difficile par rapport à celle des pays voisins, qui produisent le calorique à un prix sensiblement inférieur.

ANNEXE AU CHAPITRE XI

Production des grands pays industriels en ciment.

Pays	1897	1901	1912
		(Tonnes)	
France..............	407.000	»	2.300.000
Angleterre..........	1.500.000	»	»
Etats-Unis..........	270.000	2.040.000	15.045.000
Allemagne..........	2.500.000	3.300.000	7.191.000
Mondiale.....			35.000.000

XII

LES ENGRAIS MINÉRAUX : SUPERPHOSPHATES ET SELS DE POTASSE (1)

Pour avoir des industries agricoles florissantes et pour augmenter le rendement de toutes nos cultures, il faudra envisager,
plus que par le passé, la fumure intensive de nos terres. Nous
ferons abstraction des engrais organiques, déchets des industries
agricoles et d'élevages, pour ne nous occuper que des engrais
minéraux, préparés par l'industrie chimique. Il importe d'insister
sur le fait, qu'au point de vue agricole, contrairement à la bonne
opinion que nous avions de nous, nous étions fortement devancés
par d'autres pays. Ainsi pour la culture du froment, le rendement
annuel moyen était de 13 quintaux à l'hectare, alors qu'au Danemark, par suite d'une culture rationnelle et scientifique, on arrive
à des rendements de 27 à 33 quintaux. La France occupe le quin-
zième rang pour cette culture, et il importe que notre rendement
s'élève à au moins 20 quintaux, sansquoi nous resterons tributaires
de l'étranger pour près de 15 millions de quintaux, représentant
une somme d'environ 300 millions de francs annuellement.

(1) Bibliographie à consulter : *Annuaire statistique des engrais et produits
chimiques destinés à l'agriculture*, par E. et M. LAMBERT (1912).

Les engrais chimiques et produits chimiques utiles à l'agriculture, par
M. LAMBERT (1917).

Les mines de potasse de la Haute-Alsace, édité par la Société Industrielle de
Mulhouse (1912).

Eug. GRANDMOUGIN, *L'industrie des sels de potasse en Alsace*, Tech. Mod., 1914,
49.

Ce qu'il faut surtout faire remarquer, c'est que la qualité de nos terres est excellente, et que notre rendement déficitaire provient de l'ameublissement insuffisant du sol et d'une dose insuffisante d'engrais chimiques.

Nous ne pouvons traiter ici la question du travail du sol. Ainsi que nous avons déjà eu l'occasion de le dire dans un chapitre précédent, il faudra avoir recours à la culture mécanique intensive et à la formation de syndicats agricoles pour l'exploitation collective de nos terres labourables fortement morcelées. C'est une réforme profonde de nos mœurs paysannes qui sera difficile à réaliser, mais l'intérêt général exige que les convenances personnelles s'effacent devant lui.

Quant à l'emploi des engrais, on mesurera le progrès qui peut être réalisé avec leur aide, par le fait, qu'en Angleterre et en Allemagne, on utilise de 16 à 18 kilogs de nitrate par hectare, alors qu'en France la moyenne n'est que de 7 à 8 kilogs. Pour les engrais phosphatés on arrive en Allemagne à 80 kilogs à l'hectare, tandis qu'en France on ne dépasse guère 50 kilogs. En utilisant les mêmes quantités que nos voisins, le rendement à l'hectare pourrait être augmenté d'un tiers pour les céréales et de la moitié pour les pommes de terre. Il est vrai que nous sommes tributaires du Chili pour le nitrate, mais il s'agit précisément d'examiner si nous ne pouvons pas nous affranchir de l'étranger et produire nos engrais minéraux par nos propres moyens.

Voici, du reste, quelle est la consommation d'engrais artificiels (pour 1911) :

Engrais	Tonnes	Valeur en millions de francs
Salpêtre du Chili	300.000	75
Sulfate d'ammoniaque	83.000	30
Sels de potasse	100.000	15
Superphosphates	1.600.000	95

Il faut encore ajouter à ces chiffres 80.000 tonnes d'engrais organiques divers (83.395 tonnes en 1913) et 200.000 tonnes d'engrais minéraux (206.000 tonnes en 1913), soit pour un total de

II. — L'Essor des industries chimiques.

8

près de 250 millions de francs, dont près de la moitié va à l'étranger (1).

*
* *

Pour l'industrie des *superphosphates* nous sommes très bien placés, et nous disposons surtout des matières premières indispensables, produites par la Tunisie et l'Algérie. Nous avons déjà eu l'occasion de signaler la production considérable de nos colonies méditerranéennes en phosphates naturels, dont nous importons : de la Tunisie 706.000 tonnes et 81.000 tonnes de l'Algérie. (Les réserves de ces colonies sont estimées à 12 milliards de tonnes.) Il nous faut, en outre encore, 121.000 tonnes de phosphates de Floride, nécessaires pour les mélanges à effectuer lors de la fabrication.

Celle-ci est, comme on le sait, des plus simples : elle consiste à faire agir de l'acide sulfurique à 53° B. sur le mélange des phosphates assortis et finement broyés. On obtient, sans autre, un superphosphate titrant de 14 à 18 0/0 en acide phosphorique soluble. On pourrait aussi préparer des supers titrant de 40 à 45 0/0, mais cette fabrication, exécutée en Allemagne, ne semble pas avoir été entreprise chez nous.

Au point de vue de la production des superphosphates, la France vient en première ligne en Europe ; il faut que notre pays non seulement garde son avance, mais développe encore sa production. Comme l'Allemagne est obligée d'importer les phosphates naturels (ceux de la Lahn étant épuisés) notre industrie des super-

---

(1) Notons ici que l'Allemagne, dont la superficie n'est guère plus grande que celle de la France, a consommé, en 1913, les quantités suivantes d'engrais minéraux :

	Tonnes	Valeur en millions de francs
Sels de potasse (K²O)	536.000	97,5
Phosphates	4.206.000	275
Sulfate d'ammoniaque	400.000	140
Nitrate	560.000	147,5

soit au total pour 660 millions de francs.

phosphates, mieux placée, doit être à même de lui faire concurrence sur le marché mondial.

Mais pour pouvoir lutter efficacement avec nos voisins, il faut que cette industrie, qui est limitée comme prix, jouisse de tarifs appropriés pour le transport des matières premières et des matières finies. Or, les matières premières venant d'Algérie subissent les exigences d'un monopole de transport qui influe d'une façon défavorable sur les prix.

Le petit tableau suivant donne la production des superphosphates dans les divers pays en temps normal :

Pays producteurs	Production en tonnes 1912	1913
Etats-Unis	3.248.000	3.248.000
France	1.950.000	1.920.000
Allemagne	1.716.400	1.818.700
Italie	1.019.266	972.494
Angleterre	840.000	820.000
Belgique	450.000	450.000

Par suite des événements actuels la production nationale est en forte diminution, l'acide sulfurique étant absorbé par les industries de la guerre. Aussi l'importation des phosphates naturels est-elle tombée de 940.791 tonnes en 1913 à 661.429 tonnes en 1914, à 325.762 tonnes en 1915 et à 285.905 tonnes en 1916.

La production des superphosphates s'est donc abaissée successivement à : 1.600.000 tonnes en 1914, 600.000 tonnes en 1915 et 350.000 tonnes en 1916, au grand détriment de notre agriculture. On avait aussi proposé de remplacer l'acide sulfurique par les bisulfates résiduaires provenant de la fabrication des nitrates, mais il ne semble pas que ce procédé ait donné satisfaction et il ne survivra pas à l'époque de guerre.

Mais il n'y a aucune raison pour que l'industrie des superphosphates ne reprenne son importance d'avant la guerre et même qu'elle augmente encore sa production. En temps normal, cette industrie absorbe les trois quarts de la production française en acide sulfurique, soit 600.000 tonnes à 66° Bé, ou près d'un million de tonnes d'acide à 53° Bé. Il y a là un débouché tout trouvé pour l'excès de production en acide sulfurique, qui sera disponible après la guerre, en tenant compte des conditions économiques que nous indiquons plus haut. Nous pensons qu'il y a lieu aussi de faire remarquer que, dans le cas où nous développerions nos industries organiques, les opérations de nitration fourniront des quantités considérables d'acides résiduaires qu'il y aura lieu peut-être d'employer pour cette industrie, à moins qu'on ne les concentre à nouveau pour régénérer l'acide sulfurique et récupérer l'acide nitrique encore contenu.

Il n'est, en outre, guère probable que les superphosphates soient détrônés par d'autres engrais phosphatés, tels que le tétraphosphate ou des produits analogues, obtenus par voie ignée, mais dont la valeur fertilisante est vivement discutée.

A nos industriels donc de prendre, dès maintenant, les mesures nécessaires pour pouvoir répondre, autant que possible, aux exigences d'après-guerre. Grands producteurs de phosphates naturels et disposant d'une production d'acide sulfurique considérable, nous devons assurer et maintenir notre prépondérance sur le marché européen.

*
*

Un autre engrais phosphaté, employé en agriculture, est constitué par les scories Thomas broyées qui sont un sous-produit de l'industrie sidérurgique et dont la production dépend de cette industrie. C'est dire que, dans ce domaine, nous sommes dépassés, et de loin, par l'Allemagne, dont on connaît la forte production en fer.

Pays producteurs	Scories Thomas en tonnes 1912	1913
Allemagne	2.110.000	2.250.000
France	679.000	700.000
Belgique	584.000	655.000
Angleterre	400.000	404.000
Luxembourg	253.000	250.000

Le retour de la Lorraine annexée et du bassin houiller de la Sarre aura pour conséquence de doubler presque notre production de fonte, qui, en temps normal, s'élève à 5 millions de tonnes, et de l'amener à 10 millions environ. Cette augmentation préoccupe, soit dit en passant, sérieusement nos métallurgistes quant aux débouchés à créer. Elle aurait toutefois l'avantage de procurer à nos industries agricoles de nouvelles quantités de scories de déphosphoration qui, avec une teneur moyenne de 17 0/0 d'acide phosphorique, constituent un engrais phosphaté très économique.

Il est cependant intéressant de noter qu'en temps normal nous exportons 40.000 tonnes de ce produit et que, d'autre part, nous en importons 223.000 tonnes. Comme pour les superphosphates les importations sont de 100.822 tonnes et les exportations 145.220 t. (pour 1913), on peut en conclure que notre agriculture consomme en tout 2.795.000 tonnes d'engrais phosphatés.

.·.

Nous sommes, par contre, très mal partagés quant aux *sels de potasse* et, pour cet engrais, nous étions tributaires de l'Allemagne. L'importance de cette industrie allemande ressort des chiffres suivants :

	Consommation de la potasse (K²O) en tonnes		
	1913	1914	1915
Allemagne..............	606.530	635.300	562.170
Autres pays.............	519.540	531.300	386.430
	1.126.070	1.166.600	948.600

En 1912, la consommation mondiale s'est élevée à 1.009.218 t. dont 903.927 tonnes ont servi en agriculture (soit 89.6 0/0) et seulement 105.221 tonnes dans l'industrie (10,4 0/0.) Ce chiffre s'est encore sensiblement accru en 1913 et même en 1914 pour décroître ensuite par l'arrêt des exportations allemandes. La guerre a démontré que tous les pays dépendaient de l'Allemagne pour cette matière première importante.

Nous-même, malgré notre faible consommation (42.436 tonnes de K²O en 1913) étions tributaires de nos voisins.

On produit bien un peu de potasse par calcination des eaux de lavage des laines et des vinasses de betteraves, ainsi que par la lixiviation des cendres de bois et de varechs. Mais les quantités ainsi produites sont insuffisantes pour les besoins de notre industrie et de notre agriculture.

D'après des estimations incertaines, la production de potasse de suint était d'environ 3.000 tonnes avant la guerre ; mais en traitant la totalité des laines travaillées en France, soit environ 200.000 tonnes annuellement, on pourrait retirer des eaux de lavage environ 8.000 tonnes de potasse (sans compter 16.000 tonnes de graisse de suint). La même quantité résulterait du traitement des 120.000 tonnes de mélasse produite par notre industrie sucrière et dont une partie seulement servait pour faire du salin de betteraves. On produit aussi une faible quantité de potasse par le traitement des goémons, mais cette production, qui peut varier du simple au double selon les conditions atmosphériques qui ont prévalu dans le courant de l'hiver, ne dépasse pas un millier de tonnes (150 tonnes de sulfate, 850 tonnes de chlorure). Cela ferait un total de 16.000 à 17.000 tonnes qui pourrait suffire pour les besoins industriels mais non pour les besoins de l'agriculture.

A ce point de vue, le retour de l'Alsace modifiera complètement la situation ; elle nous permettra de couvrir non seulement nos besoins, mais nous deviendrons forcément des exportateurs capables de concurrencer le monopole allemand.

Les gisements de sels de potasse alsaciens se trouvent dans la région de Mulhouse, à une très grande profondeur (600 mètres) et forment deux couches : l'inférieure a une superficie de 170 millions de mètres carrés et une épaisseur moyenne de 3 m. 50 ; la couche supérieure, plus petite, occupe une superficie de 80 millions de mètres carrés et a une épaisseur moyenne de 1 mètre. On estime qu'il peut y avoir 300 millions de tonnes de potasse pure (1). Le gisement est constitué essentiellement par de la sylvine (KCl) et

---

(1) Avec plusieurs auteurs nous avions attribué à ce gisement une valeur de 60 milliards. M. MEUNIER-DOLLFUS, ingénieur des mines, nous a fait remarquer qu'il était téméraire de lui assigner une valeur aussi considérable. Des économistes sérieux ne lui attribuent, en effet, qu'une valeur voisine de 700 à 800 millions, d'autres de 2 à 3 milliards.

de la sylvinite (KCl + NaCl), de sorte que le produit extrait de la mine, et qui contient de 20 à 70 0/0 de KCl, n'a qu'à être broyé pour pouvoir servir directement en agriculture. Pour l'industrie chimique on prépare du chlorure concentré à 98 0/0 KCl, par voie humide, en utilisant la différence de solubilité entre les chlorures de potassium et de sodium à l'ébullition. Les capitaux investis dans les mines s'élevaient à près de 60 millions de francs, fournis en majeure partie par des capitalistes allemands ; un groupement (Sainte-Thérèse) avait été constitué avec des capitaux français par l'entremise d'une banque régionale. Quelques puits étaient en exploitation avant la guerre, notamment la mine Amélie dont l'appoint, réglé par le syndicat, était de 12,8 0/00 de la production allemande.

Il est évidemment difficile d'établir, dès à présent, l'importance que prendra l'exploitation alsacienne sous le régime français. Si la production a été volontairement limitée, avant la guerre, pour éviter une surproduction qui aurait amené l'avilissement des prix, il est à présumer qu'elle pourra se développer librement et concurrencer sérieusement le monopole allemand. Il faudra cependant, soit dit incidemment, améliorer encore les voies d'accès des mines et les transports par voie fluviale (canal du Rhône au Rhin).

Tout récemment, on vient de découvrir des gisements de sels de potasse en Catalogne. C'est dans les mines de sel bien connues de Cadorna qu'on a reconnu des affleurements de sels de potasse, notamment à Suria, Pons, Guisona, etc. Ces gisements sont constitués par de la carnallite et de la sylvine très pure. Déjà des concessions ont été accordées à divers groupements dont un syndicat allemand de Stassfurt. Il importe de suivre le développement de cette industrie dans un pays voisin et les répercussions qu'elle pourra avoir, dans l'avenir, sur l'industrie des sels de potasse quoique ces gisements ne paraissent pas être particulièrement importants.

Il faut aussi noter que, depuis la guerre, les Italiens ont importé des sels de potasse venant d'Erythrée et que les Américains étudient d'une façon intensive l'obtention des sels de potasse à partir des minerais feldspathiques et des algues (1).

_____

(1) On trouvera un court exposé de cette question dans la première édition du présent ouvrage, p. 277. Notons seulement ici que la production américaine s'est élevée à 28.830 tonnes de K_2O en 1917 et à 50.000 tonnes en 1918.

En tous les cas, il est à peu près certain que l'on trouvera encore par ailleurs des gisements de potasse. Les conditions qui ont provoqué leur formation ont dû se reproduire dans différentes contrées. Il ne paraît pas impossible qu'elles aient été réalisées dans les régions du Sahara (schotts tunisiens) ainsi que dans l'ouest des Etats-Unis.

Voici, enfin, pour fixer les idées, le montant des importations françaises en sels de potasse venant d'Allemagne, pour 1913 :

	(Tonnes)
Chlorure de potassium à 80 %...............	51.400
Sulfate de potasse à 90 %..................	25.000
Kaïnite...................................	70.000

soit au total : 146.400 tonnes correspondant à 42.000 tonnes de potasse pure.

Cette consommation de potasse est excessivement faible pour un pays agricole comme le nôtre, surtout si l'on considère que la consommation allemande s'élève à plus de 600.000 tonnes et que la superficie de la France est presque la même que celle de l'Allemagne.

ANNEXES AU CHAPITRE XII

Production mondiale des superphosphates

	1912	1913
	(En tonnes)	(En tonnes)
Etats-Unis......................	3.248.000	3.248.000
France..........................	1.950.000	1.920.000
Allemagne.......................	1.718.400	1.818.700
Italie..........................	1.019.206	972.494
Angleterre......................	840.000	820.000
Belgique........................	450.000	450.000
Hollande........................	305.800	»
Autriche-Hongrie................	250.000	265.000
Espagne.........................	210.000	225.000
Portugal........................	110.000	126.000
Suède...........................	168.478	»
Mondiale..........	12.500.000	

Production européenne des scories Thomas

	1912	1913
	(En tonnes)	(En tonnes)
Allemagne	2.110.000	2.250.000
France	679.000	700.000
Belgique	534.000	655.000
Grande-Bretagne	400.000	404.000
Luxembourg	253.000	250.000
Autriche-Hongrie	92.C00	100.000
Italie	20.000	20.000
Suède	14.978	16.821

Production mondiale des phosphates naturels

	1913
	(En tonnes)
Etats-Unis	3.202.600
Tunisie	2.285.000
Iles du Pacifique	667.000
Algérie	465.000
France	335.000
Belgique	200.000
Divers	1Ϩ0.000
Mondiale	7.340.600

Consommation mondiale de la potasse (K^2O)

	1913
	(En tonnes)
Allemagne	604.282
Etats-Unis	248.294
France	42.436
Hollande	43.673
Autriche-Hongrie	28.301
Angleterre	17.479
Belgique	15.234
Russie	4.906
Mondiale	1.110.369

XIII

LA FIXATION DE L'AZOTE (1)

Un problème de grande envergure et qui mérite d'être examiné avec la plus grande attention est celui de la *fixation de l'azote* de l'air. Il peut être intéressant de faire remarquer que ce problème était capital pour les Allemands, coupés de toute communication avec le Chili, grand fournisseur de nitrate, et ils ont su le résoudre de façon telle, qu'à l'heure actuelle, l'unité d'azote revient moins cher en Allemagne que dans les autres Etats belligérants. La production allemande s'est élevée à 350.000 tonnes de nitrates synthétiques et 300.000 tonnes de sulfate d'ammoniaque par synthèse, sans compter 550.000 tonnes obtenues, en temps normal, comme sous-produit de la carbonisation de la houille. Non seulement les besoins de leur fabrication en explosifs ont été complètement couverts, mais peut-être aussi ceux de leur agriculture — car il faut ajouter à la production de nitrates et de sulfate d'ammoniaque encore 40.000 tonnes de cyanamide calcique (2) — et ils envi-

(1) Bibliographie à consulter : *Les nouveaux engrais azotés*, par Em. Miège (1913). *La fabrication électro-chimique de l'acide nitrique et des composés nitrés à l'aide des éléments de l'air*, par J. Escard (1909).

Air liquide, oxygène, azote, par G. Claude (1909).

Eug. Grandmougin, *L'industrie des cyanures alcalins*, Tech. Mod, 1913. 151.

L'acide nitrique synthétique par combustion électrique de l'azote, Ph. A. Guye, 3e partie des *Principes et applications de l'électrochimie*, par O. Dony-Hénault, II. Gall et Ph. A. Guye (1914).

(2) D'après des données que nous n'avons pu contrôler, cette production aurait décuplé depuis la guerre. Il faut encore y ajouter 243.000 tonnes de carbure venant de Suisse et destinées probablement à être transformées en cyanamide.

sagent dans l'avenir non seulement l'affranchissement complet des importations du Chili, mais même de devenir exportateurs en engrais azotés.

Pour notre pays, qui possédait la liberté des mers, le problème ne se posait pas de même. Cependant, comme nos importations en salpêtre de Chili représentent annuellement la somme de 85 millions de francs, il est intéressant de se demander si l'on pourrait produire cet engrais ou son équivalent chez nous, d'autant plus que la matière première, l'azote, est à notre disposition en quantité illimitée. Nous disposons également des autres produits nécessaires : chaux, carbone, hydrogène (eau) et aussi de la houille blanche pouvant fournir l'énergie électrique à bas prix.

La consommation mondiale en nitrate est d'environ 2 1/2 millions de tonnes (2.556.973 tonnes en 1913) et sur ce chiffre la France importe environ 350.000 tonnes. Un peu plus d'un dizième sert pour l'industrie : 2.000 tonnes pour la verrerie, 20.000 tonnes pour la fabrication de l'acide sulfurique, de l'acide nitrique, des nitrites et de la céruse, 6.000 tonnes environ pour le salpêtre de potasse et 12.000 tonnes pour les divers explosifs. Il reste donc de 300.000 à 310.000 tonnes disponibles pour l'agriculture. Pendant la guerre, les proportions furent autres, les importations ayant sensiblement diminué et la consommmation des nitrates, pour la fabrication des explosifs ayant crû dans des proportions considérables (1).

Pouvons-nous fabriquer, en temps normal, les nitrates qui nous sont nécessaires, par les procédés électro-chimiques et par la

(1) Les importations de nitrate en France ont été de 297.189 tonnes en 1914 et 254.003 tonnes en 1915.

Quant au marché chilien, voici ses fluctuations pendant ces dernières années.

Années	Production de salpêtre	Exportations de salpêtre globale	Exportations de salpêtre pour les États Unis
	(En tonnes)		(En tonnes)
1914	2.464.000	1.818.000	550.000
1915	1.719.000	1.980.000	933.000
1916	2.848.000	2.925.000	1.309.000
1917	2.929.500	2.736.000	1.493.000

combustion de l'air en particulier ? Cette solution n'apparaît pas comme particulièrement intéressante, car, quel que soit le procédé adopté (Birkeland-Eyde, Schönherr, Pauling, Kilburn-Scott ou autres) le rendement effectif ne dépasse guère 3 0/0 de l'énergie employée. Sans doute, dans les industries de l'éclairage électrique, le rendement est encore moins bon; mais en attendant qu'on ait trouvé une solution pratique pour la lumière froide, il faut bien accepter cette dépense excessive d'énergie dans ce cas particulier.

Une variante du procédé au four électrique est réalisée par le procédé Häusser qui utilise la chaleur de combustion du gaz d'éclairage ou du gaz de fours à coke dans l'air sous pression ; on provoque l'explosion du mélange par l'étincelle électrique. L'oxygène et l'azote se combinent en donnant des vapeurs nitreuses qui sont ensuite transformées en acide nitrique d'après la méthode connue.

D'après les indications que l'on donne, 1 mètre cube de gaz de fours à coke dégage, par combustion avec le tiers de son volume d'oxygène, 4,100 calories et donnerait lieu à la formation de 170 grammes d'acide nitrique.

Pour 50.000 tonnes d'azote, fixé comme nitrate, par le procédé au four électrique, la production française exigerait, pour le moins 450.000 chevaux. Si cette industrie est viable en Norvège, cela tient au bas prix de revient de la force hydraulique dans ce pays, prix qu'il serait difficile de réaliser en France. La fabrication des nitrates quoique exécutée chez nous (usine de la Roche-de-Rame, Hautes-Alpes et, plus récemment, dans une usine installée dans les Pyrénées avec la coopération de la Norvégienne de l'Azote) ne paraît pas susceptible d'un grand avenir, à moins d'un perfectionnement très sérieux permettant d'augmenter sensiblement les rendements.

Comme on peut du reste produire l'acide nitrique par oxydation catalytique de l'ammoniaque avec d'excellents rendements, le problème consiste donc essentiellement à synthétiser l'ammoniaque dans des conditions aussi favorables que possible.

Cette oxydation, déjà indiquée par Kuhlmann en 1830, consiste à faire passer un mélange d'air et d'ammoniac sur du platine chauffé au rouge sombre. Le métal, agissant comme catalyseur, provoque l'oxydation de l'ammoniac en acide nitrique avec un rendement excellent. Le dispositif peut varier (procédés Ostwald, Frank-Caro, Kaiser, etc.), mais est parfaitément résolu au point de vue industriel.

C'est plutôt dans cette voie qu'il faudra chercher la solution du problème de la fixation de l'azote comme nitrate.

Nous ne signalerons qu'incidemment le procédé d'oxydation par les ferments nitrifiants, en présence de tourbe, car il n'est pas entré dans la pratique industrielle.

La fabrication de la *cyanamide calcique* constitue une première solution industrielle du problème de la fixation de l'azote. Le procédé, ainsi qu'il est bien connu, consiste, à faire agir l'azote libre, à température élevée, sur le carbure de calcium, lui-même, obtenu au four électrique, par action du coke sur la chaux. L'exploitation de ce procédé est déjà fort importante, ainsi qu'il résulte du petit tableau suivant :

Pays producteurs	Production de la cyanamide en tonnes		
	1912	1913	1914
Etats-Unis.	14.000	31.000	68.000
Allemagne	22.000	24.000	36.000
Autriche-Hongrie.	5.000	7.500	24.000
Norvège	14.000	22.000	23.500
Italie.	10.500	15.000	22.500
Suède.	6.000	17.000	17.000
France	7.500	7.500	7.500
Suisse.	7.500	7.500	7.500
Japon.	5.000	7.500	7.500

Une partie de ces chiffres repose sur des estimations. Il est toutefois intéressant de constater que la production mondiale a plus que doublé en deux ans; en effet, elle a progressé de 94.438 tonnes en 1912 à 209.500 tonnes en 1914. Comme pour les nitrates synthétiques, dont il a été question plus haut, le blocus sous-marin a eu pour effet de développer sérieusement cette fabrication en

France et de l'amener à produire, actuellement, environ 100.000 tonnes. Avec les installations en cours, on prévoit une capacité de production pouvant atteindre près de 200.000 tonnes.

La cyanamide a l'avantage de pouvoir servir directement comme engrais ; elle se décompose dans le sol en donnant de l'ammoniaque qui s'oxyde en nitrate.

Toutefois, elle présente certains inconvénients : elle sent très mauvais, elle dégage de la poussière, puis la chaux peut être nuisible à certaines plantes. Pour obvier à ces inconvénients on a proposé l'huilage, la granulation, la carbonatation ou la décarburation. On décompose par l'eau le carbure de calcium excédent, on éteint la chaux et l'on obtient ainsi, en définitive, un produit titrant environ 15 0/0 d'azote. Pour couvrir la consommation française, correspondant à 50.000 tonnes d'azote, il faudrait donc au moins 350.000 tonnes de cyanamide, dont la fabrication exigerait près de 200.000 chevaux hydrauliques.

La cyanamide calcique peut servir de point de départ pour la préparation de l'ammoniaque en la décomposant par l'eau, sous une pression de 2 à 3 atmosphères. Il se forme du carbonate de calcium et de l'ammoniaque que l'on recueille dans l'acide sulfurique.

Ce procédé de préparation ne paraît pas toutefois pouvoir lutter avec le procédé Haber ou concurrencer les procédés par carbonisation (gazeries et cokeries).

*
* *

Une synthèse de l'ammoniaque, fort élégante, consiste à décomposer l'*azoture d'aluminium* par l'alcali sous pression ; il se dégage de l'ammoniaque que l'on recueille dans l'acide sulfurique, tandis que l'alumine se sépare ou passe en solution sous forme d'aluminate. L'alumine peut rentrer dans la fabrication de l'azoture ou servir à la fabrication de l'aluminium, car, par un procédé approprié, il est facile de débarrasser le nitrure des impuretés, et notamment du fer provenant de la bauxite. On prépare, en effet, l'azoture d'aluminium en faisant agir, vers 1.800° C., au four électrique, de l'azote sur un mélange de bauxite et de charbon :

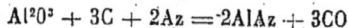

$$Al^2O^3 + 3C + 2Az = 2AlAz + 3CO$$

Ajoutons que, d'après certains auteurs (brevets français 449.150 et 475.195 notamment) l'alumine pure donne d'abord un carbure d'aluminium, puis le carbone est déplacé par l'azote avec formation du nitrure. Il paraît même se former, dans certaines conditions, des carbazotures.

Ce procédé paraît particulièrement intéressant pour notre industrie nationale, par suite de notre richesse en bauxite, et parce qu'il permettrait de préparer en même temps du sulfate d'ammoniaque et d'aluminium.

Si l'aluminium produit actuellement l'était en partant du nitrure, on obtiendrait, en dehors des 18.000 tonnes d'aluminium, qui constituent notre production, encore 30.000 tonnes de sulfate d'ammoniaque comme sous-produit. Le procédé est aussi avantageux au point de vue de l'énergie, puisque la fixation de 50.000 t. d'azote ne nécessiterait guère plus de 90.000 chevaux, c'est-à-dire la moitié de la force nécessaire à la production d'une quantité équivalente de cyanamide et un cinquième seulement de celle nécessaire à la fabrication du nitrate. On ne peut donc assez insister pour le développement de ce procédé, dès que les conditions industrielles de réalisation seront suffisamment étudiées et mises au point ce qui n'est pas encore le cas actuellement.

Nous ajouterons qu'on a breveté aussi la préparation d'autres azotures : du molybdène, du titane, du silicium. Ce dernier seul, vu l'abondance de la silice, semble pouvoir entrer en ligne de compte sans que, toutefois, à défaut des éléments nécessaires, on puisse se prononcer d'une façon définitive sur l'avenir de ces procédés.

**

Le procédé, employé en Allemagne pour la synthèse de l'ammoniaque, est le procédé Haber : union directe de l'azote à l'hydrogène, en présence d'un catalyseur approprié, à température élevée et à une pression considérable (150 atmosphères). Cette fabrication est viable ; elle fonctionnait déjà avant la guerre et a été décuplée depuis. L'exécution industrielle demande un appareillage tout particulier et des précautions spéciales; elle doit présenter de sérieuses difficultés pour la mise au point. Il y aurait aussi à examiner la question des brevets pour savoir jusqu'à quel point ceux-ci sont valables, car il existe, paraît-il, une antériorité française. (Le Chatelier.)

Nous ne possédons pas de détails sur l'appareillage, sauf ceux mentionnés dans les brevets de la Badische Anilin. et Sodafabrik ; il semble que le catalyseur employé soit le fer à l'état finement divisé. L'azote s'obtient par liquéfaction de l'air ou, mieux encore, des gaz brûlés, sa séparation de l'acide carbonique étant plus facile que de l'oxygène. Quant à l'hydrogène, il existe de nombreux procédés pour sa préparation ; la fabrique badoise semble le préparer en faisant agir du gaz à l'eau sur de la chaux hydratée ; on obtient ainsi le même volume d'hydrogène que de gaz à l'eau. Peut-être aussi se sert-elle du procédé dit de Messerschmidt : réduction de la vapeur d'eau par le fer avec régénération du réducteur. Il existe encore d'autres procédés pour préparer le mélange des deux gaz dans la proportion voulue ; l'important est d'employer des gaz purs, car les impuretés rendent le catalyseur inactif.

Au point de vue énergétique, le procédé Haber est le plus avantageux : on peut fixer 50.000 tonnes d'azote avec une dépense de force de 16.000 chevaux, soit six fois moindre qu'avec le procédé au nitrure, et douze fois plus petite que celle nécessaire à la fixation de la même quantité d'azote comme cyanamide.

Par suite de la pénurie de combustibles fossiles, nous ne sommes que de faibles producteurs de *sulfate d'ammoniaque*, ainsi que nous l'avons déjà exposé. Nous sommes forcément distancés par les pays qui sont gros producteurs de houille : l'Angleterre et l'Allemagne, et, dans l'avenir, par les Etats-Unis qui augmentent, de plus en plus, le nombre de fours à coke avec récupération des sous-produits. La statistique suivante n'a donc plus qu'un intérêt rétrospectif :

Pays producteurs	Sulfate d'ammoniaque en tonnes (1913)
Allemagne	550.000
Angleterre	432.000
Etats-Unis	155.000
Autriche-Hongrie	100.000
France	68.500
Belgique	36.000
Mondiale	1.400.000

Nous avons déjà examiné, au début de cet ouvrage, la récupération complète des sous-produits de la carbonisation de la houille. Il ne semble guère possible, d'après ce que nous avons vu, de dépasser le chiffre de 100.000 tonnes de sulfate d'ammoniaque annuellement, à moins que l'annexion du bassin houiller de la Sarre, avec tous ses fours à coke, ne vienne modifier sensiblement la situation.

Quant à l'exploitation des tourbières, c'est un problème des plus intéressants, mais qui offre des difficultés sérieuses. Quoique les tourbières françaises contiennent comme azote, paraît-il, l'équivalent de millions de tonnes de nitrate, ce sont des richesses difficiles à réaliser et sur lesquelles il ne faut provisoirement pas compter.

En admettant — ce qui n'a rien d'excessif — que 100 mètres cubes de tourbe sèche puissent fournir 1.200 kilogs de sulfate d'ammoniaque, on peut estimer que les 10.000 hectares de tourbières correspondent à près de 2 1/2 millions de tonnes de sulfate d'ammoniaque.

*
* *

Dans l'exposé forcément sommaire que nous venons faire de la question de l'azote, nous avons fait abstraction de tout détail technique pour ne nous attacher qu'aux grandes lignes du problème et sans vouloir indiquer une solution définitive. A notre avis les différents procédés que nous venons d'étudier peuvent parfaitement exister les uns à côté des autres. On pourrait couvrir d'une part la consommation en nitrates industriels par le procédé au four électrique, en développant ou en améliorant les installations

II. — L'Essor des industries chimiques.

9

existantes, soit aussi par oxydation de l'ammoniaque à l'aide d'un catalyseur. N'oublions pas toutefois que la consommation de 40.000 tonnes pour l'industrie sera augmentée très sérieusement avec une industrie florissante des matières colorantes, qui emploie de grandes quantités d'acide nitrique pour les nitrations et de nitrite de soude pour les couleurs azoïques.

Restent 300.000 tonnes de nitrates utilisées en agriculture et qui correspondent à près de 250.000 tonnes de sulfate d'ammoniaque. C'est là un minimum, car ainsi que nous l'avons déjà signalé plusieurs fois, il faudrait augmenter l'emploi des engrais azotés dans nos campagnes. On estime que la quantité d'azote, enlevée au sol par la culture, est de 600.000 tonnes environ, dont 400.000 tonnes seulement sont restituées sous forme de fumier (327.000 tonnes d'azote) et engrais minéraux. Cela ferait donc un déficit annuel de près de 200.000 tonnes.

Il a déjà été question du développement de l'industrie des nitrates synthétiques et de la cyanamide calcique en France. Cependant il n'est guère probable que cette dernière arrive à couvrir, à elle seule, tous nos besoins en engrais azotés. Avec une teneur en azote de 15 0/0, il faudrait, en effet, une production dépassant sensiblement 300.000 tonnes.

L'union directe de l'azote et de l'hydrogène demanderait sans doute de longs et coûteux essais avant sa mise au point industrielle ; ce serait une solution fort élégante, mais il serait difficile d'intéresser des industriels français à une entreprise qui ne serait pas d'un rapport immédiat.

Il semble donc que la solution française doive être celle du nitrure d'aluminium ; avec un azoture de 22 0/0, il suffirait de 225.000 tonnes environ pour couvrir notre consommation annuelle en nitrate du Chili. Il ne faut pas oublier, enfin, que la production de 250.000 tonnes de sulfate d'ammoniaque, résultant de la décomposition de cet azoture, nécessiterait près de 200.000 tonnes d'acide sulfurique à 66° Bᵉ, ou près de 300.000 tonnes à 53° Bᵉ. C'est là un fait qui intéressera tous ceux qui se préoccupent de trouver des débouchés pour notre excès de production d'acides après la guerre, soit qu'il s'agisse de l'acide des chambres ou des acides résiduaires provenant de diverses fabrications.

. Ce qui complique très sérieusement le problème de l'azote, c'est qu'en dehors des difficultés techniques qu'il s'agit de résoudre, il faut aussi tenir compte du côté économique de la question. Or, le fait que l'Allemagne arrivera, sans doute, à couvrir sa consommation en engrais azotés, va rendre disponible les 800.000 tonnes de nitrate qu'elle importait du Chili avant la guerre. De plus, il se peut que l'Allemagne devienne exportatrice de nitrate, en particulier sous forme de nitrate d'ammoniaque à 35 0/0 d'azote, et, en outre, la récupération croissante des sous-produits des fours à coke en Angleterre et aux Etats-Unis, va augmenter d'une façon considérable la production de ces deux pays en sulfate d'ammoniaque. Tous ces facteurs réunis vont sans doute provoquer un avilissement des prix du nitrate, dès que les demandes considérables d'après-guerre seront satisfaites et que le marché sera redevenu normal. Il y a donc là encore des éléments dont il faudra tenir compte lors du choix de l'un ou l'autre procédé pour la fixation de l'azote.

On ne peut par conséquent se prononcer d'une façon définitive sur l'avenir des industries de fixation de l'azote et la lutte qu'elles auront à soutenir avec le nitrate naturel. D'après M. Landis la capacité de fixation mondiale était, au commencement de l'année 1916, de 271.170 tonnes consommant une force de un million de chevaux.

. La plus grosse quantité était fixée comme cyanamide, soit 190.000 tonnes, puis 54.430 tonnes comme ammoniaque et 27.570 tonnes seulement comme nitrates au four électrique. Ajoutons ici que la masse d'azote disponible dans l'atmosphère est estimée à plus de 500 billions de tonnes ; c'est dire que la saignée d'azote est de l'ordre du vingt-millionième. On peut donc impunément l'augmenter encore.

*
* *

On peut, enfin, rattacher à la question de la fixation de l'azote, la fabrication *des cyanures* car il existe des relations fort étroites entre cette industrie et celle de l'ammoniaque. La production mondiale en cyanures peut être estimée de 20.000 à 25.000 tonnes annuellement, d'une valeur d'environ 40 millions de francs. L'Allemagne à elle seule en exporte plus d'un tiers, 7.000 tonnes, l'Angleterre presque autant ; les Etats-Unis, qui sont des consommateurs considérables (importations 1914/15 environ 4.000 tonnes de cyanures de sodium et de potassium), projettent de développer cette fabrication pour couvrir leur consommation.

La production française en cyanures ne paraît pas dépasser 300 à 400 tonnes annuellement ; une partie seulement est consommée dans le pays, pour la galvanoplastie notamment.

Le procédé allemand de fabrication consiste à faire agir du gaz ammoniac sur du sodium fondu, puis de transformer l'amidure ainsi formé en cyanure par action du charbon à une température plus élevée. Cette fabrication est intimement liée à celle du sodium et de l'ammoniaque.

La fixation de l'azote comme cyanure sur le carbure de baryum n'a pas encore donné des résultats suffisamment industriels, mais cette réaction, comme celle qui consiste à faire agir du charbon sur divers azotures, entre autres celui d'aluminium, peut encore conduire à des résultats intéressants.

Il semble aussi possible de transformer la cyanamide calcique en cyanure par des procédés relativement simples, et une usine allemande projetait d'exécuter cette fabrication avant la guerre.

On obtient aussi, ainsi que nous l'avons déjà signalé, les cyanures comme sous-produits de la carbonisation de la houille et de l'industrie sucrière.

Un procédé qui mériterait également d'être étudié est celui qui consiste à azoter le méthane, facilement accessible, en décomposant le carbure d'aluminium par l'eau. On peut obtenir ainsi de l'acide cyanhydrique ou même, paraît-il, du cyanure d'ammonium. Ce serait alors une synthèse double de cyanure et d'ammoniaque.

Dans le cas d'une synthèse avantageuse des cyanures ou de l'acide cyanhydrique on pourrait aussi envisager une synthèse de l'ammoniaque par saponification des cyanures. Il paraîtrait que ce procédé offre un intérêt industriel et doit être mis en pratique aux Etats-Unis. On ne peut cependant, faute de données suffisantes, donner une appréciation définitive sur son avenir.

Annexes au chapitre XIII

Consommation de salpêtre du Chili

	1913
	(En tonnes)
Allemagne	774.298
France	322.115
Belgique	304.136
Pays-Bas	203.585
Angleterre	143.187
Autriche-Hongrie	93.025
Italie	67.418
Russie	43.359
Europe et Egypte	2.028.426
Etats-Unis	683.404
Divers	121.610
Total	2.783.440

Production du sulfate d'ammoniaque (en tonnes)

Pays	1913	1914	1915	1916
Etats-Unis	176.901	156.005	199.571	294.885
Angleterre	438.933	432.836	»	445.629
France	68.500	»	»	»
Allemagne	550.000	»	»	»

Consommation du sulfate d'ammoniaque (en tonnes)

Pays	1913	1914	1915
Etats-Unis	237.682	246.936	252.651
Angleterre	98.557	107.701	130.054
France	95.000	91.500	42.000
Allemagne	460.000	p	»

XIV

L'INDUSTRIE DU CHLORE : SA FABRICATION, SES EMPLOIS (1)

Une fabrication des plus importantes pour l'avenir de nos industries organiques et qui, jusqu'à présent, n'était que peu développée en France est celle du chlore. Il en est de même des fabrications qui en dérivent. L'industrie du chlore est intimement liée
à celle des alcalis ; en effet, le chlorure de sodium, qui sert de matière première, donne, par des traitements appropriés, d'une part
de la soude caustique ou de la soude carbonatée, d'autre part du
chlore à l'état libre ou sous forme d'acide chlorhydrique. Il est
vrai que cet équilibre a été rompu par la prédominance du procédé Solvay qui n'utilise que le sodium du chlorure de sodium ;
le chlore, en effet, est éliminé dans ce procédé comme chlorure de
calcium et toutes les tentatives pour en récupérer le chlore n'ont
pas abouti. Il en est de même, soit dit en passant, des efforts
tentés pour utiliser le chlore du chlorure de magnésium, sous-produits de diverses industries (sels de Stassfurt, marais salants, etc.),
car le procédé Weldon-Péchiney, utilisé un moment dans cette
intention, a été abandonné.

Dans le procédé Leblanc on fait agir l'acide sulfurique sur le
chlorure de sodium ; il se forme du sulfate de soude (qui est transformé, par une opération ultérieure, en carbonate) et de l'acide

(1) Bibliographie à consulter : *La soude électrolytique*, par A. Brochet (1909).

chlorhydrique qui se dégage. Cet acide, par oxydation, donne du chlore. L'oxydation peut s'effectuer soit par le bioxyde de manganèse naturel ou mieux encore avec le bioxyde régénéré (procédé Weldon, 1866). On obtient ainsi du chlore relativement pur (à 90 0/0 environ) qui se prête parfaitement à la liquéfaction.

Un procédé d'oxydation, par l'oxygène de l'air, est le procédé Deacon (1870)) qui consiste à faire passer des vapeurs d'acide chlorhydrique avec de l'air, vers 400° C., sur une substance de contact, en l'espèce du chlorure de cuivre, qui agit comme catalyseur. Le chlore ainsi obtenu est dilué par l'air en excès et l'azote (il contient environ 10 0/0 de chlore) ; il peut servir pour la fabrication des chlorures décolorants, par exemple, mais non à celle du chlore liquide. La réaction n'est pas complète et une partie de l'acide chlorhydrique, qu'il faut enlever par lavage, échappe à la réaction. On peut se demander s'il y aurait pas moyen de réaliser un meilleur rendement de cette réaction dans d'autres conditions d'exécution. Mais ce problème n'a peut-être plus le même intérêt qu'autrefois, car il est lié à la production préalable d'acide chlorhydrique.

La préparation simultanée de la soude et du chlore a été réalisée par le procédé électrolytique, à partir de 1890. Il donne en même temps les deux éléments contenus dans le chlorure de sodium : d'une part, le sodium sous forme de soude caustique, d'autre part, le chlore à l'état élémentaire. Il faut cependant faire remarquer que la pratique de ce procédé exige que les quantités considérables de chlore ainsi produites (35 parties de chlore pour 40 parties de soude caustique) trouvent un emploi approprié. La transformation en chlorures décolorants est l'une des solutions ; comme on obtient toutefois environ 2 tonnes de chlorure de chaux pour 1 tonne de soude caustique, on voit que la capacité d'absorption du marché serait vite atteinte et même dépassée si le procédé électrolytique devait seul servir à la production des alcalis caustiques. Il faut ajouter que la potasse caustique se fait, elle aussi, actuellement à peu près uniquement par l'électrolyse du chlorure de potassium, et si cette fabrication est peu importante chez nous, elle peut le devenir le jour où nous disposerons des gisements de sels de potasse d'Alsace.

Si, par le fait de guerre, nous avons été amenés à monter la fabrication du chlore, produit nécessaire pour les gaz asphyxiants ainsi que pour certaines fabrications organiques, il faut que, la guerre terminée, nous trouvions les débouchés nécessaires pour ce produit dont la production avait atteint le chiffre de 20.000 tonnes pendant les hostilités. C'est donc un programme d'avenir qu'il s'agit d'établir, dès à présent, afin de ne pas être encombré par un produit difficile à emmagasiner et à transporter.

Nous ne pouvons, et pour cause, aborder ici la question de savoir quel sera, à l'avenir, l'équilibre entre les divers procédés de Leblanc, de Solvay et les procédés électro-chimiques. Il nous faut également, pour n'être pas entraîné à des développements excessifs, renoncer à examiner les avantages et les inconvénients des divers procédés électrolytiques proposés ou exploités ; méthodes avec diaphragmes (Outhenin-Chalandre, Griesheim-Elektron, Hargreaves-Bird et autres) ; méthodes avec circulation, dont le procédé à la cloche, exploité par la société Aussig, est une des meilleures solutions ; enfin, le procédé avec cathode de mercure, exécuté par Castner-Kellner et par Solvay. Il importe toutefois de ne pas perdre de vue que l'énergie électrique, nécessaire à la décomposition du chlorure, n'est pas le facteur prédominant dans cette industrie et qu'elle peut très bien être exécutée sans force hydraulique, c'est-à-dire que le prix de revient de l'énergie électrique n'a dans cette fabrication qu'une importance secondaire. Il est beaucoup plus important d'avoir du combustible à bon marché pour l'évaporation des solutions alcalines obtenues relativement diluées ; c'est ce qui explique pourquoi certaines de ces usines, ne disposant pas de houille blanche, comme les grandes usines allemandes (Griesheim-Elektron, Bitterfeld, Bernburg, Ludwigshafen), de même que l'usine française de Lamotte-Breuil (Oise) arrivent néanmoins à des résultats industriels.

Au point de vue de la dépense d'énergie, on peut admettre qu'avec 1.500 chevaux-an ou 1.000 kw.-an on peut produire, en moyenne, 2.200 tonnes de soude caustique (ou 3 200 kilos de potasse caustique) et 5.500 tonnes de chlorure de chaux ou, si l'on condense le chlore à l'état liquide, environ 1.700 tonnes de chlore.

Quant au chlore obtenu, il est généralement très concentré

(90 à 95 0/0) et donc parfaitement apte à être liquéfié. Il importe seulement de l'obtenir à l'état absolument sec; cette dessiccation se fait par l'acide sulfurique concentré. Quant à la liquéfaction, elle peut se faire par refroidissement par l'acide carbonique liquide, à — 50°C., sans pression, ou par compression en employant une pression de 12 kilos, dans des cylindres en acier refroidis à l'eau courante. Le chlore bien sec n'attaque pas les métaux, et pour la compression on utilise une pompe dans laquelle l'acide sulfurique remplit l'office de piston. Le transport du chlore liquéfié se fait dans des wagons-citernes ; la pression dans ces récipients est normalement de 5 à 7 kilos. Par suite de la toxicité du chlore, il faut une certaine prudence dans le maniement de ce produit,

Avant la guerre, on ne produisait pas de chlore liquide en France ; on en importait d'Allemagne environ 300 tonnes (288 tonnes en 1913). Cette importation a doublé depuis la guerre (577 tonnes en 1915), mais le produit provient surtout des Etats-Unis. Nous avons déjà signalé plus haut que nous nous étions non seulement affranchis de ces importations, mais que nous étions arrivés à une capacité de production comparable à celle de l'Allemagne, qui, dans ce domaine encore, occupait la première place. L'importportance de cette industrie ressort du chiffre de la production allemande qui était d'environ 30,000 tonnes annuellement ; une notable partie était toutefois destinée à l'exportation sous forme de chlore ou plutôt sous forme de ses dérivés. Quant aux prix, si le chlore revenait à environ 25 francs les 100 kilos en Allemagne, il valait près de 50 francs en France, par suite des droits d'entrée et des frais de transport relativement considérables. A ce prix, ce produit, s'il est considéré comme sous-produit de l'électrolyse, doit laisser une marge de bénéfices suffisante.

Voyons maintenant les emplois du chlore en tenant compte plus particulièrement des industries à créer ou à développer.

L'emploi principal du chlore dans l'industrie inorganique est la fabrication des *chlorures décolorants* et du *chlorure de chaux* en particulier. Depuis la découverte de l'action décolorante du chlore sur les fibres textiles végétales, c'est sous la forme concrète de chlorure de chaux que, depuis Tennant (1799), le chlore a été fourni aux blanchisseurs. Il est certain, cependant, que ce produit, malgré son importance industrielle, ne constitue pas une solution idéale, puisque, de fait, il ne contient que de 35 à 37 0/0 de substance active. On a bien réussi à préparer, à l'état cristallin, de l'hypochlorite pur, qui devrait correspondre, au point de vue du pouvoir blanchissant, à son poids de chlore actif (1). Ce produit ne semble cependant pas avoir été mis en vente. Nous ne pouvons insister ici sur la fabrication du chlorure de chaux. Il y a lieu cependant de signaler l'appareil continu Hasenclever, qui est bien préférable aux anciennes chambres à chlore et qui demande beaucoup moins de main-d'œuvre.

La production de ce produit était moins importante en France qu'en Angleterre ou en Allemagne ; elle s'élevait chez nous à environ 45.000 tonnes, dont 1/9 environ obtenu avec du chlore électrolytique ; l'exportation française était assez considérable (12.621 tonnes en 1913).

Une fabrication assez importante est celle des *hypochlorites alcalins*, obtenus par double décomposition du chlorure de chaux en solution concentrée avec une solution de carbonate de soude ou de sulfate de soude ou bien par action directe du chlore sur des lessives alcalines. Leur production atteint 10.000 tonnes annuellement (solution à 45° chlorométriques). Ces produits connus plus particulièrement sous le nom d'eau de Javel trouvent, malheureusement, un emploi exagéré dans la blanchisserie industrielle où ils sont responsables de l'altération rapide du linge. Il y aurait peut-être lieu de les remplacer, dans l'avenir, par des perborates ou des persels plus inoffensifs.

Il y aurait également intérêt, selon nous, à reprendre dans les blanchiments l'emploi du chlore liquéfié à la place d'hypochlorite de chaux, soit sous forme gazeuse, soit comme eau de chlore ou comme hypochlorite alcalin. C'est une question qui mériterait

(1) Voir à ce sujet le brevet français n° 376.845 (1907).

d'être examinée par nos chimistes indienneurs. D'autre part, l'électrolyse des chlorures en solutions diluées fournit également des
hypochlorites. Ces solutions décolorantes servent aussi au blanchissage du coton et de la pâte à papier. Une installation de ce
genre offre de l'intérêt dès que l'on dispose de force motrice à bon
marché.

Dans le cas d'une grosse production de chlore excédente, on
pourrait envisager la préparation de *l'acide chlorhydrique* par
l'hydrogénation du chlore en présence d'un catalyseur approprié
(du charbon par exemple); l'hydrogène lui-même serait obtenu
soit par l'électrolyse de l'eau, soit en partant du gaz à l'eau ou
par un autre procédé approprié.

Cette fabrication serait peu intéressante en Europe où il y a, en
général, surproduction d'acide chlorhydrique; elle se fait, paraît-
il, aux Etats-Unis.

Le *chlorure de soufre* s'obtient par action du chlore sur le soufre
fondu; ce produit sert surtout pour la vulcanisation du caoutchouc.
Parmi les autres chlorures inorganiques, il faut mentionner les
chlorures de phosphore : le *trichlorure* et le *pentachlorure de
phosphore* ainsi que *l'oxychlorure* qui servent en synthèse organique. Ce dernier est employé comme agent de condensation (couleurs du triphénylméthane par exemple), le trichlorure et le pentachlorure plus particulièrement pour préparer des chlorures
d'acides.

Ainsi les sels des acides sulfoniques donnent, avec le pentachlorure, des sulfochlorures employés dans l'industrie organique.
Dans certains cas, et plus particulièrement dans le cas du toluène,
il est plus économique de préparer ces sulfochlorures par action
de la *chlorhydrine sulfurique* sur les carbures; cette chlorhydrine résulte elle-même de l'action de l'acide chlorhydrique sur
l'acide sulfurique fumant.

Le *chlorure de sulfuryle* et le *chlorure de thionyle* sont deux
chlorures d'acides qui peuvent remplacer, dans certains cas, avec
avantage, les chlorures de phosphore pour la chloruration et la
préparation des sulfo-chlorures; car lors des réactions, ils donnent
de l'acide sulfureux qui est volatil, tandis que des composés phos-
phorés donnent, soit de l'acide phosphoreux, soit de l'oxychlorure

qu'il faut éliminer par un traitement supplémentaire. Comme le
chlorure de sulfuryle résulte de l'union directe de l'acide sulfureux
et du chlore on peut aussi employer le mélange de ces deux gaz,
en proportions convenables, en lieu et place du produit fini. C'est
ainsi que l'on prépare l'anhydrate acétique en les faisant réagir sur
l'acétate de soude fondu.

Le *chlorure d'aluminium* s'obtient en faisant agir du chlore sur
de l'alumine anhydre en présence de charbon, à température élevée, ou par action de l'acide chlorhydrique sec sur de l'aluminium ;
dans les deux cas, le produit formé sublime. Ce chlorure est un
agent de condensation des plus remarquables pour la synthèse des
produits organiques : butylxylène pour le musc artificiel, cétones
diverses, dérivés de l'anthraquinone tels que la méthylanthraquinone en partant du toluène, etc., etc. Nous ne pouvons, et pour
cause, examiner ici tous les emplois de ce produit, introduit dans la
technique organique par Friedel et Crafts ; nous aurons encore
l'occasion d'y revenir en traitant les produits intermédiaires nécessaires à la fabrication des matières colorantes.

Comme agent de chloruration, on se sert parfois du *pentachlo-*
rure d'antimoine, obtenu par l'action directe du chlore sur l'antimoine ; il sert, par exemple, pour la préparation des benzal-
déhydes chlorées. On l'emploie aussi, mais plus rarement, comme
agent de condensation (pour le flavanthrène, par exemple).

L'oxychlorure de carbone ou phosgène se prépare par l'union
de l'oxyde de carbone avec le chlore en présence de charbon
comme catalyseur.

L'oxyde de carbone est obtenu par réduction de l'acide carbonique sur du charbon chauffé au rouge ; après réaction, le chlore
en excès est enlevé par de l'antimoine métallique et le phosgène
obtenu est recueilli dans un gazomètre ou condensé.

Cette condensation se fait très facilement (point d'ébullition de
l'oxychlorure 8° C.). Avant la guerre on trouvait l'oxychlorure
dans le commerce à l'état liquéfié dans des cylindres en acier (au
prix de 250 francs environ les 100 kilos). Cette fabrication n'était
pas exécutée en France avant la guerre et le phosgène employé
était importé. Ce produit sert notamment à la synthèse des cétones
(cétone de Michlér), du violet cristallisé, des chlorures d'acides et

des urées ; il est, par conséquent, fort important pour l'industrie organique et des matières colorantes en particulier. On avait envisagé également l'emploi du *thiophosgène*, qui se prépare par réduction du perchlorméthylmercaptan par le sel d'étain, mais ce produit n'est pas devenu d'une application courante.

Il y aurait lieu, enfin, de signaler l'emploi du chlore dans les industries métallurgiques, l'extraction de l'or, par exemple, ainsi que son emploi comme oxydant : transformation des ferrocyanures en ferricyanures, du sel d'étain en tétrachlorure, des chlorures en chlorates. Cette dernière industrie n'offre plus qu'un intérêt rétrospectif parce que l'oxydation se fait, pour les chlorates de potasse et de soude au moins, principalement par la voie électro-chimique. On pourrait, évidemment, préparer aussi de l'oxygène avec du chlore ; toutefois on peut se demander si cette industrie pourrait concourir avec celle qui l'obtient par l'électrolyse ou par la liquéfaction de l'air. On serait alors amené à préparer des peroxydes et des persels, indirectement il est vrai, à l'aide du chlore.

Le *désétamage des déchets* de fer-blanc est une industrie fort importante qui constituait pour ainsi dire un monopole allemand. On estime les déchets produits chez nous à environ 9.000 tonnes (sans compter près de 5.000 tonnes de vieilles boîtes, etc.), qui, à raison de 25 kilogs d'étain par tonne, représentent environ 225 t. d'étain. En faisant passer du chlore sec sur ces déchets chauffés, il se forme du *tétrachlorure d'étain* volatil, tandis que le fer reste inaltéré. Il faudrait, pour les quantités indiquées, au moins 275 t. de chlore et l'on obtiendrait environ 500 tonnes de tétrachlorure dont l'emploi serait tout indiqué dans l'industrie lyonnaise pour la charge des soies. Nous estimons, pour notre part, que l'opération de la déchloruration des déchets est dans le domaine public, l'action du chlore sur l'étain étant connue depuis fort longtemps. Il y a un procédé breveté par la maison Goldschmidt, qui détenait le monopole dont nous parlons plus haut, mais ce procédé est limité aux conditions d'exécution indiquées dans sa patente. (Voir à ce sujet le brevet allemand 188.018 du 25 octobre 1905 et le brevet français correspondant.)

Notons ici, à titre documentaire, que la totalité des déchets traités dans le monde entier s'élève à 200.000 tonnes représentant pour 30 millions de produits (fer et étain).

Il importe enfin, de faire remarquer que le tétrachlorure d'étain est un produit de grosse consommation (environ 6.000 tonnes dont 1.000 tonnes importées); il faudra le fabriquer, à l'avenir, en utilisant le chlore liquide ce qui permet de l'obtenir à l'état anhydre. On le préparait, jusqu'à présent, surtout par oxydation du sel d'étain en milieu chlorhydrique.

Passons maintenant aux emplois du chlore plus particulièrement dans les industries organiques et signalons tout d'abord celle des solvants organiques chlorés : tétrachlorure de carbone, tétrachloréthane et ses dérivés.

Le *tétrachlorure de carbone* résulte de l'action du chlore sur le sulfure de carbone (avec formation accessoire de chlorure de soufre); il faut donc unir d'abord le carbone au soufre pour pouvoir le rendre accessible à l'action du chlore. Ce solvant peut presqu'être considéré comme du chlore liquide, puisqu'il en contient 92 0/0 et c'est ce qui le rend ininflammable. Il peut servir, au lieu et place de la benzine ou du sulfure de carbone, qui sont des solvants fort dangereux par suite de leur inflammabilité, pour l'extraction des graisses, des tourteaux, pour le lavage des laines, etc. Il est moins toxique aussi que les benzines quoique possédant des propriétés anesthésiantes, mais il a d'autre part l'inconvénient d'être sensible à l'humidité ce qui oblige à l'employer à l'état parfaitement sec ou à se servir d'appareils en fer possédant un revêtement intérieur en plomb.

On peut aussi envisager son emploi pour la préparation du *chloroforme* par déchloruration, ainsi que cela se pratique aux États-Unis. Il peut paraître, en effet, peu logique de fabriquer ce produit, ainsi que cela se fait habituellement, par chloruration de l'alcool ou de l'acétone, car il est évident que, dans ces conditions, on perd une partie de la matière carbonée. On en arrive même à se demander, s'il n'y aurait pas lieu de chlorer le méthane, qui peut être préparé facilement par hydrogénation catalytique de l'oxyde de carbone (gaz à l'eau). Selon le degré de chloruration, on obtiendrait ainsi du *chlorure de méthyle*, du *chlorure de méthylène* ou du chloroforme. Nous n'envisageons pas la préparation du tétrachlorure qui ne pourrait lutter avec celle qui prend le sulfure de carbone comme point de départ. Le chlorure de méthyle ainsi obtenu pourrait servir pour les méthylations en remplacement de l'alcool méthylique. Le chlorure de méthylène fournirait, par hydrolyse, de la formaldéhyde ; nous pourrions ainsi nous affranchir des importations en alcool méthylique. Il n'est, évidemment, pas intéressant de faire de l'acide formique par hydrolyse du chloroforme, car ce procédé serait plus coûteux que celui qui procède par l'union directe de l'oxyde de carbone et des alcalis caustiques.

En attendant ces industries d'avenir, on prépare plus généralement le chloroforme, ainsi que le chloral, par chloruration de l'alcool ; mais, en temps ordinaire, ces produits, malgré leur importance en médecine, ne consomment pour leur fabrication que des quantités limitées de chlore (sous forme de chlorure de chaux principalement). La même observation peut s'appliquer à certains chlorurés d'acides, tels que le *chlorure d'acétyle*, qui servent pour des synthèses organiques.

Le chlore aurait aussi pu avoir de l'intérêt pour la synthèse de l'isoprène que l'on pourrait préparer, en partant de l'isopentane, par chloruration puis traitement aux alcalis caustiques. Mais, ainsi que nous l'avons exposé plus haut, il ne semble pas que le caoutchouc de synthèse puisse concourir sérieusement avec le caoutchouc de plantation. Il faut donc écarter provisoirement cet emploi du chlore.

Par action du chlore sur l'acétylène, en présence de pentachlorure d'antimoine, on prépare le *tétrachloréthane* (tétrachlorure d'acétylène) qui est un excellent solvant pour toutes les acétylcelluloses, de même que pour le soufre, le chlore, le phosphore, le brome, etc., ce qui permet son emploi dans diverses industries. Seul le point d'ébullition relativement élevé (147°C.) peut présenter quelques inconvénients lors de la régénération du dissolvant.

Par action de la chaux hydratée on transforme ce tétrachlorure
par élimination d'acide chlorhydrique, quantitativement, en *trichlorure d'éthylène* (C^2H^3Cl) qui est un liquide ressemblant beaucoup au chloroforme et d'un point d'ébullition beaucoup moins
élevé que le produit primitif (85° C.). Ce point d'ébullition relativement bas et le fait que ce solvant n'attaque pas les métaux
industriels usuels : fer, cuivre, plomb, zinc et étain, que, de plus,
il est ininflammable, font qu'il est particulièrement intéressant
pour remplacer la bénzine ou le sulfure de carbone. Il faut bien
faire remarquer cependant, qu'il est au moins trois fois plus cher
que la benzine (environ 100 francs les 100 kilos), ce qui constitue
un désavantage.

Enfin, on prépare industriellement, par chloruration du trichlorure d'éthylène, le *pentachloréthane*, par déchloruration à
la chaux, le *perchloréthylène* (C^2Cl^4) et, en faisant agir sur celui-ci,
à nouveau du chlore : de l'*hexachloréthane*. Ce dernier corps est
cristallisé et sert comme substituant du camphre dans l'industrie
des explosifs de sûreté et dans l'industrie des films cinématographiques.

Le trichloréthylène peut aussi servir de point de départ pour
des synthèses organiques et, en particulier, de la phénylglycine,
qui est la matière première pour la fabrication de l'indigo. L'intérêt de cette synthèse, qui vient d'être exécutée industriellement,
réside dans le fait qu'elle permet d'utiliser l'acétylène à la place
de l'acide acétique pour la préparation de l'indigo. Avec le déboise-
ment considérable, provoqué par les faits de guerre, c'est une
considération qui mérite d'être retenue.

Le procédé actuel consiste à faire agir l'*acide monochloracétique* sur l'aniline, ce qui donne de la phénylglycine. L'acide chloracétique s'obtient lui-même par chloruration de l'acide acétique,
(action du chlore sur l'acide acétique, en présence d'un peu de
phosphore) ou, plus récemment, en partant du trichloréthylène sur
lequel on fait agir de l'acide sulfurique. Il peut être intéressant
d'examiner quelle serait la quantité de chlore, nécessaire pour la
fabrication de l'indigo employé en France, et dont la consommation
était d'environ 450 tonnes annuellement. Pour préparer cette quantité, il faut approximativement 325 tonnes d'acide chloracétique,

soit environ 250 tonnes de chlore liquide. Pour peu que cette
consommation augmente encore (avec les teintureries de l'Alsace
reconquise), on voit qu'il y a là un débouché fort important pour
l'industrie du chlore. Il ne peut entrer dans notre idée de donner
ici des détails techniques sur cette fabrication assez complexe;
mais il est intéressant de faire remarquer que, comme le sodium
nécessaire à cette synthèse (soit sous forme d'amidure ou d'ani-
lidure de sodium, soit comme peroxyde) s'obtient par électrolyse
de la soude caustique fondue, l'équilibre entre la soude et le
chlore n'est pas rompu. Car ce dernier élément trouve son emploi lors de la chloruration de l'acide acétique (1).

* *

Voyons maintenant les emplois du chlore dans la grande industrie organique des couleurs, des parfums et des produits pharma-
tiques.

En faisant agir du chlore sur le benzène en présence de fer
comme catalyseur, on obtient du *chlorbenzène* que l'on sépare par
fractionnement du benzène inaltéré et du paradichlorbenzène,
formé par chloruration ultérieure. Le chlorbenzène est une matière
des plus importantes pour toute une série de fabrications intéressantes. Par nitration en milieu sulfurique on obtient un mélange
des dérivés nitrés en ortho et en para que l'on sépare par distillation et cristallisation fractionnées. L'*orthonitrochlorbenzène* donne,
avec du méthylate, de l'ortho-nitro-anisol, qui, par réduction,
fournit de l'*o-anisidine*. Celle-ci diazotée, puis le diazo décomposé
par l'eau (en présence de sulfate de cuivre), on obtient le *gaïacol*,
produit pharmaceutique fort important et qui sert, en outre, de
matière première pour la fabrication de la *vanilline*.

En nitrant l'o-anisidine on prépare, d'autre part, le dérivé para-
nitré (à côté du produit nitré en méta) qui sert en impression et en
teinturerie sur tissu naphtolé. Le *parachlornitrobenzène* est de-

(1) *La fabrication de l'indigo synthétique*, par Eug. GRANDMOUGIN. Le *Génie Civil*, LVI., 345, 363 (1909).

venu un produit intéressant pour la préparation de la paranitraniline, préparée autrefois uniquement en partant de l'aniline.

Par une nitration plus énergique, le chlorbenzène fournit le-
dinitrochlorbenzène (point de fusion 50° C) qui est la matière première pour la fabrication des *noirs au soufre*. Par hydrolyse alcaline, il donne, en effet, du dinitrophénol 1. 2. 4 qu'il suffit de-
chauffer avec du soufre et du sulfure de sodium pour obtenir un
noir au soufre industriel. L'importance de cette fabrication ressortira du fait que la production mondiale dépassait 10.000 tonnes,
dont un dixième environ était consommé par les teinturiers français. Un calcul relativement simple permet d'évaluer la quantité de-
chlore nécessaire à cette fabrication à environ 250 tonnes. Il faut
tenir compte du fait que, lors de la chloruration, la moitié du chlore
employé se trouve fixée par l'hydrogène et s'échappe comme acide
chlorhydrique que l'on peut, évidemment, condenser par lavage à
l'eau.

La fabrication du noir au soufre est, comme on le voit, relativement facile. Toutefois, il ne faut pas perdre de vue qu'avant la
guerre la matière première nécessaire, le dinitrochlorbenzène,
était fabriqué surtout en Allemagne et à un prix (55 fr. les
100 kilos) qui ne laissait certainement qu'une marge de bénéfice
très faible, surtout si l'on considère que le prix de l'acide nitrique
est relativement élevé. (Pour fixer les idées on peut admettre les
prix suivants : benzène 25 francs, chlore 50 francs, acide sulfurique fumant 7 fr. 50, acide nitrique fumant 35 francs les 100 kilos). Le chlordinitrobenzène sert aussi, après condensation avec le-
p-amidophénol, à la préparation du noir immédiat, qui est également un noir au soufre.

Voilà donc quelques emplois industriels du chlorbenzène qui
montrent toute l'importance de ce produit. On pourrait, évidemment, envisager aussi la synthèse du phénol et de l'aniline en partant du chlorbenzène, mais ces réactions, qui nécessitent des températures et des pressions fort élevées, ne paraissent pas encore
réalisables actuellement. Si on arrivait à un résultat industriel,
cela augmenterait d'une façon considérable la consommation du
chlore. Il en serait de même si l'on arrivait à préparer l'acide picrique par la voie de l'hydrolyse du chlortrinitrobenzène. Mais la

trinitration du chlorbenzène ne s'effectue que fort difficilement et, actuellement, il est préférable de préparer l'acide picrique par trinitration du phénol.

Les dérivés polychlorés du benzol, notamment le p-dichlorbenzol et le trichlorbenzol asymétrique n'offrent pas, à l'heure qu'il est, un intérêt particulier, quoique leur préparation industrielle ait été réalisée.

Parmi les produits industriels de première importance, il faut signaler ensuite les dérivés chlorés du toluène, obtenus en chlorant ce carbure à l'ébullition, et particulièrement le *chlorure de benzyle* et le *chlorure de benzylidène*. Le premier sert de point de départ pour préparer les dérivés de l'alcool benzylique, employés en parfumerie ; c'est aussi l'agent pour les benzylations et pour synthétiser la benzylaniline, la benzylméthylaniline, la benzyléthylaniline, etc. Toutes ces bases servent dans l'industrie des colorants artificiels pour produire en particulier des verts et des violets.

Par nitration, le chlorure de benzyle donne un mélange du dérivé para et du dérivé ortho que l'on peut séparer ; ces deux produits servent également pour fabriquer des colorants. Le dérivé ortho a été employé pour la synthèse de l'o-nitrobenzaldéhyde, qui peut être transformée en indigo. On a fabriqué, à un moment donné, l'indigo d'après ce procédé ; celui-ci a été abandonné, le prix de revient étant trop élevé.

Par oxydation et hydrolyse, par voie directe ou indirecte, le chlorure de benzyle donne de la benzaldéhyde ; il semble cependant préférable de préparer celle-ci en partant du chlorure de benzylidène en l'hydrolisant en présence d'acides ou d'alcalis (de craie par exemple). Cette aldéhyde et ses dérivés sont les matières premières pour la fabrication des couleurs dérivées du triphénylméthane. Elle peut servir également à préparer l'acide cinnamique et ses dérivés.

Dans toutes ces réactions, le chlore agit en somme comme oxydant puisqu'il deshydrogène le composé organique avec formation d'acide chlorhydrique. L'hydrolyse élimine totalement le chlore en donnant le dérivé oxygéné correspondant au degré de chloruration.

Par chloruration de l'aldéhyde benzoïque, dans des conditions bien déterminées, on obtient le *chlorure de benzoyle* qui est un agent de benzoylation fort employé pour la préparation de certaines couleurs (couleurs à cuve algol, par exemple) ainsi que pour faire du benzonaphtol. On pourrait aussi l'obtenir par l'hydrolyse partielle du chlorure de benzényle ou phénylchloroforme, qui est le terme ultime de la chloruration du toluène dans la chaîne latérale.

Notons aussi que le chlore sert également comme oxydant, sous forme d'hypochlorite alcalin, lors de la transformation de la phtalimide en *acide anthranilique*, qui est un produit fort important pour la synthèse de l'indigo et du thioindigo.

Nous ne ferons que signaler la préparation de certaines amines chlorées (chloranisidine, dichlorbenzidine, chlor-m-phénylène-diamine, dichloraniline chloraniline sulfonée, etc.), de quelques phénols chlorés (par exemple 1.naphtol.-8-chlor.-3-6-disulfo), de la mono et dichlorbenzaldéhyde, des acides dichloro et tétrachlorophtaliques, des anthraquinones et benzanthrones chlorées, etc., qui servent pour synthétiser des colorants.

Il est intéressant de noter toutefois que si ces produits servent, pour la plupart, à préparer des colorants chlorés, il est assez rare que l'on introduise le chlore dans le colorant déjà terminé, car son action est généralement trop énergique. Par contre, le brome a trouvé pour la bromuration directe un emploi sensiblement plus important (éosines, indigos et thioindigos bromés). Dans d'autres cas, le chlore n'agit, pour ainsi dire, que comme agent de liaison ; c'est le cas pour certaines condensations, faites en présence de cuivre, et où il est éliminé au cours de la réaction (synthèses d'indanthrènes, de cyclanthrènes, etc.). Pour ces réactions il serait certainement plus avantageux de se servir des dérivés bromés, car le brome est plus mobile, mais le prix sensiblement plus élevé n'en permet pas toujours l'emploi.

Nous n'avons nullement la prétention d'avoir indiqué dans cet exposé, malheureusement trop rapide et forcément technique, tous les emplois intéressants du chlore dans l'industrie chimique, mais cet aperçu aura suffi pour montrer l'importance que peut acquérir l'industrie du chlore. Comme dans les chapitres précédents, nous avons dû nous abstenir d'insister sur les détails techniques d'exécution vu le grand nombre de composés dont il a été question. Un certain nombre de fabrications qui ont été signalées sont à créer, et il n'est guère possible de donner pour le moment des chiffres exacts quant aux quantités de chlore qui pourraient être consommées.

Mais si l'on veut bien se rappeler que le désétamage des déchets, la fabrication de l'indigo synthétique et des noirs au soufre, en se limitant uniquement à la consommation française, absorberaient près de 1.000 tonnes de chlore ; que la fabrication de 5.000 tonnes de tétrachlorure d'étain nécessiterait plus de 2.500 tonnes de chlore liquide, on voit l'importance de ce produit et les débouchés qui lui sont assurés. On peut du reste, ainsi que nous l'avons signalé plusieurs fois, trouver l'emploi de cet élément dans une série de nouvelles applications.

En possession du chlore d'une part, de l'acide sulfurique fumant d'autre part — il en sera encore question dans un prochain chapitre — nous aurons les matières inorganiques indispensables à la fabrication des produits intermédiaires et on peut envisager maintenant le développement de nos industries organiques, trop longtemps tributaires de l'étranger.

ANNEXE AU CHAPITRE XIV

Production du chlore et de ses dérivés (1913)

Pays producteurs	Chlore liquide	Acide chlorhydrique	Chlorure de chaux
	(Tonnes)	(Tonnes)	(Tonnes)
Etats-Unis............	»	130.000	90.000
Allemagne	30.000	»	100.000
Angleterre............	»	200.000	115.000
France	20.000 (1)	140.000	45.000
Mondiale			350.000

(1) Pour 1918.

XV

LA GRANDE INDUSTRIE INORGANIQUE
DES ACIDES ET DES ALCALIS (1)

L'acide sulfurique est un des produits fondamentaux pour toutes les industries chimiques, minérales et organiques ; sa production donne des indications intéressantes pour le développement de ces industries. À ce point de vue, le petit tableau suivant, qui se limite aux grands pays industriels, est éminemment suggestif.

Pays producteurs	Production de l'acide sulfurique réel			
	1877	1900	1913	1916
	(Tonnes)	(Tonnes)	(Tonnes)	(Tonnes)
Etats-Unis.......	»	1.130.000	2.210.000	2.775.000
Allemagne.......	112.000	675.000	1.600.000	»
Angleterre.......	600.000	»	1.150.000	1.425.000
France..........	200.000	625.000	875.000	1.125.000

Notre production est assez élevée ; elle se montait, avant la guerre, à environ 875.000 tonnes (calculée sur 270.000 tonnes de

(1) Bibliographie à consulter : *Acide sulfurique*, par Sorel (1887).
Produits chimiques, par Sorel (1883).
Produits chimiques, par Frémy, Nivoit, Kolb, Pommier et Péchiney (1884).
La soude électrolytique, par A. Brochet (1909).
Industrie des acides minéraux, par E. Baud (1909).
Traité de la fabrication de la soude d'après le procédé à l'ammoniaque, par Schreib et Gautier (1905).
Les produits de la grande industrie chimique, par Max Lambert (1917).

pyrites produites par nos mines et 430.000 tonnes importées — sans compter 60.000 tonnes de blendes); mais elle a augmenté sensiblement puisque les besoins de la guerre ont nécessité de nouvelles installations : chambres de plomb, concentration de l'acide et préparation d'acide fumant (oléum), (en 1917 : environ 1.200 000 tonnes et 100.000 tonnes d'oléum).

On estime qu'après la guerre, l'excédent de production pourra s'élever de 500.000 tonnes à un millions de tonnes (en acide à 53° Bᵉ) quand les nombreuses usines du Nord seront de nouveau en marche. Il reste toutefois à examiner, s'il y aura lieu de remonter celles qui sont détruites.

Nous ne pouvons entrer ici dans des détails techniques concernant cette fabrication et les progrès qui ont été réalisés. Comme on sait, on produit l'acide sulfurique dans des chambres de plomb par l'oxydation de l'acide sulfureux, obtenu par grillage des pyrites ou des blendes, par l'oxygène de l'air en présence d'eau et en se servant d'acide nitrique comme catalyseur. Quoique fort ancienne, cette fabrication est encore susceptible de bien des perfectionnements. Ainsi, l'emploi des fours mécaniques Herreshoff, du four Wedge (employé en Amérique), du four Braq-Moritz, sont des améliorations importantes, sur lesquelles nous ne pouvons insister, aussi peu du reste que sur les perfectionnements apportés à la construction du glover et des tours, des chambres de plomb (système Moritz), des appareils de concentration, etc.

L'acide obtenu dans les chambres est à 53° Bᵉ; on le concentre à 66° Bᵉ d'après divers procédés : soit dans le platine ou à l'aide de dispositifs plus modernes qui évitent l'emploi de ce métal de plus en plus coûteux. En somme, on utilise deux principes pour cette concentration : ou bien elle se fait dans des vases, disposés en cascades et chauffés par un foyer approprié (système Gaillard) ou bien l'on évapore l'eau contenue dans l'acide à l'aide de gaz chauds. Sur ce dernier principe reposent, notamment, l'appareil Kessler en lave de Volvic et l'appareil de concentration de Duron en matériaux artificiels réfractaires.

M. P. Kestner, de Lille, bien connu par ses monte-acides et ses ventilateurs pour tirage des chambres de plomb, a aussi amélioré beaucoup les conditions de marche des appareils de concentration.

en y adaptant le tirage au moyen des ventilateurs spéciaux qu'il a créés dans ce but.

On pourrait, évidemment, s'affranchir de la concentration en mélangeant l'acide fumant obtenu par le procédé de contact, avec de l'acide des chambres, et c'est même à cet expédient que l'on recourra forcément si, après la guerre, on ne trouve pas l'utilisation de ce produit dans les industries organiques ou s'il était produit en excès.

L'union de l'acide sulfureux à l'oxygène de l'air peut se faire aussi, en l'absence d'eau, par l'effet d'une substance de contact : amiante platinée ou oxyde de fer. C'est le procédé par contact dont il existe diverses solutions : système de la Badische Anilin et Sodafabrik, système Verein, système Tentelew, etc., qui fournissent de l'acide fumant et de l'anhydride sulfurique. On avait cru, à un moment donné, que ce procédé remplacerait complètement le procédé des chambres de plomb. Il n'en est rien ; les deux systèmes se complètent. Le procédé des chambres sera probablement toujours plus avantageux pour les acides dilués, dont le grand emploi est l'industrie des engrais (superphosphates, sulfate d'ammoniaque, etc.) ; le procédé par contact est nécessaire pour les acides fumants. Il a à peu près détrôné complètement les anciens procédés de distillation des vitriols (acide de Nordhausen, huile de couperose). L'acide sulfurique fumant est indispensable pour les industries organiques : pour certaines nitrations et surtout pour les sulfonations. A ce point de vue, la création de nouvelles installations est d'un bon augure pour nos futures industries organiques.

Il ne semble pas qu'il y ait lieu d'envisager, pour le moment, la fabrication de l'acide sulfurique par d'autres méthodes que celles actuellement en usage.

On sait qu'il est possible aussi de l'obtenir en partant des sulfates, soit directement, soit indirectement après réduction des sulfates en sulfures. Mais si ces méthodes pouvaient offrir de l'intérêt pour nos adversaires, dont l'approvisionnement en pyrites était sans doute limité, elles ne s'imposent pas chez nous.

On comptait, en France, avant la guerre, 75 usines, dont la moitié appartenait à une seule société. Cette situation n'est pas tout à fait sans inconvénients pour les consommateurs. Nous ne pensons pas que les monopoles, aussi bien ceux de l'Etat que ceux des particuliers, soient un avantage pour la collectivité. Même si la fabrication est irréprochable, il est certain que les prix seront plus élevés que lorsque la concurrence peut se manifester librement ; pour un produit aussi important que l'acide sulfurique, qui est la base de beaucoup de fabrications, la question de prix est essentielle. Il y aurait aussi beaucoup à dire au sujet de la situation géographique des usines qui devraient être placées de façon à recevoir les matières premières, pyrites et houilles, dans les conditions de transport les plus favorables.

*
* *

Avec l'acide sulfurique on prépare les autres acides : l'acide chlorhydrique et l'acide nitrique notamment. Il a déjà été question de l'*acide chlorhydrique* en parlant du chlore. On peut estimer sa production annuelle à 140.000 tonnes environ (à 20° Bé) ; cet acide est obtenu soit par décomposition du sel marin par l'acide sulfurique, soit par le procédé Hargreaves (action de l'acide sulfureux en présence d'air sur le chlorure de sodium à 500° C).

Quant à l'*acide nitrique*, on l'obtient par décomposition du nitrate de soude (salpêtre du Chili) par l'acide sulfurique. Depuis un quart de siècle des progrès sensibles ont été réalisés dans cette fabrication, notamment par l'introduction du procédé Valentiner qui travaille avec l'emploi du vide et donne d'excellents résultats et un acide très concentré. On connaît aussi des appareils continus pour la préparation de cet acide, notamment l'appareil Uebel, (voir aussi le brevet français 406.969) ; aucun de ces appareils ne semble encore avoir trouvé d'applications dans nos usines.

On estime à 20.000 tonnes environ la quantité de nitrate de soude employé pour la fabrication de l'acide nitrique (y compris celui nécessaire pour l'obtention de l'acide sulfurique) et des nitrates, 12.000 tonnes pour les explosifs et 6.000 tonnes pour le salpêtre de potasse. En 1900, on produisait 7.000 tonnes d'acide à 40° Bé pour l'industrie et 4.500 tonnes dans les poudreries. Ces chiffres ont augmentés depuis ; en tous les cas la production, en temps normal (15.000 tonnes environ), est suffisante puisqu'il y a excédent des exportations sur les importations (environ 1.750 t.). Il est bien évident que pendant la guerre ces chiffres ont été multipliés par suite de l'extension de l'industrie des poudres de guerre et des explosifs. Dans bien des cas il est du reste inutile de préparer l'acide nitrique à l'état libre ; on peut nitrer un grand nombre de composés organiques avec un mélange d'acide sulfurique et de nitrates (1).

Nous avons déjà eu l'occasion, en parlant de la fixation de l'azote, de signaler les procédés électro-chimiques qui synthétisent l'acide nitrique par l'azote de l'air, soit directement, soit après préparation préalable d'ammoniaque. Ces méthodes sont peut-être appelées à concurrencer le procédé par décomposition du salpêtre du Chili et le développement des industries organiques, qui consomment de grandes quantités d'acide nitrique, pourrait leur donner une impulsion notable.

Comme sous-produit de la préparation de la plupart des acides, et des acides chlorhydrique et nitrique en particulier, on obtient des quantités considérables de *sulfate* et de *bisulfate de soude* (pour le moins 150.000 t.). Une partie de ce produit sert en verrerie ; la teinture de la laine en consomme également des quantités importantes, ainsi que la fabrication du sulfure de sodium, de l'outremer, de la pâte de bois, etc. Néanmoins, il y a excédent de

---

(1) On peut, jusqu'à un certain point, estimer la production d'acide nitrique d'après la production d'explosifs et de poudres sans fumée.

Voici, d'après M. Molinari, quelle aurait été la progression. Mais il est utile de faire toutes réserves quant aux chiffres donnés.

Production de l'acide nitrique (en tonnes)

Pays	1911	1914	1915
Angleterre	60.000	135.000	250.000
Allemagne..................	110.000	360.000	540.000
France.....................	30.000	150.000	250.000
États-Unis.................	75.000	110.000	180.000
Italie	9.000	25.000	50.000
Mondiale		1.000.000	1.675.000

production puisque nous sommes exportateurs de sulfate de soude (25.430 tonnes en 1913) dont la valeur marchande est du reste insignifiante. On a souvent tenté, comme on l'a fait pour le chlorure de sodium, de régénérer d'une part de la soude caustique, d'autre part de l'acide sulfurique sans aboutir à un résultat industriel. Le bisulfate peut être substitué, dans certains cas, à l'acide sulfurique.

L'acide sulfurique sert, en outre, à la préparation de la plupart des acides utilisés dans les arts et dans l'industrie. L'*acide fluorhydrique* s'obtient par décomposition du spath fluor (production de ce minérai : 8.127 tonnes en 1912) ; cet acide sert en verrerie, pour la préparation des fluorures alcalins, du fluorure de chrome, du fluorure d'antimoine, etc. Sa production peut être estimée à 1.100 tonnes environ.

Comme nous possédons des phosphates naturels, nous pourrions être grand producteur d'*acide phosphorique* et de ses sels : du *phosphate d'ammoniaque* et, notamment, du *phosphate de potassium* puisque nous disposons des mines de potasse d'Alsace. Ce sel est intéressant comme engrais.

Enfin on prépare avec l'acide sulfurique : l'acide hydrofluosilicique, l'acide carbonique et les acides organiques : acides formique, acétique, oxalique, tartrique, citrique, etc., dont nous avons déjà eu l'occasion de parler ou dont il sera encore question.

L'*acide carbonique* mérite une mention spéciale. Sa liquéfaction fait l'objet d'une industrie importante que nous ne pouvons mentionner qu'en passant et qui relève plutôt du domaine de la mécanique.

Certaines usines françaises recueillent l'acide carbonique formé lors des fermentations. Ce procédé est avantageux, non seulement à cause du prix de revient très bas de l'acide, mais aussi parce que les centres de consommation se trouvent près des distilleries, ce qui réduit sensiblement les frais de transport.

La capacité de production des 14 usines françaises peut être portée à 8.000 tonnes environ, chiffre bien supérieur à la consommation actuelle. Avec le développement de nos industries frigorifiques, sur lequel nous comptons, il y aura là certainement un débouché assuré pour cette production.

Les alcalis carbonatés et caustiques, le *sel de soude* et la *soude caustique* notamment, sont aussi nécessaires que les acides pour les industries chimiques. Nous avons déjà eu l'occasion, en parlant de l'industrie du chlore, de signaler qu'en partant du chlorure de sodium, matière première pour ces industries, il existait trois procédés de préparation qui, dans l'ordre historique sont : le procédé Leblanc, le procédé Solvay et le procédé électrolytique. La prédominance appartient incontestablement au procédé Solvay, dont l'importance ressortira du fait que sur une production mondiale de 3 1/2 millions de tonnes de soude (d'une valeur d'environ 350 millions de francs), les 2/3 environ sont produits par la société Solvay. La France participe dans ce chiffre pour près de 400.000 tonnes (379.000 tonnes de sel de soude et 61.000 tonnes de soude cristallisée en 1913); la production a presque doublé depuis 1900. L'industrie du sel de soude est principalement localisée dans les départements de l'Est et dans le Midi, grâce aux salines qui s'y trouvent. Les usines existantes peuvent largement suffire à la consommation indigène puisque nous sommes exportateurs (83.269 tonnes en 1913). Comme pour l'acide sulfurique, l'industrie de la soude constitue, jusqu'à un certain point, un monopole avec tous les inconvénients attachés à un tel privilège, sans compter un droit protecteur qui vient augmenter d'autant le prix intérieur.

Par caustification du sel de soude on obtient la soude caustique que l'on prépare aussi par l'électrolyse du chlorure de sodium (comme sous-produit on obtient du chlore). Signalons ici que cette caustification peut se faire soit par voie aqueuse, par la chaux, ou par voie ignée en chauffant au blanc le carbonate de soude avec de l'oxyde de fer (procédé Loewig). Dans les deux cas, il faut ensuite concentrer les lessives obtenues. Le développement du mercerisage du coton a amené une sensible augmentation de la consommation de soude caustique. En temps normal, nous en produisons près de 80.000 tonnes et nous sommes également exportateurs de ce produit (14.144 tonnes en 1913). Si la guerre nous a obligés à en importer des quantités relativement considérables, il faut espérer qu'avec le paix la situation redeviendra ce qu'elle était autrefois.

Nous avons déjà eu l'occasion de parler de l'industrie de *la potasse*, peu développée chez nous par suite du manque de matière première. On estime la production, en temps normal, à 4.500 tonnes de potasse raffinée, 2.200 tonnes de potasse hydratée et 4.000 tonnes de potasse caustique produite en partie par l'électrolyse du chlorure importé d'Alsace (mine Amélie).

Aussi bien la soude que la potasse servent de point de départ pour certains sels de soude et de potasse. Nous ne signalerons ici que les *silicates de soude et de potasse* (verre soluble) que l'on peut rattacher aux alcalis. Leur production est de 5.000 tonnes environ ; ils servent en savonnerie, en teinturerie, etc.

ANNEXES AU CHAPITRE XV

Production de l'acide sulfurique réel

Pays producteurs	1913
	(Tonnes)
Etats-Unis	2.210.000
Allemagne	1.600.000
Angleterre	1.150.000
France	850.000
Italie	635.000
Autriche-Hongrie	450.000
Belgique	270.000
Russie	250.000
Suède	125.000
Roumanie	60.000

Production des usines de soude françaises

Années	Sel de soude	Soude crist.	Soude caustique
	(Tonnes)	(Tonnes)	(Tonnes)
1910	316.886	57.960	59.895
1911	320.657	60.574	83.391
1912	353.348	56.064	70.769
1913	378.869	61.210	78.567

XVI

INDUSTRIES MINÉRALES DIVERSES :
SELS MÉTALLIQUES, COULEURS MINÉRALES, ETC.

Les acides sulfurique et chlorhydrique servent à la préparation des sels minéraux, qui sont généralement mis en vente sous forme de sulfates ou de chlorures. Ce n'est qu'exceptionnellement qu'on emploie une autre forme : le nitrate et l'acétate, pour des sels de plomb par exemple, parce que le sulfate et le chlorure de plomb sont insolubles. Cette remarque s'applique naturellement aux sels que l'on utilise en vue du métal ou de la base qui y sont contenus. Dans d'autres cas où il s'agit d'employer l'acide et où celui-ci est le composé intéressant, les conditions sont autres ; tel est le cas des bromures, iodures, fluorures, nitrates, acétates, etc. Il y a aussi le cas des mordants employés dans les industries textiles, où, pour des raisons spéciales, on unit le métal à un acide déterminé soit pour éviter l'attaque de la fibre, soit pour faciliter la dissociation du mordant, etc.

Pour des raisons évidentes, il nous est absolument impossible non seulement d'énumérer tous les produits intéressants, mais à plus forte raison encore d'entrer dans des détails concernant la fabrication de ces nombreux composés. Nous avons du reste déjà eu l'occasion, en parlant des richesses minières, d'indiquer brièvement quelques chiffres de production de sels et composés métalliques. Ainsi la production du *sulfate de cuivre* s'élève à près de 30:000 tonnes, en temps normal, mais nous en importons encore environ 15.000 tonnes. Sur cette quantité 40.000 tonnes environ sont consommées par la viticulture.

Une industrie locale est celle des *verdets et acétates de cuivre*, préparés avec des marcs de vendange et du vieux cuivre. L'exportation de ces produits, assez considérable en temps ordinaire, (1.300 tonnes en 1913) a presque cessé depuis la guerre, par suite de la pénurie de cuivre.

La production du *sulfate de fer*, sous-produit de diverses industries métallurgiques, peut être estimée à 35.000 tonnes. Il sert, en quantités notables, en agriculture comme désherbant, puis à la préparation du sulfate ferrique basique (rouille) employé dans la teinture des soies en noir. Son emploi tend cependant à diminuer, les noirs sur mordant d'étain ayant pris un essor de plus en plus considérable.

En parlant de la bauxite, nous avons signalé son emploi pour la production annuelle de 20.000 tonnes de *sulfate d'alumine* (à côté de 3.000 tonnes d'alun provenant de l'alun romain). A notre avis, notre production de bauxite (259.000 tonnes en 1913) devrait nous assurer la prédominance sur le marché européen avec tous les produits dérivés de l'alumine : alumine anhydre et hydratée, gelée d'alumine, aluminates, sels d'alumine. En particulier le sulfate d'alumine, surtout en utilisant l'excès d'acide sulfurique disponible après la guerre, devrait faire l'objet d'exportations importantes. L'industrie allemande, qui est obligée d'importer la bauxite, produit notablement plus de sulfate d'alumine que la nôtre (54.122 tonnes en 1908). On peut aussi envisager l'industrie du sulfate d'alumine en rapport avec l'azoture d'aluminium, dont il a été question lors de la fixation de l'azote ; on produirait ainsi en même temps du sulfate d'ammoniaque et du sulfate d'alumine.

Pour le *sulfate de magnésium* nous sommes tributaires de l'étranger, puisque nous en importons plus de 4.000 tonnes (4.320 tonnes en 1913) ainsi que le *sulfate de zinc* (importation 212 tonnes), dont la production ne dépasse guère 400 tonnes annuellement.

Le *chlorure de baryum* dont nous importons environ 3.000 tonnes (1.200 tonnes de Belgique et 1.800 tonnes d'Allemagne et d'Autriche) pourrait être fabriqué avec le sulfate de baryte naturel que l'on trouve en Auvergne (production 13.620 tonnes en 1912). On l'obtient en chauffant le sulfate de baryte finement broyé avec du charbon et du chlorure de calcium dans les anciens fours à soude du procédé Leblanc. La masse reprise par l'eau, donne du chlorure de baryum et du sulfure de calcium. On peut aussi, paraît-il, réduire le sulfate de baryte avec du charbon, puis fondre le sulfure de baryum obtenu avec du carbonate de soude, ce qui donne du sulfure de sodium, d'une part, et du carbonate de baryum qu'il suffit de dissoudre dans l'acide chlorhydrique. Selon les conditions locales, on donnera la préférence à l'un ou l'autre de ces procédés.

‧ ‧

L'industrie des *couleurs minérales* ne peut être traitée ici en quelques lignes. Pour certaines couleurs nous sommes de gros producteurs et exportateurs : c'est le cas pour les *ocres* naturels dont la production dépasse 40.000 tonnes (41.810 tonnes en 1912) et dont nous exportons une forte partie à l'état broyé ainsi que des résidus de pyrites grillés, etc. (36.937 tonnes en 1913) (1).

Pour la fabrication de *l'outremer* nous possédons 4 usines dont la production est excédente puisque nous exportons plus de 2.000 tonnes (2.060 tonnes en 1913). L'Allemagne possède 10 usines produisant 6.500 tonnes, c'est-à-dire environ 40 0/0 de la production mondiale (15.000 tonnes environ). Il semble du reste que l'emploi de l'outremer aille plutôt en diminuant, car il est de plus en plus concurrencé par les couleurs artificielles (indan-thrène, etc.)

La production de la *céruse* se montait à près de 25.000 tonnes ; son emploi vient d'être interdit. On pourra la remplacer surtout par l'oxyde de zinc (blanc de zinc) : production 12.000 tonnes environ, importations 6.219 tonnes, et le *lithopone* dont nous impor-tons des quantités considérables (7.863 tonnes en 1913), c'est-à-dire la plus grosse partie de la consommation nationale. Avec le sulfate de baryte naturel et les minerais de zinc que nous possé-dons, il serait possible de développer cette fabrication en France

(1) *Les ocres*, par Paul HUBERT (1884).

où sa production ne paraît pas atteindre plus de 1.500 tonnes. Toutefois pour les matières premières nous sommes moins bien situés que l'Allemagne. Le développement de cette industrie fort intéressante est, en somme, plutôt d'ordre économique que technique. Elle n'est du reste avantageuse qu'avec de grosses productions.

Le lithopone est un mélange de sulfure de zinc et de sulfate de baryte que l'on obtient en réduisant le sulfate de baryte par le charbon, puis en faisant agir le sulfure de baryum obtenu sur du sulfate de zinc en solution. Ce produit sera préparé non pas par dissolution des déchets de zinc dans l'acide, ce qui reviendrait trop cher, mais en traitant les minerais de zinc après grillage par l'acide sulfurique relativement concentré. On précipite le fer d'après des procédés connus (1).

Si la production des minerais de zinc a plutôt diminué en France (45.929 tonnes en 1912 contre 62.150 tonnes en 1905), il ne faut pas oublier que l'Algérie en produit des quantités importantes (exportations : 84.495 tonnes en 1912) et que la production de l'Indo-Chine augmente (22.751 tonnes en 1910).

Le *minium* de plomb s'obtient par la calcination de la litharge à l'air et comme sous-produit de la fabrication du nitrite de soude ; sa production est d'environ 7.000 tonnes. On le prépare encore par calcination modérée de la céruse.

Il faut aussi mentionner la fabrication plus récente de la litharge par pulvérisation mécanique du plomb liquide à l'aide d'un courant de vapeur (brevets français 409944 et 400270) à côté de l'ancien procédé classique par oxydation du plomb dans des fours à réverbère. La production des litharges est estimée à 2.000 tonnes environ.

Il y aurait aussi lieu de signaler les *bronzes en poudre* où l'industrie allemande (Fürth) avait acquis une importance considérable (importations allemandes en 1913 : 278 tonnes d'une valeur de 1.140.000 francs). Grands producteurs d'aluminium nous devons pouvoir concurrencer sérieusement cette industrie.

(1) *Le lithopone*, par Ch. COFFIGNIER (1918).

II. — L'Essor des industries chimiques.

*
* *

L'industrie des *gaz comprimés et liquéfiés* mériterait une étude spéciale, vu l'importance que ces fabrications ont acquise ; il nous est, malheureusement impossible de nous étendre sur ce sujet. Nous avons déjà eu l'occasion de signaler la préparation de *l'hydrogène*, obtenu par l'électrolyse de l'eau ou comme sous-produit de l'électrolyse des chlorures, puis par le gaz à l'eau, ensuite en partant de la vapeur d'eau ou par d'autres procédés fort nombreux.

Pour la production synthétique de l'ammoniac d'après le procédé Haber, il importe d'obtenir de l'hydrogène très pur et à un prix de revient fort bas.

Le procédé Messerschmidt consiste à réduire la vapeur d'eau par le fer chauffé au rouge ; on régénère ensuite le fer oxydé par l'action du gaz à l'eau. Ces opérations se font dans des générateurs appropriés. On obtient ainsi de l'hydrogène très pur et à un prix de revient fort bas. On peut aussi faire agir le gaz à l'eau sur de la chaux hydratée ; l'oxyde de carbone est absorbé et l'on obtient le même volume d'hydrogène que de gaz à l'eau mis en œuvre.

Il a également été question plus haut de *l'azote*, obtenu par liquéfaction de l'air ou des gaz brûlés et fractionnement, de *l'acide carbonique* liquide, du *chlore*, du *phosgène*, du *chlorure de méthyle*, ainsi que du *méthane*. Notre pays ne possède pas ce gaz à l'état natif comme les Etats-Unis ou la Hongrie.

L'*ammoniaque* anhydre et liquéfiée est comme l'acide carbonique, un produit fort important pour les industries frigorifiques, dont nous avons signalé l'importance pour la conservation des denrées périssables. L'industrie des matières colorantes nécessite également de grandes quantités de glace pour la préparation des couleurs azoïques, les nitrations, etc., et une grande usine allemande en consomme couramment 200 tonnes par jour.

Nous signalerons ici, en passant, que ces usines ont entrepris des essais pour employer l'*éthane* dans des machines frigorifiques de construction particulière.

L'éthane s'obtient par réduction catalytique de l'éthylène avec de l'hydrogène sur du nickel finement divisé ; l'éthylène est produit en faisant passer des vapeurs d'alcool sur de l'oxyde d'aluminium amorphe à 360° C.

Il y a, enfin, à signaler l'*acétylène* dissous, employé en métallurgie, ainsi que l'*oxygène* comprimé et l'*acide sulfureux* liquéfié, dont il sera encore question dans la suite.

L'industrie des gaz liquéfiés a fourni à nos métallurgistes, spécialement à nos fabricants de tubes, un débouché intéressant pour leurs produits. Les récipients ou bouteilles en acier forment, en effet, un contingent très important de leur fabrication.

Il faut toutefois faire remarquer que le poids du récipient est presque le triple de celui du gaz qui y est contenu, ce qui a l'inconvénient de grever le prix du gaz de frais de transport extrêmement élevés. Ces frais arrivent même pour certains gaz à constituer presque l'élément principal du prix de vente.

ANNEXES AU CHAPITRE XVI

Production du sulfate de cuivre

Pays producteurs	1913	1914	1915	1916
	(Tonnes)	(Tonnes)	(Tonnes)	(Tonnes)
France	26.000	21.000	16.000	27.000
Etats-Unis	24.000	14.000	19.000	—
Grande-Bretagne	76.000	69.000	66.000	60.000
Italie	44.000	31.000	50.000	48.000
Autriche Hongrie	15.000	»	»	»
Allemagne	5.000	»	»	»

Production de diverses couleurs minérales

Pays producteurs	Lithopone	Céruse	Ocres
		(En tonnes)	
Etats-Unis	27.000	100.000	31.000
Allemagne	»	35.000	4.700
Angleterre	»	60.008	14.000
France	1.500	25.000	42.000
Mondiale		250.000	

XVII

PETITES INDUSTRIES MINÉRALES (1)

HALOGÈNES. — L'industrie *du brome* était inexistante avant la guerre ; nous importions d'Allemagne 862 quintaux de brome et de bromures. Dans ce pays le brome est un sous-produit de l'industrie des sels de Stassfurt ; on l'obtient en traitant par le chlore les eaux-mères de la carnallite.

Cette opération se fait dans des appareils à colonnes, en pierre, et en utilisant avec avantage le système Kubierschky basé sur le principe de la superposition des densités.

On trouve également du brome en France dans les eaux-mères des marais salants où il fut découvert par le chimiste français, Balard ; on l'a également préparé, jadis, avec les cendres de varechs. L'état de guerre a amené notre industrie chimique à remonter cette fabrication au point de produire jusqu'à quelques tonnes par jour en utilisant l'eau de mer concentrée ou les eaux-mères des schotts tunisiens. Comme à Stassfurt, on déplace le brome des bromures par le chlore, puis l'on rectifie.

Nous avons déjà indiqué précédemment les emplois du brome. Il sert notamment, en synthèse organique, pour la préparation de produits pharmaceutiques, de colorants bromés (éosines, indigo

(1) Bibliographie à consulter : *L'industrie des métalloïdes*, par L. Guillet.
Progrès des métallu gies autres que la sidérurgie et leur état actuel en France, par L. Cuiller.

bromés et thioindigos bromés, etc.) ainsi que pour les bromures usités en pharmacie et en photographie.

L'industrie allemande en produisait environ 900 tonnes par an ; les Américains, après en avoir fabriqué jusqu'à 550 tonnes, sont tombés ensuite à 400 tonnes environ. Ils avaient, en outre, conclu une entente avec l'Allemagne avant la guerre. Il leur serait facile d'augmenter cette production si le besoin s'en faisait sentir.

On peut se demander ce que deviendront les usines de brome une fois la guerre terminée, la capacité d'absorption du marché mondial étant bien inférieure à la production actuelle. Peut-être y aura-t-il lieu de recourir à une entente internationale pour limiter la fabrication de ce produit.

Signalons, cependant, puisque ce fait paraît peu connu, l'emploi possible du brome pour le blanchiment des fibres végétales qu'il n'attaque pas. De même l'acide bromhydrique paraît plus inoffensif pour ces fibres que l'acide chlorhydrique ; il aurait donc de l'intérêt pour les industries tinctoriales.

L'*iode* a été isolé, en 1812, par Courtois, des eaux-mères des salins de varechs ; ce pharmacien peut donc être considéré comme le créateur d'une industrie qui est toujours pratiquée en France et qui produit, outre 60 tonnes d'iode annuellement, encore environ 1.000 tonnes de sels de potasse.

La pénurie en sels de potasse, par suite de la guerre, a provoqué de nombreux travaux, notamment aux Etats-Unis, pour l'extraction industrielle de ces sels à partir des varechs, avec obtention d'iode comme sous-produit ; mais il paraît difficile que les sels de potasse ainsi obtenus puissent lutter, en temps normal, avec ceux extraits directement du sol.

Comme l'iode est actuellement l'antiseptique le plus employé, sa consommation a beaucoup augmenté, ce qui explique qu'il s'est monté de nouvelles installations, pour l'extraire des varechs, en Norvège, en Russie, aux Etats-Unis, etc., malgré les aléas de cette industrie.

Toutefois, malgré des périodes difficiles, il semble que l'extraction de l'iode des varechs pourra subsister à côté de la fabrication de l'iode extrait des eaux-mères du nitrate du Chili qui s'est développée depuis 1869, au point de produire, en moyenne, 450 tonnes d'iode annuellement. Mais il importe de remarquer que si le traitement s'appliquait à tout le nitrate extrait, on pourrait produire jusqu'à 3.700 tonnes d'iode, ce qui dépasserait largement la consommation mondiale qui n'est que de 700 tonnes environ en temps normal.

Il n'est peut-être pas sans intérêt de noter ici que nous importions d'Angleterre et d'Allemagne, 43 tonnes d'iode; mais c'est l'Allemagne qui est le plus gros consommateur d'iode (importations 302 tonnes en 1911), qu'elle exportait sous forme de produits iodés dans les divers pays.

L'iode sert non seulement sous forme de teinture en pharmacie, comme nous l'avons déjà signalé; il est aussi le point de départ pour la préparation des divers iodures et produits iodés dont l'iodoforme est le plus important. Enfin on l'emploie dans l'industrie des couleurs pour la préparation des roses bengale et l'érythrosine qui sont des phtaléines iodées.

Quoique le spath fluor soit un minerai fort abondant et qui permettrait de préparer les dérivés du *fluor* dans des conditions facilement accessibles, cet élément n'a trouvé que des emplois restreints. Nous avons déjà signalé la préparation de l'acide fluorhydrique, obtenu par décomposition du spath fluor par l'acide sulfurique. Il sert, comme ses sels acides, pour la gravure sur verre. Le fluorure de sodium agit comme antiseptique. Le fluorure d'antimoine et ses sels doubles ont été préconisés comme substituant de l'émétique pour la fixation du tanin dans les industries tinctoriales. Le fluorure de chrome est un mordant fort apprécié pour les teintures de laine. Signalons aussi la cryolithe artificielle pour la fabrication de laquelle nous sommes particulièrement bien placés vu nos gisements abondants de bauxite.

Enfin, l'acide fluosilicique a également trouvé quelques emplois.

Le fluor et ses dérivés ne paraissent avoir encore trouvé aucune application dans les industries organiques synthétiques. Peut-être y aurait-il là la possibilité d'un développement intéressant.

MÉTALLOÏDES. — *Le soufre* a déjà fait l'objet de nombreuses mentions au cours de ces études; il sert de point de départ pour

diverses industries : acide sulfureux et ses dérivés, sulfites, bisulfites et hydrosulfites ; sulfures divers : sulfure de fer, vermillon,
polysulfures, foie de soufre.

Nous ne signalerons ici plus particulièrement que *le sulfure de
carbone* qui se prépare par action de la vapeur de soufre sur le
carbone au rouge. Une usine américaine emploie, comme nous
l'avons dit précédemment, le procédé Taylor au four électrique.
La production française était estimée à 6.000 tonnes. Ce solvant
sert surtout, malgré son inflammabilité, dans les huileries pour
l'extraction de l'huile restant dans les tourteaux après obtention de
l'huile de première et de deuxième pression à la presse hydraulique.
La fabrication de la soie viscose (action du sulfure de carbone sur
l'alcali-cellulose) a encore augmenté son emploi. Il peut aussi servir de point de départ pour la fabrication du sulfocyanure d'ammonium.

Le chlorure de soufre, $S^2 Cl^2$, se prépare par action du chlore
sur le soufre, à froid, à chaud ou dissous dans le chlorure de
soufre. On le rectifie ensuite, par distillation, dans un appareil en
fonte émaillée avec un condensateur en grès. Il sert surtout pour
la vulcanisation du caoutchouc et pour la préparation des caoutchoucs factices

Le *phosphore* se prépare industriellement par réduction du phosphate de chaux, à température élevée, par le charbon. Au lieu et
place des phosphates obtenus par calcination des os (2.000 tonnes
environ en 1904), on tend de plus en plus à leur substituer les
phosphates naturels, qui peuvent également servir. Cette fabrication qui se faisait, autrefois, uniquement dans deux usines, l'une
française et l'autre anglaise, s'est montée dans divers pays depuis l'emploi des fours électriques et est pratiquée maintenant aussi
aux Etats-Unis, en Allemagne, en Suède et au Japon. Nous avons
déjà mentionné autrefois l'emploi de ce procédé, d'après lequel on
prépare plus de la moitié du phosphore produit dans le monde
entier. On estimait la production mondiale à environ 3.000 tonnes
avant la guerre.

La fabrication française a gardé son importance puisque les
exportations se sont élevées, en 1913, à 73.5 tonnes de phosphore blanc et 257 tonnes de phosphore rouge d'une valeur de

1.740.000 francs. Depuis, et en 1915 surtout, les exportations ont sérieusement baissé, ce qui s'explique par l'emploi accru de phosphore pour les industries de guerre, en pyrotechnie notamment.

Il faut cependant noter ici que le Japon, qui était de nos gros clients (140 tonnes), a développé d'une façon très importante la fabrication du phosphore au four électrique. Si, avant la guerre, la fabrication indigène ne couvrait que les 17 0/0 de la consommation japonaise, elle en produit actuellement plus de la moitié (soit près de 170 tonnes) et elle paraît encore en augmentation vu les prix avantageux obtenus pour ce produit. Il est difficile de donner un avis autorisé sur l'avenir de cette industrie et de savoir si elle pourra soutenir la lutte avec l'industrie française ; mais il y a lieu cependant de ne pas perdre de vue cette concurrence. Cette grosse consommation de phosphore au Japon (350 tonnes environ) est absorbée par l'industrie des allumettes qui y est fort importante.

Les applications du phosphore sont multiples. Il trouve son principal emploi dans la fabrication des allumettes où l'on tend de plus en plus à substituer aux allumettes à tête en phosphore blanc les allumettes dites suédoises. Il n'y a pas lieu d'insister sur cette fabrication qui est un monopole d'État en France. La qualité des produits se ressent parfois vivement de ce monopole surtout en comparaison avec les produits étrangers.

Nous avons déjà parlé de l'emploi du phosphore en pyrotechnie ; il sert, en outre, en synthèse organique, soit à l'état de phosphore rouge, soit beaucoup plus fréquemment comme trichlorure, oxychlorure et pentachlorure. Ces dérivés chlorés sont employés soit comme chlorurants, soit comme agents de condensation pour la préparation de nombreux produits. Enfin, le pentoxyde trouve également quelques emplois comme deshydratant.

L'anhydride arsénieux ou arsenic blanc est un sous-produit de l'industrie métallurgique où il se produit lors du grillage des minerais arsénifères en condensant les fumées blanches formées.

Il sert de point de départ pour préparer l'arsenic métallique par réduction, puis aussi, par oxydation, de l'acide arsénique qui trouve un certain nombre d'applications dans les arts. Cependant par suite de la toxicité des composés d'arsenic, il y a lieu de limiter leurs emplois. C'est pour cette raison que l'emploi du vert de Schweinfurt tend à disparaître, malgré la vivacité de sa couleur et que le procédé de préparation de la fuchsine à l'arsenic a été à peu près complètement remplacé par celui au nitrobenzène.

D'autre part, l'arsénite de soude sert en viticulture comme antidote contre les parasites de la vigne.

Il faut signaler ici l'importance croissante qu'ont acquis les arsenicaux en médecine ce qui provoque une consommation accrue de ce métalloïde.

Nous dépendons de l'étranger, et de la Saxe en particulier, pour les sulfures d'arsénic naturels ou artificiels (orpin et réalgar) dont nous importons 1.400 quintaux annuellement et qui servent en tannerie et en pyrotechnie.

Notre production en acide arsénieux est assez notable et nous sommes exportateurs d'acide arsénieux en quantités assez importantes (11.806 q. m. en 1913) dont 9.811 q. m. livrés en Grande-Bretagne et 1.216 q. m. aux États-Unis.

Nous avons déjà vu précédemment que pour la production de l'*antimoine* la France occupait une place prépondérante.

Les dérivés de l'antimoine trouvent quelques emplois en médecine et dans les arts tinctoriaux, notamment le tartre émétique préparé par dissolution de l'oxyde d'antimoine hydraté dans la crème de tartre. On a tenté de lui substituer, avec plus ou moins de succès, l'oxalate double d'antimoine et de potassium, puis des sels doubles de fluorure d'antimoine. Plus récemment, le lactate d'antimoine a acquis droit de cité dans les industries pour la fixation du tanin.

Le kermès d'antimoine et le soufre-doré d'antimoine sont des sulfures préparés par voie artificielle ; le premier sert en médecine, le deuxième pour l'industrie du caoutchouc. Une seule usine fabriquait ce produit dans le Nord ; à la suite de l'invasion la fabrication a été remontée à l'arrière du front.

Le vermillon ou cinabre d'antimoine est intéressant pour les papiers peints. Quant au blanc d'antimoine son prix élevé s'est opposé à son emploi industriel ; il ne peut en effet faire concurrence à la céruse, au blanc de zinc, au lithopone, au blanc fixe, etc.

Mentionnons, enfin, que le pentachlorure d'antimoine a trouvé quelques-emplois en synthèse organique comme agent chlorurant (dichlorbenzaldéhyde) et comme agent de condensation (flavan-thrène).

Notre situation particulière nous fait les fournisseurs des autres États en dérivés de l'antimoine ; nous exportons comme oxyde d'antimoine, y compris les sels d'antimoine, le kermès minéral, etc. 1.174 quintaux d'oxyde d'antimoine en Belgique, 3.852 quintaux en Allemagne, et 6.700 quintaux aux États-Unis, soit un total de 12.647 quintaux (en 1913) pour un million de francs.

L'industrie du *borax* et de *l'acide borique* est relativement importante et mérite une mention particulière. On sait que les fumeroles de Toscane ont beaucoup perdu de leur importance depuis la découverte des minerais de bore en Asie-Mineure et dans les Andes. Nous importons par conséquent, comme matières premières du borate de chaux (2.853 tonnes en 1913) et de la boronatro-calcite du Chili, du Pérou et de la Bolivie (15.030 tonnes en 1913). Décomposés par l'acide, ces minerais donnent de l'acide borique dont nous exportons des quantités importantes, soit près de 3.000 tonnes en 1913, dont 4.863 q. en Belgique, 10.364 q. en Grande-Bretagne, 1.275 q. m. en Allemagne.

Cet acide sert en verrerie, pour les émaux, dans l'industrie des colorants organiques, et comme antiseptique. Ce dernier emploi a sensiblement diminué ; il est juste d'ajouter que le procédé pour l'obtenir en paillettes par addition d'albumine n'était pas précisément indiqué pour améliorer ses qualités antiseptiques.

D'autre part, le traitement des minerais par le carbonate de soude, donne le borax dont nous exportons de notables quantités : plus de 5.000 tonnes en 1912 ; en 1913 nous en avons exporté 4.254 tonnes (pour 2 millions de francs) dont 1.500 tonnes aux Pays-Bas et 1.720 tonnes en Belgique.

On peut ajouter ici que la production européenne du borax s'élève à environ 50.000 tonnes et celles des États-Unis à 25.000 tonnes environ.

Enfin, le borax ou l'acide borique peuvent servir de point de départ pour la préparation du bore même, soit par voie électrochimique soit par le procédé alumino-thermique, qui donne aussi un borure d'aluminium. Le bore offre un certain intérêt aussi pour la préparation d'aciers très résistants.

Petits métaux et métaux rares. — L'industrie du *bismuth* ne peut être citée qu'incidemment parce qu'elle n'est plus exercée en France, les usines de Meymac ayant abandonné leur exploitation. Le bismuth consommé en France vient d'Angleterre, mais est originaire de Bolivie et d'Australie. La consommation française peut être estimée à 40 tonnes environ, dont 6 à 7 tonnes pour les alliages fusibles et le restant pour les composés de bismuth dont le sous-nitrate est le plus important (production 30 tonnes). Il sert en médecine, de même que le gallate de bismuth ou dermatol.

Le *cadmium* est un métal d'importance tout à fait secondaire. Son nitrate sert parfois en impression pour la production du sulfure de cadmium jaune qui a sur le jaune de chrome l'avantage de né pas noircir par les émanations sulfhydriques.

Peut-être n'est-il pas sans intérêt de noter que le cadmium se trouve toujours dans la poudre de zinc employée en quantités considérables dans les industries organiques. Il paraîtrait que les usines allemandes en séparent le cadmium après emploi.

Le *mercure* n'est pas produit en France ; il est, en totalité, importé de l'étranger, soit normalement environ 200 tonnes annuellement. La production mondiale oscillait entre 3.000 et 4.000 tonnes ; le plus gros producteur, avant la guerre, était l'Espagne avec 1.000 tonnes environ. La production américaine, qui atteignait également ce chiffre de 1901 à 1905, était tombée à 500 tonnes environ en 1914, mais elle s'est fortement relevée par suite de la guerre, à 700 tonnes en 1915 et à 1.000 tonnes en 1916. Pour les mêmes raisons notre consommation s'est fortement accrue au point d'atteindre 568 tonnes en 1916. Les composés mercuriques servent surtout en médecine sous forme de calomel et de sublimé corrosif, de cyanure, d'iodure, d'oxyde, etc., puis pour le secrétage des peaux, pour les amalgames, dans la miroiterie, etc.

Le mercure sert aussi à la préparation du cinabre artificiel employé en peinture et dans l'industrie de l'impression sur tissus. Il a cependant été remplacé en grande partie par des laques de couleurs azoïques, d'une solidité moindre, mais d'un prix de revient très inférieur. Son emploi principal actuel est la préparation du fulminate.

La production de l'*argent* métallique, en France, est forcément limitée ; elle se fait soit par traitement des schlammes d'électrolyse soit par la désargentation du plomb d'œuvre produit en France ou importé de l'étranger.

La production d'argent en France s'est élevée à 53 tonnes en 1908 sur une production mondiale de 6.603 tonnes ; elle est tombée à 47 tonnes en 1911 et s'est relevée à 63,7 tonnes en 1912, représentant une valeur de près de 6 millions de francs.

L'argent sert surtout à la préparation de l'azotate d'argent (production environ 25 tonnes) par dissolution du métal dans l'acide nitrique étendu. Ce sel sert en médecine et surtout en photographie pour la préparation des plaques et papiers sensibilisés.

La France comptait, avant la guerre, quatre usines aurifères en activité : La Lucette, la Bellière (Maine-et-Loire), le Châtelet (Creuse) et Langeac au sud de Brioude qui produisaient de 225 à 250 kilogs *d'or* par mois, soit 2.949 kilos, en 1912, d'une valeur de 9 millions environ. Il faut y ajouter notre production coloniale, qui, pour la même année, a été de 3.873 kilos d'or pour la Guyane, 2.120 kilos pour Madagascar et 85 kilos pour l'Indo-Chine, soit au total 6.000 kilos environ pour une valeur de 18 millions de francs.

A signaler parmi les composés d'or employés dans les arts, le chloraurate de sodium (chlorure double d'or et de sodium) utilisé en photographie, et la pourpre de Cassius qui sert pour colorer les verres en rouge rubis.

Quoique la place de Paris soit importante pour le marché du *platine*, ce métal vient en totalité de l'étranger et en particulier de Russie. La production mondiale s'est élevée à 8.103 kilos en 1914, mais s'est abaissée à 4.475 kilos en 1915. Les événements qui se passent en Russie vont encore rendre l'approvisionnement en platine plus difficile que par le passé (1).

(1) La production de l'Oural diminue d'une manière constante depuis quelques années. Cette production était encore de 366 pouds en 1903. En 1906, elle était

Le platine a une grosse importance pour l'industrie chimique où il sert de substance de contact dans la fabrication de l'acide sulfurique fumant, pour l'oxydation de l'ammoniaque en acide nitrique. Si on a pu, dans certains cas, le remplacer par d'autres substances catalytiques (oxyde de fer, etc.), il n'en est pas moins indispensable. On ne peut donc que regretter l'usage qui en est fait en joaillerie et qui a amené une hausse de prix tout à fait regrettable. Les chimistes se sont donc vus dans l'obligation de le remplacer par des substituants : la platinite pour les lampes à incandescence, le palan pour les creusets, etc.

Signalons encore l'emploi du chloroplatinite de potassium en photographie et du platinocyanure de baryum pour la radioscopie.

Enfin, parmi les petits métaux on peut mentionner le *tungstène*, le *molybdène*, le *tantale*, le *titane*, le *vanadium* qui ont déjà été signalés précédemment comme intéressants pour les industries métallurgique et électrique.

Le chlorure de titane est un réducteur qui peut, dans certains cas, remplacer le sel d'étain et que l'on pourrait sans doute obtenir comme sous-produit du traitement des bauxites par le procédé alcalin (procédé Bayer).

Nos mines d'Indo-Chine ont produit, en 1914, 310 tonnes de minerais d'étain et de tungstène et nos usines métropolitaines fournissent de l'acide tungstique et des tungstates, l'acide molybdique, l'acide vanadique, la zircone qui sont utilisés dans la fabrication

tombée à 352 pouds et à 312 pouds en 1909. En 1910 elle remonte à 334 et, en 1911, à 342 pouds pour retomber en 1912. Depuis elle a encore baissé : à 298 pouds en 1914 et 205 pouds en 1915. Jamais le prix du platine n'a été aussi élevé (7 900 francs le kilo en novembre 1915 et 15.000 francs en janvier 1917).

L'entreprise la plus importante est la Compagnie industrielle du Platine dont le siège est à Paris. Cette société possède 44 placers. D'autres entreprises importantes sont celles du comte Schuwalof, celle des usines Demidoff et celle de la Société anonyme Nikolo Pawdinsk.

Comme sous-produit du platine on recueille de l'osmium-iridium La production russe de ce dernier métal précieux diminue d'année en année. Alors qu'elle était encore d'environ 4 1/2 kilos par an pour les années 1902 à 1904, celle de 1907 ne fut plus que de 2,15 kilos; en 1911 elle est tombée à 140 grammes. En dehors de la Russie, ce métal précieux se trouve également en Tasmanie.

des filaments de lampes électriques à incandescence. Certains de ces oxydes sont parfois aussi additionnés, en faible proportion, au verre de quartz (siloxyde p. ex.)

Il faut, enfin, signaler l'industrie *du radium*, dont la production est fort limitée par suite de la rareté de cet élément et pour laquelle nous dépendons des minerais venant de l'étranger.

Parmi les gaz rares de l'atmosphère, des eaux thermales et des gisements de pétrole, l'*hélium* offre de l'intérêt pour l'aéronautique. Quoique étant deux fois plus lourd que l'hydrogène, il a, sur ce gaz, l'avantage d'être ininflammable. Aux Etats-Unis on le prépare déjà, malgré son prix élevé, par les procédés de liquéfaction Linde, Claude ou Norton.

ANNEXES AU CHAPITRE XVII

Production et consommation de brome et d'iode (1913)

Pays	Brome		Iode	
	Production	Consommation	Production	Consommation
	(En kilogrammes)			
Etats-Unis	435.000	»	»	230.000
Allemagne	900.000	600.000	»	270.000
Angleterre	20.000	»	125.000	»
France	6.000	120.000	60.000	80.000
Mondiale	1.600.000		700.000	

Production des métaux rares (1913)
(En kilogrammes)

Métaux	France	Etats-Unis	Mondiale
Argent.......	63.736	2.253.355	4.995.469
Or...........	2.949	132.866	684.347
Platine......	—	360	8.804

XVIII

L'INDUSTRIE DES OXYDANTS ET DES RÉDUCTEURS (1)

L'oxydant disponible en quantités illimitées et à un prix relativement modique est l'*oxygène* dont la préparation, par liquéfaction, en partant de l'air, est devenue tout à fait industrielle. On peut estimer sa production annuelle à environ 8 millions de mètres cubes ou 12.000 tonnes, dont 4/5 produits par le procédé de Claude et 1/5 (1 1/2 million de mètres cubes) par le procédé de Linde, alors que cette fabrication ne s'élevait qu'à 18.000 mètres cubes en 1900. Avec une dépense moyenne de 0,66 cheval-heure par mètre cube d'oxygène, il peut être mis à la portée des industries chimiques où jusqu'à présent on utilisait l'air, tel que dans la fabrication des peroxydes, des chromates, dans les industries métallurgiques, etc. A côté de l'oxygène on obtient, par fractionnement de l'air liquide, 4 fois plus d'azote dont l'emploi est tout indiqué dans la fabrication de la cyanamide, de l'ammoniaque synthétique et dans les autres modes de fixation de l'azote.

Les *chromates* et les *bichromates* sont des oxydants fort importants que l'on ne produisait pas en France avant la guerre. On en importait plus de 3.000 tonnes annuellement (3.245 tonnes en 1913

(1) Bibliographie à consulter : *Air liquide, oxygène, azote*, par G. CLAUDE (1909). — *L'industrie des composés peroxygénés : peroxydes et persels*. Eug. GRANDMOUGIN, *Tech. Mod*., 1913, 19. — *L'industrie des hydrosulfites*, Eug. GRANDMOUGIN, *Rev. Prod. Chim*., 1917, 85.

pour environ 2 1/2 millions de francs); pourtant si cette fabrication
vient d'être montée en France, elle ne fonctionne cependant que
d'une façon fort réduite. On donne en général la préférence au
bichromate de soude plus soluble que le sel de potasse ; les
Allemands fabriquaient le premier sur une grande échelle. Le procédé employé consiste à traiter la chromite, à l'état finement divisé, par l'alcali caustique, à 500/600° C. dans un courant d'air
qui oxyde presque quantitativement l'oxyde de chrome en acide
chromique. La séparation ultérieure du bichromate de soude, très
soluble, de l'alcali employé en excès, ne peut s'effectuer que dans
des conditions bien déterminées ; il faut aussi noter les inconvénients de cette fabrication pour la santé des ouvriers (nécrose des
cartilages).

Les chromates et bichromates servent à la préparation de certaines couleurs : jaunes et orangés de plomb, de zinc, de baryum
utilisés dans les arts, ensuite. et surtout, comme oxydant en milieu
acide ; ils sont alors réduits en sels de sesquioxydes (1). Dans certains cas les sels ainsi obtenus servent en tannerie et en teinture
pour la préparation de différents mordants : alun de chrome, sulfate et chlorure de chrome, acétate de chrome, etc. Dans d'autres
cas, il y a lieu de régénérer l'acide chromique. Ce procédé est
appliqué lors de la fabrication de l'anthraquinone par oxydation de
l'anthracène ; la réoxydation se fait assez généralement par l'électrolyse, mais on peut aussi procéder par voie ignée.

Le *permanganate de potassium* est un produit qui est aussi importé en totalité (230 tonnes en 1913) et dont la fabrication avait
été abandonnée chez nous. On le prépare par action de la potasse
caustique sur le bioxyde de manganèse finement pulvérisé au
rouge sombre, puis l'on transforme le manganate obtenu en permanganate par un acide faible ou par l'électrolyse. Le permanganate de chaux est plus soluble que le sel de potassium ; il
pourrait offrir de l'intérêt pour certaines oxydations en synthèse
organique.

Nous avons déjà parlé de l'action oxydante du chlore et des hypochlorites, ce qui nous dispense de revenir ici sur cette question.

(1) *Mordants de chrome*, Eug. GRANDMOUGIN. *Rev. Gén. Mat. Col.* 1903, 3.

Dans l'ancien procédé de préparation des *chlorates*, chlorates de soude et de potasse en particulier, on utilisait l'action oxydante du chlore sur une lessive alcaline, à chaud. Ce procédé a été remplacé presque complètement par le procédé électrolytique qui, par électrolyse des chlorures alcalins dans des conditions déterminées, fournit ces sels dans d'excellentes conditions. Malgré une consommation intérieure d'environ 3.500 tonnes, nous en exportions, en temps normal, près d'un millier de tonnes (945 tonnes en 1913) ; mais le chiffre des exportations de 1915 (9.447 tonnes) montre jusqu'à quel point cette fabrication peut être développée quand les besoins s'en font sentir.

Pour certaines industries on préfère au sel de potassium le *chlorate de soude*, plus soluble ; le *chlorate de baryum* sert en impression pour préparer, par double décomposition, divers chlorates métalliques. Le chlorate de calcium ne semble pas pouvoir le remplacer pour cet usage.

A signaler aussi la fabrication du *perchlorate de potassium* qui tend à remplacer le chlorate de soude dans certains de ses emplois.

Les *peroxydes et persels* offrent un intérêt particulier pour les industries du blanchiment et pour la thérapeutique. L'eau oxygénée, en première ligne, est un oxydant idéal puisqu'elle ne laisse que de l'eau comme résidu. On peut fixer l'oxygène sur les éléments de l'eau en présence d'effluves ; toutefois ce procédé ne donne pas, jusqu'à présent, des rendements industriels. Il faut donc procéder pour sa préparation par voie indirecte. On fixe de l'oxygène sur de l'oxyde de baryum ce qui donne du *peroxyde de baryum*, puis on décompose celui-ci à froid, par un acide : acides sulfurique, phosphorique, fluorhydrique, etc., qui précipite en même temps la baryte.

Il est intéressant de noter que cette industrie est bien représentée chez nous puisque nous exportons du bioxyde de baryum excédent (460 tonnes environ), tandis qu'en 1900 nous en importions encore à peu près la même quantité. Quant à l'eau oxygénée, sa production dépasse certainement 6.000 tonnes (à 10/12 volumes) ; on obtient comme sous-produit du sulfate de baryte qui, comme blanc fixe, peut servir de couleur minérale (environ 1.200 tonnes).

Pour certains emplois, où la présence de sels solubles n'est pas nuisible, par exemple pour le blanchissage de la laine, on peut aussi préparer l'eau oxygénée par décomposition du *peroxyde de sodium* par un acide. Le peroxyde de sodium s'obtient lui-même, d'après le procédé Castner, en faisant agir de l'air, vers 400° C. sur du sodium contenu dans des récipients en aluminium. Le peroxyde ainsi obtenu titre environ 95 0/0 et contient 20 0/0 d'oxygène disponible, tandis que le peroxyde de baryum n'en contient guère plus de 9,5 0/0.

Pour les usages médicinaux, il faut de l'eau oxygénée absolument pure et exempte de sels minéraux ; elle peut se faire par distillation dans le vide, par congélation ou par d'autres procédés appropriés.

On peut, enfin, préparer l'eau oxygénée par voie électrolytique et il semble que certains produits concentrés (20/30 0/0, 70 volumes) sont obtenus par ce procédé qui mérite de retenir l'attention de nos industriels (voir par exemple les brevets français 358.806, 371.043).

Les *persulfates*, *percarbonates* et *perborates* peuvent être considérés comme de l'eau oxygénée sous une forme solide ; ils peuvent la remplacer dans certains emplois. Les persulfates et percarbonates se préparent généralement par électrolyse ; leur usage est peu considérable jusqu'à présent. Les perborates s'obtiennent en partant du borax par l'action du peroxyde de sodium ou de l'eau oxygénée ; ils seraient des oxydants fort intéressants si leur prix de revient n'était pas aussi élevé. Le borax ne sert en somme que de support pour l'eau oxygénée ; il est à remarquer que le borax, qui est un produit d'un prix relativement élevé, est perdu. On voit donc qu'il est assez difficile d'obtenir une solution satisfaisante dans cet ordre d'idées.

Le *ferricyanure de potassium* ne trouve qu'un emploi limité comme oxydant par suite de son prix fort élevé. Il sert en impression, pour la préparation de certains bleus minéraux et des papiers pour dessins industriels. On l'obtient par oxydation du ferrocyanure par le chlore ou par l'électrolyse. Notons ici que nous exportons environ 1/3 de notre production en *ferrocyanures* qui se préparent avec les résidus d'épuration du gaz d'éclairage (583 tonnes en 1913).

L'acide nitrique est aussi un oxydant souvent employé ; son prix élevé nous oblige à récupérer les vapeurs nitreuses qui se forment et à les retransformer en acide nitrique (rouille, mordants d'étain, etc.). Certains nitrates se font par conversion avec des nitrates de soude : tels que le salpêtre de potasse (production 6.000 tonnes) et le nitrate de baryum, nécessaire à la fabrication du peroxyde. Notons encore ici la production d'environ 30 tonnes de sous-nitrate de bismuth, 25 tonnes de nitrate d'argent et 10 tonnes de nitrate de strontium.

L'industrie du *nitrite de soude* peut être rattachée ici : on obtient ce produit par l'action du plomb sur le nitrate de soude fondu. C'est aussi un sous-produit de la fabrication du nitrate de Norvège.

Nous avons déjà signalé le développement que cette industrie pourrait prendre dans le cas d'une industrie florissante des matières colorantes. La production actuelle est d'environ 1.000 tonnes dont 600 tonnes sont consommées en France.

* *

Parmi les réducteurs, il y a surtout les dérivés du soufre : acide sulfureux, sulfites, bisulfites, hyposulfites et hydrosulfites qui méritent une mention spéciale. Pour préparer l'acide sulfureux, nécessaire à la préparation de ces composés, on utilise très souvent comme point de départ le soufre même, qui, par combustion, donne de l'acide sulfureux très pur. Pour opérer cette combustion, il faut disposer d'un four à soufre approprié dont il existe différents modèles pratiques. Nous avons déjà signalé autrefois que nous sommes importateurs de soufre (112.897 t. en 1913), qui nous vient de Sicile et des Etats-Unis (30.000 tonnes environ). Ces deux pays sont les deux plus gros producteurs (la production mondiale de soufre a été, en 1914, de 862.996 tonnes ; l'Italie y figure pour 381.978 tonnes et l'Amérique pour 318.018 t.).

L'acide sulfureux liquide est une fabrication peu importante chez nous, quoique relativement facile ; environ 2.000 tonnes étaient importées d'Allemagne, c'est-à-dire plus des deux tiers des quantités consommées en France et en Algérie. En Allemagne, on l'obtient comme sous-produit du traitement des minerais de zinc. Les gaz sulfureux provenant du grillage des blendes, et ne contenant que de 3 à 6 0/0 SO^2, sont absorbés par de l'eau dans des tours à coke. La solution d'acide sulfureux obtenue est chauffée pour en expulser le gaz dissous, puis on le liquéfie, après dessication, par compression (point d'ébullition, — 10° C.). Vu son bas prix (environ 10 francs les 100 kilos) il peut trouver de nombreux emplois : dans l'industrie frigorifique, pour le blanchiment des laines et des soies, dans l'industrie de la gélatine et de la colle, pour la préparation des hydrosulfites, etc. En tous les cas, on devrait préférer l'acide liquéfié à la solution aqueuse qui se prépare également, mais est peu avantageuse vu sa grande dilution.

L'acide sulfureux sert à la préparation du *sulfite*, et du *bisulfite de soude* en le faisant agir sur du sel de soude. Le bisulfite de soude est généralement livré sous forme de solution concentrée (à 30° et à 40° Bé) ; les usines allemandes le préparent aussi à l'état cristallisé (à 62,5 0/0 SO^2). Il sert surtout pour le blanchiment, dans l'industrie des matières colorantes et des extraits tanniques, pour la préparation des hydrosulfites, etc. On obtient avec une solution de carbonate de potasse, le *sulfite de potasse* (en solution à 40° Bé) et le *métabisulfite de potasse* utilisé en vinerie. Il ne semble pas qu'on ait réussi à préparer jusqu'à présent ce produit sous la forme particulière demandée par les consommateurs.

Le *bisulfite de chaux* est employé pour la préparation des pâtes à papier et en brasserie.

L'*hyposulfite de soude*, enfin, est un sous-produit de l'industrie de la soude d'après le procédé Leblanc ; il sert en photographie et principalement comme antichlore dans l'industrie du blanchiment des pâtes à papier. C'est aussi à cet emploi, comme antidote du chlore, qu'il faut attribuer son importation croissante de 1913 à 1915 (107 tonnes en 1913 ; 807 tonnes en 1915).

Nous né possédons pas de données récentes sur la production de ces divers produits.

En 1900, la production des bisulfites était évaluée à 2.600 tonnes environ, dont 1.400 tonnes pour le bisulfite de chaux, 800 tonnes pour le bisulfite de soude et 400 tonnes pour le sulfite de soude. On importe, d'autre part, des quantités assez importantes de bisulfite de soude (585 tonnes en 1913) ainsi que de sulfite et métasulfite de potassium (163 tonnes en 1913).

. .

Un produit particulièrement intéressant est *l'hydrosulfite de sodium*. On l'obtient en solution par action de la poudre de zinc sur du bisulfite de soude, à froid, et l'on précipite ensuite le zinc par addition d'un lait de chaux. Il est préférable toutefois de le préparer, si l'on dispose d'acide sulfureux liquide, par action de cet acide sur de la poudre de zinc en suspension aqueuse. La détente du gaz sert au refroidissement et l'on obtient ainsi une solution d'hydrosulfite de zinc. Ce produit est décomposé par la quantité nécessaire de soude caustique (ou de carbonate de soude) ; il se forme de l'hydrosulfite de soude et de l'oxyde de zinc hydraté qui est séparé par filtration (brevet français 459144). Les solutions obtenues d'après l'un ou l'autre procédé peuvent servir directement pour la teinture de l'indigo et des couleurs à cuve.

Des solutions d'hydrosulfite de soude suffisamment concentrées (10 0/0 au moins) on peut séparer l'hydrosulfite cristallisé par le sel marin ou la soude caustique. Le produit hydraté ainsi obtenu est excessivement oxydable ; on peut le rendre stable en le déshydratant par un traitement à l'alcool ou mieux encore, en le chauffant, en milieux aqueux, de 50 à 60° C.

L'hydrosulfite de soude sec et stable (titrant environ 80 0/0) est un produit des plus intéressants pour les industries tinctoriales et dont il serait, croyons-nous, indiqué d'installer la fabrication chez nous.

On peut estimer que la quantité d'indigo teint en France exigerait pour sa réduction environ 300 tonnes de cet hydrosulfite solide sans compter les quantités nécessaires à la réduction des couleur à cuve (indanthrène, algol, hélindone, ciba, etc.). Il est juste d'ajouter que pour la teinture des filés, on donnera sans doute toujours la préférence à la cuve à la couperose (sulfate de fer).

Cette quantité représenterait près d'un million de francs. On nous objectera, il est vrai, que ce produit est breveté par une maison allemande ; mais on peut se demander si, dans le pays où le brevet de corps est établi, un sel décrit par un chimiste français (Schutzenberger) était encore susceptible d'être protégé. Pour une fois que le brevet de corps constituerait un avantage pour nous, pourquoi ne pas nous en prévaloir ?

On a aussi préparé des hydrosulfites de zinc et de chaux (blankite, rédos) qui servent en sucrerie à la décoloration des jus.

Un autre emploi des hydrosulfites fort important est celui de la préparation de l'hydrosulfite stable, composé double avec la formaldéhyde : $Na^2S^2O4 + 2COH^2 + 2aq$ (brevet français 337.530). On sait qu'il peut être dédoublé en bisulfite-formaldéhyde et en *sulfoxylate-formaldéhyde* : $NaHSO^2 + COH^2 + 2aq$. qui possède le pouvoir réducteur double du produit primitif. On peut du reste le préparer plus simplement en réduisant directement, dans des conditions déterminées, le composé bisulfite-formaldéhyde par la poudre de zinc, à chaud.

Ce sulfoxylate a trouvé des emplois considérables en impression : nous estimons que les indienneries françaises peuvent en consommer près de 250 tonnes et ce chiffre serait doublé avec la part des usines d'impression d'Alsace.

Malheureusement, ces produits constituent encore un monopole allemand qu'il est difficile de rompre. Cela est d'autant plus regrettable, que l'invention des hydrosulfites est française (Schutzenberger) et que la préparation des composés avec la formaldéhyde : hydrosulfite-formaldéhyde et sulfoxylate-formaldéhyde revient à des chimistes français et alsaciens. Nous ne pouvons rouvrir ici un débat irritant au sujet d'une question de priorité fort controversée. Qu'il nous soit cependant permis d'insister auprès des chimistes-coloristes pour qu'ils adoptent, à l'avenir, une politique industrielle plus positive et plus conforme aux réalités industrielles que par le passé.

Par suite de la prédominance des hydrosulfites, l'emploi du *sel d'étain*, qui est également un réducteur, a sensiblement baissé. Sa production peu importante, ne dépasse probablement pas 125 tonnes. Il sert aussi pour préparer certains mordants usités en teinture, pour des laques de colorants naturels (graines, cochenille, etc.). Ces emplois diminuent de plus en plus.

On a proposé de remplacer le sel d'étain par le *chlorure de ti-*
tane, qui est fabriqué en Angleterre ; mais il ne semble pas qu'il y
ait là un emploi bien important. On peut cependant se demander
s'il n'y aurait pas moyen d'utiliser les résidus de bauxite, lors du
traitement alcalin, et qui contiennent du titane à côté d'oxyde de
fer, pour en préparer des composés de titane.

Un composé qui a acquis une assez grande importance est le
sulfure de sodium qui peut servir d'une part comme réducteur et qui
d'autre part est l'analogue de la soude caustique. On le prépare
par réduction du sulfate de soude par le charbon en présence de
sulfate de baryte ou bien on l'obtient comme un sous-produit des
charrées de soude à côté de l'hyposulfite de soude. Sa production
et sa consommation ont sensiblement augmenté, aussi bien pour le
traitement des peaux que pour la teinture et la préparation des
couleurs au soufre. Rien que pour ce dernier emploi, on peut estimer sa consommation à 2.500 tonnes de sulfure fondu ou
5.000 tonnes de produit cristallisé ($Na^2S + 9aq$). C'est dire l'augmentation de sa production qui, vers 1900, avant l'invention des
couleurs au soufre, était d'environ 1.500 tonnes annuellement.

Le sulfure de sodium ou le polysulfure est devenu également un
réducteur important dans l'industrie organique où il permet, dans
certains cas, une réduction sélective (dinitrobenzol en m-nitraniline
par exemple).

L'importance de *l'hydrazine* et de *l'hydroxylamine* est trop
peu conséquente pour nous y arrêter. On obtient l'hydrazine par
action des hypochlorites sur l'ammoniaque aqueuse (avec forma-
mation intermédiaire de chloramine) et on l'isole, sous forme de
son sulfate peu soluble. L'hydroxylamine résulte de l'action du nitrite de soude sur le sulfite de soude et hydrolyse du produit d'in-
teraction. Sa forme habituelle est le chlorhydrate.

Ces deux produits trouvent un emploi limité en photographie et
en synthèse organique.

XIX

LA GRANDE INDUSTRIE DU GOUDRON
DE HOUILLE (1)

Dans un chapitre précédent, nous avons déjà étudié la carbonisation de la houille et, sommairement, les produits qui en résultent : coke, gaz d'éclairage ainsi que les sous-produits : eaux
ammoniacales et goudron de houille. Nous rappellerons qu'une
tonne de houille carbonisée dans les cornues à gaz fournit, en
moyenne, 300 mètres cubes de gaz (= 150 kilos), 700 kilos de
coke, 50 kilos de goudron et 12 kilos de sulfate d'ammoniaque.

La proportion de goudron, condensé lors de la carbonisation
dans les fours à coke, est sensiblement moindre : en 1913, on a
obtenu pour 3.250.000 tonnes de houille carbonisée : 2.500.000 t.
de coke, 65.000 tonnes de goudron et 29.000 tonnes de sulfate
d'ammoniaque.

La production du goudron de houille atteignait, avant la guerre,

(1) Bibliographie à consulter : *Les produits industriels des goudrons de houilles
et leurs applications*, par V. DE VULITCH (1907).

L'industrie du goudron de houille, par G.-F. JAUBERT.

La fabrication du coke et les sous-produits de la distillation de la houille,
par A. SAY (1912).

La fabrication du benzol en Allemagne, Eug. GRANDMOUGIN, *Techn. Mod.*, 1912,
241, 295.

*Les progrès successifs dans la carbonisation de la houille au point de vue de
la récolte des sous-produits*, par Paul MALLET (1916).

Le goudron et ses dérivés, par G. MALATESTA (1918).

280.000 tonnes environ, dont 200.000 tonnes produites par les usines à gaz et 80.000 tonnes comme sous-produit des cokeries ; nous avons déjà vu qu'avec une récupération complète, elle pourrait s'élever à 400.000 tonnes environ. Dans ce chiffre ne sont pas comprises les acquisitions futures de bassins houillers et des fours à coke qui en dépendent.

Le goudron de houille est la matière première pour l'industrie des colorants artificiels, de certains produits pharmaceutiques et parfums synthétiques. C'est un mélange fort complexe d'au moins une centaine de substances diverses : carbures, phénols, amines, etc., que l'on peut séparer par des distillations fractionnées et des méthodes chimiques appropriées.

Industriellement, la distillation se fait soit par des procédés discontinus dans des chaudières en fer (contenant de 15 à 25 tonnes), à feu nu, comme dans l'appareil Lencauchez, ou sans feu en utilisant la distillation pyrogénée comme dans le système Hennebutte. Il existe aussi des procédés de distillation continus, tels que le système Lenhard, appliqué par la South Metropolitan Gas C°, et le système Ray, qui est indiqué pour des usines moyennes.

Quel que soit le système de distillation adopté, on sépare, d'une façon assez grossière, les huiles qui distillent en 4 ou 5 fractions principales, d'après les températures de distillation et la densité des produits, condensés par des réfrigérants appropriés. On obtient ainsi : les huiles légères qui passent jusqu'à 150° C (densité < 1), les huiles moyennes qui distillent de 150-210° C (densité > 1), les huiles lourdes passant de 210-280° C et les huiles anthracéniques ou huiles vertes qui sont recueillies au-dessus de 300° C. Dans les cornues, il reste un résidu, le brai, qui trouve divers emplois, notamment pour le briquettage des houilles menues et des poussiers, etc.

On compte, en général, que 100 p. de goudron donnent de 20-40 p. d'huiles de houille, de 50 à 70 p. de brai et de 2·7 p. de pertes et eaux ammoniacales.

La distillation pyrogénée augmente la proportion du brai au détriment des huiles.

Des diverses fractions ainsi obtenues, on retire, par des procédés chimiques et physiques appropriés, les produits intéressants pour

les industries organiques: benzols, phénols, naphtaline, anthracène, etc.

Les huiles légères sont, après une nouvelle rectification, traitées
avec 3 0/0 d'acide sulfurique à 66° Bé, puis à la soude caustique et
lavées ; on obtient ainsi les benzols qui, d'après leur façon de dis-
tiller, sont classés en benzols à 90 0/0, 50 0/0, 30 0/0. Les benzols
sont des mélanges de benzène, toluène, xylènes et des homologues supérieurs que l'on peut séparer par un fractionnement
dans un appareil à colonne. On peut obtenir ainsi du benzène pur,
bouillant à 80° C., du toluène, point d'ébullition 110° C. et le mélange des xylènes, etc. Le mélange des carbures supérieurs forme
le solvent-naphta ou benzine lourde qui trouve des emplois variés
surtout dans les usines de dégraissage, comme dissolvant, etc. Il
est à remarquer que l'industrie des matières colorantes exige des
produits très purs; quand il s'agit d'employer les benzols pour les
moteurs à explosion, on peut par contre parfaitement se servir du
benzol à 90 0/0 qui constitue un mélange (env. 84 0/0 benzène,
13 0/0 toluène, 3 0/0 xylènes.)

Nous avons déjà vu, autrefois, qu'en débenzolant le gaz d'éclairage et notamment les gaz des fours à coke, on obtenait des
quantités de benzols beaucoup plus considérables que par la distillation du goudron. Cette opération se fait en lavant ces gaz dans
des appareils appropriés (scrubbers, tours, etc.), avec des huiles
lourdes, puis en les distillant quand elles sont saturées de benzols.
Les huiles désessenciées retournent à l'extraction ; les benzols
obtenus sont raffinés par des traitement chimiques, puis rectifiés
comme décrit précédemment.

La production française de benzols ne dépassait guère
12.000 tonnes avant la guerre ; nous avons déjà établi autrefois
qu'elle pourrait s'élever à près de 35.000 tonnes en traitant la totalité des gaz obtenus lors de la carbonisation de la houille. Il est
bon d'ajouter que notre consommation dépasse 80.000 tonnes ;
mais dans cette quantité 5.000 tonnes à peine étaient utilisées
dans les industries chimiques et 75.000 tonnes au moins pour les
moteurs à explosion. Comme pour l'essence de pétrole, nous restons,
pour notre approvisionnement en benzols, tributaires de l'étranger.

Des huiles moyennes, obtenues lors de la distillation du goudron, on tire la naphtaline, l'acide phénique et les crésols. Après une nouvelle distillation fractionnée de ces huiles on les abandonne dans des bacs à cristalliser où la naphtaline se sépare. Après égouttage, la naphtaline est essorée ou mieux encore exprimée sous forte pression à la presse hydraulique, puis on la traite à l'acide sulfurique et à la soude et on la redistille à nouveau. La naphtaline est le produit contenu le plus abondamment dans le goudron et dont le prix de revient est par conséquent excessivement bas.

Les huiles phénoliques débarrassées de la naphtaline, sont traitées par une lessive de soude (densité 1,11) qui dissout les phénols. On sépare la solution alcaline aqueuse contenant les phénols et on la sature par l'acide carbonique ; des phénols ainsi obtenus on sépare l'acide phénique par cristallisation et on le purifie par distillation. On peut utiliser pour la carbonatation l'acide carbonique qui s'échappe des appareils à sulfate d'ammoniaque, après l'avoir débarrassé dans des épurateurs de l'acide sulfhydrique qu'il contient. La lessive de carbonate peut servir à nouveau après avoir été caustifiée par la chaux. On peut, évidemment, aussi décomposer les phénates par l'acide sulfurique. On obtient en fin de compte, d'une part, du phénol, d'autre part le mélange des trois crésols qui peuvent être séparés par des procédés appropriés.

Les huiles lourdes créosotées ne nous intéressent pas particulièrement; elles servent pour l'imprégnation des bois, pour les moteurs à explosion, pour l'extraction du benzol dans les gaz, la fabrication des noirs de fumée, etc.

Les huiles anthracéniques sont abandonnées à cristallisation ; il se sépare de l'anthracène brut qui est purifié par dissolution dans le solvent-naphta, ce qui l'amène à 40 0/0 environ. C'est sous cette forme qu'il est livré aux usines de matières colorantes qui le concentrent à 90 0/0 par deux traitements à la pyridine ou à l'acétone.

On peut encore isoler du goudron une série d'autres produits que ceux que nous venons d'énumérer, tels que le cyclopentadiène, le carbazol, l'acénaphtène, le phénanthrène, etc.; qui font l'objet d'une fabrication limitée.

Quant aux quantités des divers produits qu'on peut isoler à l'aide des opérations décrites, elles varient surtout avec la nature du goudron, selon qu'il a été obtenu comme sous-produit du gaz de houille ou comme produit accessoire de la carbonisation de la houille dans les fours à coke.

On peut toutefois admettre les rendements suivants comme représentant des moyennes :

Produits isolés	%
Benzol.	1,5
Toluol.	0,15
Acide phénique.	0,6
Naphtaline.	4,5
Anthracène.	0,33

Avec ces données, on peut donc calculer que, si l'on distillait la totalité du goudron produit en France et en récupérant le benzol contenu dans les gaz, on arriverait à produire : 35.000 tonnes de benzols, 20.000 tonnes de naphtaline, 2.000 tonnes d'anthracène, (correspondant à 1.100 tonnes de produit pur) 2.000 tonnes de phénol, sans compter 80.000 tonnes d'huiles de créosote et 200.000 tonnes de brai.

Il est vrai que le goudron ne sera jamais distillé en totalité, car il trouve encore d'autres emplois : pour le chauffage des cornues dans les usines à gaz, pour les cartons bituminés, dans la fabrication des briquettes, la fabrication du noir de fumée, le goudronnage des routes, etc.

La quantité des benzols ainsi produite, nous l'avons déjà signalé, est insuffisante pour tous nos besoins industriels, car en dehors de l'emploi pour les moteurs, ces produits servent pour le dégraissage, pour les vernis et siccatifs, pour la dissolution des résines, graisses et caoutchouc, pour la carburation, etc.

On peut toutefois admettre qu'avec 5.000 tonnes de benzène, 3.500 tonnes de naphtaline et 1.000 tonnes d'anthracène on arriverait à couvrir les besoins de l'industrie des matières colorantes pour la France.

La plupart des usines de distillation françaises ne séparent le goudron qu'en huiles et brai, d'autres poussent jusqu'aux produits concrets. Pendant la guerre on a monté quelques fabrications intéressantes : séparation des crésols etc. La séparation des xylènes est pratiquée à Mulhouse par la F. P. C.

On voit donc que l'industrie des matières colorantes disposerait des quantités de matières premières indispensables. Il se peut que le toluène ou d'autres produits moins importants ne suffisent pas, surtout si l'on envisage des applications particulières, mais nous l'avons déjà dit, et on ne peut que le répéter : il sera facile de se procurer ces matières premières en quantités suffisantes, soit en Angleterre, soit aux États-Unis qui sont les plus grands producteurs de coke (40 millions de tonnes annuellement). Avec une récupération complète des sous-produits, ce dernier pays pourrait produire environ : 2 1/2 millions de tonnes de goudron, 350.000 tonnes de benzols, 75.000 tonnes de naphtaline, 15.000 tonnes d'anthracène brut et 15.000 tonnes d'acide phénique.

D'après le relevé des douanes, les importations françaises en produits de la distillation du goudron s'élevaient à plus de 100.000 tonnes (107.784 tonnes en 1913), dont la plus grosse part est représentée par les benzols. Il faut y ajouter environ 300.000 t. de goudron et de brai d'une valeur d'environ 14.600.000 francs. Pour fixer les idées au sujet du prix de ces matières premières, on peut compter le benzol à 25 francs, le benzène pur à 30 francs, la naphtaline à 10 francs et l'anthracène brut à 20 francs les 100 kilos. La production maxima française, calculée plus haut, représenterait pour ces trois produits environ douze millions de francs et la totalité des produits dérivés du goudron environ 20 à 25 millions de francs.

ANNEXE AU CHAPITRE XIX

Production théorique des grands pays industriels en dérivés du goudron

Pays	Goudrons	Benzols	Phénol	Naphtaline	Anthra-cène
		(En tonnes)			
Etats-Unis.....	2.200.000	310.000	11.000	110.000	6.600
Allemagne.....	1.850.000	210.000	9.250	92.500	5.500(1)
Angleterre.....	2.000.000	172.500	10.000	100.000	6.000
France.........	385.000	26.000	1.925	19.250	1.455

(1) La production allemande effective se rapproche sensiblement de ces chiffres. Ce pays a produit, en 1912, par distillation de 1.150.000 tonnes de goudron : 17.800 tonnes de benzol, 1.800 tonnes de toluol, 6.700 tonnes de phénol, 52.500 tonnes de naphtaline et 3.800 tonnes d'anthracène (calculé pur).

XX

L'INDUSTRIE DES PRODUITS INTERMÉDIAIRES (1)

Le benzène, la naphtaline, l'anthracène, etc., sont des matières premières qui doivent être transformées par des opérations appropriées en produits secondaires, généralement dénommés produits intermédiaires. Ce n'est qu'à la suite de nouvelles transformations que ceux-ci donnent, en définitive, des matières colorantes.

Les opérations à effectuer sont fort diverses. Parmi les principales il faut citer notamment : la nitration, la sulfonation, la chloruration, l'oxydation, la réduction, la fusion alcaline, l'alcoylation, l'acylation, la nitrosation et la condensation.

Nous allons examiner successivement et rapidement ces diverses opérations.

La *chloruration* a déjà fait l'objet d'une étude précédente où nous avons signalé l'importance du chlorbenzène, du chlorure

(1) Bibliographie à consulter : *Traité des dérivés de la houille*, par Ch. GIRARD et G. DE LAIRE (1873).

Tableau de dérivation technique des produits industriels du goudron de houille, par V. DE VULITCH.

The manufacture of intermédiate products for dyes, par J.-C. CAIN (1918).

- *La naphtaline, sa fabrication, ses emplois ;* Eug. GRANDMOUGIN, *Techn. Mod.*, 1912, 143, 196. — *La fabrication des dérivés nitrés,* Eug. GRANDMOUGIN, *Techn. Mod.*, 1913, 217. — *L'industrie des amines aromatiques,* Eug. GRANDMOUGIN, *Techn. Mod.*, 1914, 87.

Les grandes fabrications organiques ; Eug. GRANDMOUGIN, *Rev. Prod. Chim.*, 1918, pp., 18, 67, 195, 215, 248, 259, 295.

de benzyle et du chlorure de benzylidène pour la synthèse organique.

La *nitration* s'effectue par action de l'acide nitrique concentré sur
les composés aromatiques : elle est facilitée par la présence de l'acide
sulfurique concentré, qui agit comme deshydratant. Pour les nitrations, on emploie donc de préférence des mélanges sulfonitriques
contenant, outre la proportion d'acide nitrique, l'acide sulfurique
nécessaire pour absorber l'eau formée dans la réaction. C'est ainsi
que l'on prépare la nitrobenzine en partant du benzol, et par nitration plus énergique, le m. dinitrobenzol. Le toluène fournit
surtout deux isomères : l'ortho et le para nitrotoluène que l'on peut
séparer par distillation dans le vide ou par congélation, le dérivé
para étant cristallisé à température ordinaire. La dinitration fournit principalement le dérivé asymétrique (1. 2. 4) à côté du dérivé
voisin (1. 2. 6); la trinitration, le trinitrotoluène, intéressant
comme explosif. Par nitration de la naphtaline, on obtient l'α-nitronaphtaline, par une nitration plus énergique, un mélange de
deux dinitro-naphtalines (1. 5 et 1. 8) que l'on peut séparer par
des moyens appropriés.

La nitration est également applicable aux dérivés des carbures,
aux amines et aux phénols, ainsi que nous le verrons par la suite.
Si elle n'est pas appliquée à l'anthracène, c'est que ce carbure est
oxydé en anthraquinone. Celle-ci donne par contre, lors de cette
opération, d'abord de l'α-nitro-anthraquinone et, par une nitration
plus énergique, un mélange de 1.5 et de 1.8 dinitroanthraqui-
nones.

Par la *sulfonation*, on introduit le groupe sulfonique dans les
composés benzéniques et cela tout simplement par l'action de l'acide
sulfurique à haute concentration, et à température plus ou moins
élevée, selon qu'il s'agit d'introduire un ou plusieurs groupes
sulfo. En règle générale, plus la sulfonation doit être poussée loin
et plus l'acide doit être concentré ; c'est pour les sulfonations
qu'il faut précisément de l'acide fumant (oléum) qui est un produit
inorganique indispensable pour l'industrie organique. Ainsi, tandis
que le benzène peut être sulfoné, à la rigueur, avec de l'acide sulfurique à 66° Bé, on ne peut le disulfoner qu'avec de l'acide fumant ;
quant au dérivé trisulfoné, il ne se forme qu'avec un acide riche en

anhydride et à température élevée. La naphtaline fournit, à basse température, avec de l'acide sulfurique à 66° Bé, de l'acide sulfo-naphtalène-α ; à température élevée par contre le dérivé β. Avec un acide plus concentré (100 0/0) on obtient un mélange des acides disulfonés 2.6 et 2.7 et, enfin, avec de l'acide fumant des acides trisulfonés, dont l'acide naphtaline trisulfonique 1.3.6. est parti-culièrement important.

Il peut être intéressant de noter ici l'action spécifique du mer-cure dans certaines sulfonations. Ainsi tandis que l'anthraquinone se sulfone avec de l'acide fumant en β, on obtient le dérivé α en présence de faibles quantités de ce métal. Cet exemple est aussi caractéristique pour montrer l'influence de corps étrangers et la complexité des réactions organiques.

Nous ne pouvons entrer ici dans des détails au sujet de la pré-paration de ces nombreux dérivés, leur séparation et leurs pro-priétés. Il importe cependant de faire remarquer que la sulfonation, comme la nitration, est également applicable aux dérivés des carbures, aux amines et aux phénols notamment, ce qui permet de préparer toute une série de composés des plus intéressants.

La sulfonation a aussi pour but de rendre solubles dans l'eau des composés insolubles dans ce véhicule, tel que c'est le cas pour un grand nombre de corps organiques. On facilite ainsi leur transformation en cours de fabrication puisque l'on peut travailler en milieu aqueux. Mais on obtient aussi par ce procédé des colo-rants solubles, les seuls qui puissent, exception faite pour les cou-leurs à cuve et les couleurs au soufre, servir pour la teinture des fibres textiles.

D'autre part les sels alcalins des acides sulfoniques donnent des phénols lors de la *fusion alcaline* avec de la soude caustique. Le groupe sulfo est éliminé comme sulfite de soude et remplacé par l'hydroxyle. C'est ainsi que le benzènesulfonate de soude donne du phénate de soude qui, décomposé par un acide, fournit du phénol. C'est même d'après ce procédé que l'on fabriquait les grandes quantités de phénol nécessaires pour la préparation de l'acide picrique. La même réaction appliquée à la naphtaline sulfonée en β, fournit le β-naphtol, matière intermédiaire des plus im-portantes, à l'α-sulfonaphtaline, l'α-naphtol. Les acides disulfoniques donnent, par fusion totale, des diphénols — telle la résorcine en partant de l'acide benzènedisulfonique — ou, par fusion partielle, des phénols sulfonés, comme le β-naphtol.7.sulfo (acide F), en partant de l'acide naphtalinedisulfonique 2.7, et l'acide Laurent avec la disulfonaphtaline 1.5.

La fusion alcaline est également applicable aux dérivés plus complexes et c'est grâce à elle que l'on prépare le diméthyl m. aminophénol, l'acide aminonaphtolsulfonique γ, l'acide J, l'acide H et une série d'autres acides naphtolsulfoniques et amino-naphtol-sulfoniques qu'il nous est impossible d'énumérer ici en détail.

Les opérations de *l'hydrolyse* poursuivent le but d'introduire également le groupe hydroxyle et peuvent donc, jusqu'à un certain point, être rattachées à la fusion alcaline. Nous avons déjà vu autrefois que le chlorure de benzylidène donnait, par hydrolyse, de la benzaldéhyde et le chlordinitrobenzène du dinitro-phénol. L'hydrolyse peut être étendue dans certains cas aux dérivés aminés ; ainsi l'α-naphtylamine donne, avec des acides dilués sous pression, de l'α-naphtol. Nous verrons par la suite que cette hydrolyse peut aussi s'effectuer, dans des cas déterminés, par l'action des sulfites.

Il est, enfin, à remarquer que l'hydrolyse, appliquée aux acides sulfoniques, élimine le groupe sulfo sous forme d'acide sulfurique ; c'est une différence essentielle avec la fusion alcaline. Cette réaction, qui peut s'effectuer avec des acides d'une certaine concentration, est appliquée à la séparation des xylènes,

Réductions. — Si l'on soumet les dérivés nitrés aux agents réducteurs, on peut obtenir, selon que l'on travaille en milieu acide, alcalin ou neutre, les produits de réduction les plus divers.

Prenons par exemple la nitrobenzine. Si on la réduit, en milieu acide, avec du fer et de l'acide chlorhydrique, on obtient de l'aniline, matière intermédiaire des plus importantes et qui fait l'objet d'une grosse fabrication.

Si l'on opère par contre en milieu alcalin, avec de la poudre de zinc et de la soude caustique, on peut préparer successivement de l'azoxybenzène, de l'azobenzène et de l'hydrazobenzène, qui est le

II. — L'Essor des industries chimiques.   13

terme ultime de cette réduction en milieu alcalin. Cet hydrazobenzène subit, par l'action des acides, une réaction particulière : il est isomérisé et transformé en benzidine, produit intermédiaire nécessaire à la fabrication des colorants directs pour coton. La réduction peut aussi s'opérer par voie électrolytique et il semble que, lorsqu'on dispose de courant électrique à bon compte, le procédé électrolytique serait plus avantageux que le procédé chimique.

En réduisant, enfin, en milieu neutre on obtient de la phénylhydroxylamine qui, par l'action d'un acide, se transforme en p-aminophénol. On peut combiner la réduction et la transposition en électrolysant en milieu acide ; il se pourrait que ce procédé fût employé par certaines usines allemandes de préférence au procédé chimique.

On préparera de même, par réduction des nitrotoluènes ortho et para : l'orthotoluidine et la paratoluidine, par celle de l'α-nitronaphtaline : l'α-naphtylamine et d'autres amines primaires.

Par réduction des dérivés binitrés on préparera de même les diamines ; ainsi la binitrobenzine fournira la m-phénylène-diamine, le dinitrotoluène, la toluylènediamine. Ce qui est particulièrement intéressant. c'est la réduction partielle qui permet de ne réduire qu'un groupe nitro dans un dérivé polynitré. On emploie à cet effet le sulfure de sodium qui opère une réduction sélective ; le m-dinitrobenzène donne dans ces conditions de la m-nitraniline, le dinitrophénol du nitroaminophénol, l'acide picrique de l'acide picramique, etc.

Outre les agents réducteurs étudiés précédemment : fer et acide chlorhydrique, alcali et poudre de zinc, sulfure de sodium, etc., on emploie encore, dans certains cas et pour des réactions spéciales, le fer ou le zinc et l'acide acétique, le sel d'étain acide ou alcalin, le sulfate de fer et l'alcali, etc.

Nous avons déjà eu l'occasion de signaler plusieurs fois les procédés de réduction électrolytique ; il y aurait aussi à mentionner les procédés de réduction par catalyse avec l'hydrogène élémentaire, qui, il est vrai, n'ont trouvé, jusqu'à présent, dans le domaine que nous examinons, que des applications restreintes.

Il ne peut entrer dans notre idée d'examiner ici les multiples cas de réduction et les variantes que comporte cette opération des plus importantes. Il faut également que nous renoncions à étudier ici la façon d'isoler les produits formés et qui varie selon qu'il s'agit d'une base liquide ou d'un composé solide.

Toutes les amines ne se préparent cependant pas toujours par réduction des dérivés nitrés, car il y a des cas où ces dérivés nitrés sont inaccessibles. On emploie alors l'action de l'ammoniaque sur les phénols ; on obtient ainsi industriellement la β-naphtylamine par action de l'ammoniaque sur le β-naphtol. Les aminoanthraquinones se font en chauffant les acides sulfoniques avec de l'ammoniaque sous pression ; la β-amino anthraquinone en particulier, en partant de la β-sulfoanthraquinone. On peut aussi obtenir des amines par action de l'ammoniaque sur les dérivés chlorés ; toutefois cette réaction n'est exécutable que dans des conditions limitées et n'est pas d'une application générale.

L'opération de l'*oxydation* poursuit des buts fort divers. Ainsi l'on peut, dans le toluène, qui est un méthylbenzol, oxyder la chaîne latérale, de façon à obtenir soit de l'alcool benzylique, de la benzaldéhyde ou de l'acide benzoïque. Selon qu'il s'agit de préparer l'un ou l'autre de ces produits, il faudra choisir un oxydant convenable. Pour l'alcool benzylique et la benzaldéhyde c'est le chlore ; on prépare donc par chloruration les chlorures correspondants que l'on hydrolyse ensuite.

On peut toutefois oxyder directement la chaîne latérale, en groupement aldéhydique, par le sulfate manganique ; ainsi l'o-nitrotoluène donne, dans ces conditions, de l'o-nitrobenzaldéhyde. Les oxydants plus énergiques oxydent directement en acide benzoïque, ce qui est le cas en employant de l'acide nitrique, du permanganate ou de l'acide chromique.

En oxydant la naphtaline on obtient de l'acide phtalique ; dans ce cas particulier on emploie de l'acide fumant comme oxydant, en présence d'un sel mercurique comme catalyseur. Pour l'économie de la réaction, il est important de régénérer l'acide fumant employé en réoxydant à nouveau, par le procédé de contact, l'acide sulfureux formé au cours de l'opération. En définitive c'est l'oxygène de l'air qui sert d'oxydant ; seulement, comme dans la plupart des cas, il faut le rendre actif par l'emploi d'un oxydant.

L'oxydation de l'anthracène en anthraquinone est une opération des plus importantes pour préparer cette matière première, indispensable à la fabrication de l'alizarine et des couleurs grand teint. Il importe pour cette opération que l'anthracène se trouve à l'état de division extrême ; on l'y amène par la distillation à la vapeur d'eau surchauffée. Il faut, en outre, vu les grandes quantités de bichromate nécessaire à cette oxydation (le double de l'anthracène mis en œuvre) régénérer celui-ci ; cette régénération peut se faire par voie ignée, soit par l'électrolyse (procédé Le Blanc).

Le chapitre des oxydations est du reste des plus variés ; on peut aussi signaler ici l'oxydation de l'aniline en quinone — en passant par le noir d'aniline — ; la quinone ainsi obtenue fournit par réduction de l'hydroquinone.

Il y aurait lieu de mentionner également la formation des indamines et des indophénols par oxydation simultanée de paradiamines et de phénols ou d'amines, de l'anthraquinone en quinizarine, etc. Mais une énumération complète nous entraînerait trop loin et, en outre, certaines de ces réactions peuvent plus utilement être rattachées à l'étude des colorants eux-mêmes.

L'oxydation se produit dans certains cas aussi lors de la fusion alcaline ; ainsi le β-anthraquinone-monosulfonate de soude fournit de l'alizarine qui est une dioxy-anthraquinone.

Par l'alcoylation, on introduit des radicaux alcoylés, principalement les groupes méthyle et éthyle, dans des dérivés aminés ou phénoliques. Par alcoylation de l'aniline, on prépare la méthylaniline, la diméthylaniline ainsi que les dérivés éthylés correspondants. Les mêmes procédés servent à préparer la benzylaniline, la benzylméthylamine, la benzyléthylaniline et d'autres dérivés. Nous avons déjà signalé autrefois la préparation de l'orthonitroanisol en parlant de l'o-chlornitrobenzol par l'action du méthylate. Dans ce cas, on hydrolyse et on alcoyle en même temps.

Par phénylation de l'aniline, en chauffant de l'aniline avec du chlorhydrate d'aniline bien sec en vase clos, on prépare la diphénylamine. Cette méthode de phénylation est encore applicable dans d'autre cas (phényl-naphtylamine). Nous verrons plus loin que l'on peut aussi synthétiser les dérivés de diphénylamine par voie de condensation.

L'acylation a pour but d'introduire des radicaux acides (formyl, acétyl, glycyl, etc.), dans les amines et les phénols pour les protéger lors de certaines actions trop violentes et pour modifier parfois le caractère d'orientation du groupe directeur. Ainsi, l'acétanilide, obtenue par action de l'acide acétique cristallisable sur l'aniline, fournit par nitration, à basse température, presque exclusivement de la p. nitracétanilide qui, saponifiée, donne de la p. nitraniline. Ce produit a été longtemps préparé par ce procédé qui peut encore servir à cet effet. Il semble pourtant préférable actuellement de faire cette amine par action de l'ammoniaque sur le p-chlornitrobenzène.

L'anhydride acétique est un agent d'acylation remarquable ; il peut même être utilisé en solution aqueuse. On peut parfois remplacer l'acide acétique par l'acide formique, plus rarement par l'acide oxalique ; les sulfochlorures, et notamment celui de l'acide paratoluène sulfonique, sous-produit de la fabrication de la saccharine, peuvent également servir d'agents d'acylations.

La glycination s'opère par l'action de l'acide monochloracétique sur les amines en présence d'alcali ; c'est ainsi que l'on prépare la phénylglycine en partant de l'aniline. Ces glycines sont des produits intermédiaires importants pour les synthèses de l'indigo, ses analogues et homologues.

La *nitrosation* (action du nitrite de soude en milieu acide) s'applique également aux amines et aux phénols. Les phénols donnent des nitrosophénols qui, dans certains cas, peuvent servir de couleurs à mordants (nitroso-β-naphtol, dinitrosorésorcine, etc.) ; dans d'autres cas, ce sont des matières intermédiaires tel que le p. nitrosophénol qui, par réduction, fournissent du p. aminophénol.

Les amines tertiaires donnent, comme les phénols, des dérivés nitrosés dans le noyau benzénique. C'est le cas de la diméthylaniline qui est transformée par la nitrosation en p-nitrosodiméthylaniline, matière première indispensable pour la synthèse des thiazines et des oxazines. Les amines secondaires donnent, généralement, des dérivés nitrosés dans la chaîne latérale, les amines primaires, par contre, des dérivés diazoïques particulièrement intéressants pour la fabrication des couleurs azoïques. Il faut toutefois faire remarquer que, par suite de leur peu de stabilité, on ne les prépare généralement qu'en solution. D'autre part, leur caractère de grande réactibilité permet de les transformer en d'autres composés : en phénols par ébullition avec l'eau, en acides sulfiniques par action de l'acide sulfureux en présence de cuivre, en dérivés halogénés, etc., etc. C'est ainsi que l'o-anisidine diazotée donne, par ébullition avec de l'eau, du gaïacol, l'acide naphtionique diazoté de l'acide naphtolsulfonique Nevile-Winther, etc. Il convient cependant de remarquer que cette dernière transformation se fait actuellement plutôt par l'action du bisulfite de soude sur le naphionate.

Voyons maintenant les procédés de *condensation*, qui sont fort divers et fort nombreux.

Par action du phosgène (oxychlorure de carbone) sur les amines, on peut préparer, selon le cas, des chlorures d'acides, des cétones ou des urées. La diméthylaniline donne ainsi d'abord le chlorure de l'acide diméthylaminobenzoïque, puis la tétraméthyldiamidobenzophénone (cétone de Michler).

Nous avons déjà eu l'occasion de signaler l'action du chlorure d'aluminium comme agent de condensation. En faisant agir le benzène sur l'anhydride phtalique, en présence de ce chlorure, on obtient l'acide o-benzoylbenzoïque, qui, par anhydrisation en milieu sulfurique, donne de l'anthraquinone.

Cette réaction ne sert pas pour l'anthraquinone, puisqu'on l'obtient généralement par oxydation de l'anthracène, mais on l'utilise pour la synthèse de la méthylanthraquinone, de la naphtanthraquinone et de nombreux autres dérivés.

La méthode de condensation par le magnésium (procédé Grignard) ne trouve, jusqu'à présent, que des emplois limités par suite des conditions d'exécution particulières.

En condensant la formaldéhyde avec la diméthylaniline, il se forme du tétraméthyldiaminodiphénylméthane qui est la matière première pour la fabrication de l'auramine. Par oxydation, ce produit donne l'hydrol correspondant que l'on peut préparer également par réduction de la cétone correspondante (cétone de Michler). Cette cétone et l'hydrol sont des matières fort importantes pour la synthèse des colorants dérivés du triphénylméthane (verts et violets acides ; bleu Victoria, etc.).

Avec la formaldéhyde et l'aniline, on prépare le diamidodiphé-nylméthane (avec formation intermédiaire d'anhydroformaldéhyde-aniline). Si au lieu et place de formaldéhyde, on emploie la ben-zaldéhyde ou ses dérivés, on obtiendra des produits de condensa-tion qui sont les leucobases des colorants du triphénylméthane. D'autres condensations permettent de faire des produits intermé-diaires pour la synthèse des acridines ; mais ce chapitre est tel-lement vaste que nous devons nous borner à ces quelques exemples.

Nous signalerons ici les réactions qui consistent à fixer les élé-ments de l'acide carbonique sur les phénates ; on obtient ainsi l'acide salicylique en partant du phénol, les acides crésotiques à partir des crésols, l'acide β-oxynaphtoïque en prenant le β-naphtol comme substance initiale, etc.

Une série de condensations s'effectuent en utilisant l'halogène mobile des dérivés à caractère aliphatique (benzylation) ou des dérivés aromatiques substitués négativement (dinitrochlorbenzène). On peut faciliter ces réactions, dans certains cas, par l'emploi de cuivre métallique ou de sels de cuivre.

La fusion alcaline sert également pour effectuer des condensa-tions ; telles la synthèse de l indoxyle à partir de la phénylgly-cine, de l'oxythionaphtène, etc.

Dans de nombreuses réactions, qu'il nous est impossible d'énu-mérer, même brièvement, on utilise, comme agent de condensa-tion, le sodium, l'éthylate de sodium, l'amidure de sodium, la po-tasse caustique, l'acide sulfurique, l'acide chlorhydrique, etc.

Les quelques réactions générales que nous venons d'exposer dans les grandes lignes peuvent être appliquées non seulement aux matières premières, mais, ainsi que nous l'avons signalé plu-sieurs fois, aussi à leurs dérivés et c'est ce qui explique la variété des produits intermédiaires employés dans l'industrie des colorants.

Ainsi par sulfonation de l'aniline, on prépare l'acide sulfanilique ; la même opération appliquée à l'α-naphtylamine donne l'acide naphtionique et l'acide Broenner en partant de la β-naphtylamine. L'acide métanilique par contre s'obtient par réduction de l'acide nitrobenzènesulfonique, préparé par sulfonation du nitrobenzène ou par nitration de l'acide benzènesulfonique.

De même en sulfonant le β-naphtol on prépare l'acide Schaeffer (2.6.) et l'acide crocéique (2.8.), puis, par disulfonation, l'acide R (2.3.6.) et l'acide G (2.6.8). La nitration de l'acide β-naphtalinesulfonique donne des dérivés nitrés qui, par réduction, sont transformés en acides α-naphtylaminesulfoniques (Cleve) ; en appliquant les mêmes opérations au mélange des acides β-disulfoniques, on obtient des acides α-naphtylamines disulfoniques (Freund). Ces acides sulfoniques sont différents de ceux obtenus par sulfonation directe de l'α-naphtylamine et dont il a été question plus haut (acides naphtoniques 1.4 et 1.5, acides Dahl. etc.).

On peut donc appliquer successivement les diverses opérations générales étudiées précédemment pour arriver à un produit possédant plusieurs fonctions. Un exemple, particulièrement intéressant, est celui de l'acide H qui est un acide 1.8 aminonaphtol 3.6 disulfonique. On l'obtient en partant de la naphtaline trisulfonée (1.3.6) qui est nitrée ; le dérivé nitré obtenu est réduit et l'α-naphtylamine trisulfonée ainsi formée soumise à la fusion alcaline. L'un des groupes sulfo (en α) est remplacé par le groupe hydroxyle, ce qui donne donc un amino-naphtol disulfoné, également α-naphtol et α-naphtylamine. Pour préparer ce composé on a donc employé successivement les opérations de la sulfonation, de la nitration, de la réduction et de la fusion alcaline. On procédera d'une façon analogue pour la préparation des acides γ, J. S, SS, K et autres. L'acide H peut, enfin, subir une nouvelle transformation (hydrolyse) et qui donne, alors l'acide chromotropique (1.8-dioxy, 3.6-disulfonique).

Voici un autre exemple pris dans un autre groupe. En nitrant le toluène, il se forme, ainsi que nous l'avons vu précédemment, un mélange d'orthonitrotoluène et du dérivé para. Ce dernier séparé, puis sulfoné, donne un acide p-nitrotoluène o-sulfonique qui, par l'alcali, se condense en un dérivé assez complexe dérivé du stilbène.

Une réduction de ce produit de condensation donne, en définitive, de l'acide diaminostilbènedisulfonique.

En sulfonant le phénol, on obtient un acide p. sulfonique qui, nitré dans des conditions convenables, donne un acide dinitrophénolsulfonique. Avec ce produit on peut préparer, par réduction partielle, un acide nitroamidophénolsulfonique ou, par réduction totale, un acide diamidophénolsulfonique. Dans d'autres conditions de nitration, l'acide p.phénolsulfonique donne, ainsi qu'il est bien connu, du dinitrophénol et de l'acide picrique.

.·.

Nous sommes obligés de nous arrêter là, et il nous est absolument impossible d'entrer dans plus de détails au sujet des nombreux produits intermédiaires que nous avons signalés et dont l'énumération est pourtant fort loin d'être complète. On aura toutefois vu, par l'exposé rudimentaire que nous venons d'en faire, qu'il s'agit d'un domaine excessivement vaste et qui demanderait tout un volume pour pouvoir être épuisé avec les développements qu'il comporte.

Ce volume reste à écrire ; depuis le traité de Girard et de de Laire sur les dérivés de la houille, édité en 1873, il n'a pas paru, en France, un travail d'ensemble sur ce sujet fort intéressant, mais très spécial.

Il s'agit d'au moins deux cents composés divers, dont certains sont d'une importance absolument capitale. Le nombre total des produits intermédiaires augmente du reste sans cesse, au fur et à mesure du développement de l'industrie des matières colorantes, car chaque groupe de couleurs demande ses produits intermédiaires particuliers.

La même observation peut s'appliquer aux produits intermédiaires nécessaires aux produits pharmaceutiques, aux parfums synthétiques, aux produits employés en photographie, etc.

Il serait évidemment intéressant d'établir quelles seraient les quantités nécessaires de produits inorganiques : chlore, acide sul-

furique 66° Bé et acide fumant, acide nitrique, sel de soude et
soude caustique, ammoniaque, chaux, chlorures de sodium et de
potassium, tournure de fer et poudre de zinc nécessaires à ces diverses fabrications. Mais cela ne peut entrer dans le cadre de cette
étude, aussi peu d'ailleurs que d'examiner les quantités de produits
utilisés de la série grasse, tel que le méthylène, la formaldéhyde
(dont l'emploi se montait à plus de 250 tonnes), la glycérine, les
acides formique, acétique, oxalique et tartrique, l'alcool éthylique
et les alcools supérieurs, l'éther, l'anhydride acétique et le chlorure d'acétyle.

Un nombre limité de ces produits intermédiaires était fabriqué
en France ; la plupart étaient importés par les fabriques allemandes,
qui profitaient du tarif spécial taxant ces produits à 15 francs les
100 kilos ; les matières premières : goudron et produits de la distillation du goudron sont exemptes de droit.

D'après les chiffres que nous possédons, on introduisait ainsi en
France pour 7 à 8 millions de francs de produits intermédiaires ce qui, au prix moyen de 1 800 francs la tonne, représente
environ 4 000 tonnes de produits divers (3.820 tonnes en 1913).
Voici quelques prix moyens à titre d'indication : nitrobenzène,
60 francs ; phénol, 70 francs ; aniline, 100 francs ; β-naphtol,
110 francs ; chlordinitrobenzène, 110 francs ; acide phtalique,
125 francs ; p-nitraniline 175 francs ; diméthylaniline, 200 francs ;
anthraquinone, 250 francs ; acide H, 300 francs ; benzidine,
310 francs ; benzaldéhyde, 325 francs, etc., les 100 kilos.

Plusieurs usines françaises faisaient de l'aniline ; sa production
peut être estimée à 2.500 tonnes annuellement, celle du phénol
synthétique (avant la guerre) à 180 tonnes, du β-naphtol à
200 tonnes, de la diphénylamine à 150 tonnes environ. Les usines
de matières colorantes en France consommaient en outre :
800 tonnes de chlordinitrobenzène, 400 tonnes d'acide H, 150 tonnes
d'α-naphtylamine, 150 tonnes d'acide γ, 250 tonnes d'acides naphtolsulfoniques et naphtylaminesulfoniques divers, 400 tonnes de
β-naphtol, 150 tonnes de paranitraniline, 50 tonnes de diphénylamine, 150 tonnes de benzidine, tolidine et dianisidine, 50 tonnes
de toluylène-diamine, 30 tonnes d'acide salicylique, 20 tonnes
de paranitrotoluène, etc.

Il faut faire remarquer cependant que certains de ces produits comme l'aniline, le β-naphtol, la p. nitraniline, l'α-naphtylamine servent aussi, dans les industries textiles, à la teinture des fils et des tissus, et même en quantités relativement considérables.

Dans les cas où l'on se déciderait à monter en France l'industrie des couleurs dérivées de l'anthraquinone, il faudrait envisager une production de 300 tonnes d'anthraquinone ; pour celle de l'indigo synthétique environ 600 tonnes de phénylglycine.

' Ces chiffres ne sont qu'approximatifs ; ils donnent cependant une idée de l'importance de ces divers produits intermédiaires.

Il ne faut toutefois pas se dissimuler que toutes ces fabrications fort diverses représentent des expériences accumulées de près d'un demi-siècle et qu'il ne sera pas facile de trouver les spécialistes compétents pour les monter chez nous.

C'est certainement là la plus grosse difficulté à vaincre pour fabriquer les matières colorantes, car, ainsi que nous allons le voir dans le chapitre suivant, les colorants artificiels se préparent par des procédés relativement simples dès que l'on est en possession de ces produits intermédiaires.

Si l'exposé que nous venons de faire est, par sa nature même, très spécial et très technique, il montre aussi que la fabrication des matières colorantes et des matières intermédiaires ne peut pas être abordée par le premier venu. En présence de l'intérêt que ces questions présentent actuellement, il n'est peut-être pas inutile d'insister sur ce fait pour éviter des erreurs et des mécomptes. Ceux ci risquent de se produire si des personnes, spécialisées d'une façon insuffisante, veulent s'attaquer à un problème des plus difficiles de la technologie chimique organique.

ANNEXE AU CHAPITRE XX

Production mondiale en produits intermédiaires

Produits	Production	Valeur moyenne	Valeur totale
	(En tonnes)	(Frs par t.)	(Millions de frs.)
Chlorbenzène	10.000	750	7,50
Aniline et bases primaires....	35.000	1.000	35,00
Amines nitrées.............	5.000	2.000	10,00
Amines sulfonées............	10.000	1.000	10,00
Diméthylaniline	3.000	2.000	6,00
Bases secondaires et tertiaires	2.500	3.000	7,50
Diamines..................	15.000	3.000	45,00
Phénols nitrés et sulfonés.....	10.000	1.500	15,00
Naphtols et naphtylamines ...	15.000	1.250	18,75
Aminonaphtols divers	15.000	3.000	45,00
Acides carboxyliques.........	5.500	3.000	16,50
Benzaldéhyde	500	3.000	1,50
Anthraquinone.............	6.000	2.500	15,00

XXI

L'INDUSTRIE DES MATIÈRES COLORANTES ARTIFICIELLES (1)

Aucune industrie ne présente actuellement un tel intérêt que celle des matières colorantes artificielles dérivées du goudron de houille. La guerre, en effet, a montré jusqu'à quel point nous étions tributaires de l'étranger dans ce domaine et cette situation particulière, qui était cependant bien connue des intéressés, nous a complètement pris au dépourvu. Comme, d'autre part, les matières premières pour cette industrie sont les mêmes que pour l'industrie des explosifs, nécessaires à la défense nationale, il n'a encore guère été possible de remédier à un état de choses fort préjudiciable à nos industries textiles.

En attendant, cette question a fait l'objet de nombreux articles, conférences, brochures, etc., qui ne se distinguent pas toujours par la compétence des auteurs et qui donneraient lieu à bien des

(1) Bibliographie à consulter : *Traité des matières colorantes*, par Léon Lefèvre, 2 vol. (1897).

Teinture et impression; matières colorantes, par Guignet, Dommer, Grandmougin (1895).

Manuel pratique du teinturier, par Hummel, Dommer, Grandmougin (1897).

La Chimie des matières colorantes organiques, par Nietzki, Favre et Guyot (1901).

L'industrie des matières colorantes organiques, par A. Wahl (1911).

La fabrication des matières colorantes organiques assurée par l'industrie française, par A. Wahl (1915).

observations. Mais l'espace nous manque pour faire des rectifications; on voudra bien trouver l'essentiel sur cette question dans l'exposé qui suit.

Cette crise des matières colorantes n'est pas particulière à la France et il est juste d'ajouter que les autres États industriels, l'Angleterre et les États-Unis notamment, se trouvent dans la même situation que nous, car l'industrie des matières colorantes artificielles constituait un monopole allemand. L'industrie allemande produisait, à elle seule, environ 90 0/0 de la consommation mondiale en matières colorantes, soit pour près de 350 millions de francs (exportations en 1913 : 272 millions de couleurs et environ 20 millions de produits intermédiaires, soit au total 292 millions). Mais ce qu'il y a de particulier, et qui cause des regrets et parfois des récriminations, c'est que l'origine de cette industrie revient à des inventeurs anglais et français, et que, au début, l'Angleterre et la France possédaient des usines florissantes. On peut dire que, jusqu'à l'époque de l'Exposition de 1878, l'industrie de ces deux pays a été dominante, mais elle a dû s'effacer ensuite devant des rivaux plus hardis, plus entreprenants et plus savants. Et, cependant, vers cette époque, la découverte des orangés azoïques, par Roussin, ouvrait des perspectives nouvelles et un avenir des plus brillants, de même qu'en 1896, la découverte des couleurs au soufre, par Vidal, aurait permis de reconquérir une partie du terrain perdu.

On a beaucoup discuté sur les raisons qui ont amené chez nous la décadence d'une industrie qui aurait pu être florissante. D'aucuns ont cru que le manque de matières premières en était une des causes essentielles.

Certainement, la France est mal partagée au point de vue de la houille et pauvre en sous-produits dérivés de sa distillation. Mais la Suisse, qui n'a pas de houillères, possède une industrie des matières colorantes florissante, car sa production annuelle atteint près de 25 millions de francs ; elle est donc supérieure à celle de l'Angleterre et de la France réunies. Il faut cependant ajouter que la Suisse a profité, pendant de longues années, d'une situation exceptionnelle, puisqu'elle ne connaissait pas la protection pour les inventions chimiques. Elle a donc pu utiliser sans frais les découvertes faites dans les autres pays industriels. D'autre part, les États-Unis, qui possèdent l'industrie houillère la plus considérable du monde, n'étaient, jusqu'au moment de la guerre, que de faibles producteurs de matières colorantes. On voit donc que la question des matières premières n'est pas une question absolument essentielle, et l'on peut ajouter à ce sujet que l'Allemagne aussi a été, à ses débuts, tributaire de l'Angleterre pour les produits dérivés du goudron de houille. Elle s'est affranchie par la suite en installant la récupération totale des sous-produits de la carbonisation de la houille.

La raison de notre infériorité dans ce domaine n'a rien de mystérieux ni d'inéluctable, et tient à un ensemble de faits matériels et moraux qu'il est aisé d'établir. C'est d'abord l'insuffisance de notre enseignement technique en matière chimique ; la prédominance des écoles d'ingénieurs, et, comme conséquence, la position prépondérante de l'ingénieur vis-à-vis du chimiste ; enfin, la spécialisation insuffisante en chimie organique et le manque de chimistes organiciens rompus aux recherches sur les couleurs.

Dans le domaine industriel, il faut signaler les méthodes timorées et routinières de nos industriels, qui n'ont pas compris l'importance de la méthode scientifique appliquée aux recherches industrielles, et, comme conséquence, le manque de laboratoires de recherches dans les usines et du noyau indispensable de spécialistes. C'est, ensuite, le manque de liaison entre la science et l'industrie qui s'ignoraient à peu près complètement. On peut y ajouter des lacunes dans notre loi de brevets, conçue à une époque où l'on ne pouvait prévoir le développement des industries chimiques; peut-être aussi différentes lois sociales, élaborées dans des buts plutôt politiques et dont l'esprit affaiblissait l'autorité des dirigeants. Il n'est peut-être pas inutile d'ajouter que la conception égalitaire démocratique ne s'accorde pas avec une organisation rationnelle de l'usine ; celle-ci demande, en effet, une discipline de tous les organes et une hiérarchisation qui est à l'opposé de l'égalité politique.

Selon le point de vue auquel on se place, on peut attribuer à l'une ou à l'autre de ces causes un effet prédominant, mais il est plus juste de reconnaître que tous ces facteurs ont concouru d'une

façon plus ou moins directe au résultat que nous apercevons bien
et qui n'est que l'aboutissement fatal et logique de tant d'impré-
voyances. Ces causes ne sont pas particulières à l'industrie des
matières colorantes ; elles se sont manifestées dans d'autres
domaines, mais c'est dans ce compartiment qu'elles ont certainement pris le plus de relief et acquis le plus grand retentissement.

On s'agite beaucoup pour la rénovation de cette industrie et
l'on est amené à se demander s'il est possible de la développer
chez nous de façon à pouvoir lutter plus tard d'une façon efficace
contre la concurrence allemande. Cela ne paraît pas impossible
en faisant appel aux chimistes spécialistes et compétents — ils ne
sont pas nombreux il est vrai — et en évitant de retomber dans
les erreurs passées.

Il ne faut toutefois pas se dissimuler que la lutte sera des plus
difficiles et des plus âpres. On sait que pour mieux résister aux
efforts tentés dans les pays alliés, en vue de cette rénovation des
industries organiques, les usines allemandes se sont unies en
un syndicat puissant, au capital d'au moins un milliard qui
possède des usines amorties, des installations absolument modernes, disposant d'au moins un millier de chimistes spécialistes
et d'expériences industrielles de près d'un demi-siècle.

De plus, pour les produits, qui sont le domaine public, les
prix sont des plus réduits et la marge de bénéfice excessivement
faible ; c'est un point fort important qu'il ne faut pas oublier, dans
l'examen de cette question. D'autre part, il ne peut s'agir, évidemment, de créer tout de go de nouveaux groupes de matières colorantes qui laisseraient une marge de bénéfice plus considérable,
parce que l'invention ne se commande pas et ne peut être réalisée
que par des recherches souvent fort longues. Tout ce que l'on peut
faire, pour le moment, c'est d'utiliser les procédés qui sont dans
le domaine public pour préparer les colorants que les teinturiers
sont habitués à employer et qu'ils connaissent de longue date.

Des esprits simplistes penseront qu'il suffira d'élever une bar-
rière douanière suffisante pour protéger l'industrie naissante jusqu'à ce qu'elle soit suffisamment prospère pour pouvoir lutter avec
la concurrence allemande. Nous ne sommes guère partisans des
protections douanières exagérées qui ne sont que trop souvent des

primes à la paresse et au moindre effort. Il ne faut pas non plus oublier que l'élévation du prix des colorants, qui serait provoquée par ces mesures, aurait une répercussion sensible sur nos industries textiles qui sont fort importantes, ainsi que nous le verrons par la suite. Or, des prix trop élevés pour les couleurs risquent de porter atteinte à leur prospérité en les excluant du marché mondial où elles se trouveraient en présence de concurrents plus avantagés par suite du prix inférieur des couleurs employées.

Du reste, déjà avant la guerre, les matières colorantes étaient protégées par un droit de 100 francs les 100 kilos pour les produits à l'état sec, tandis que les produits chimiques dérivés des produits de distillation du goudron de houille (matières intermédiaires) étaient taxés au tarif minimum de 15 francs les 100 kilos et que les matières premières (benzols, toluène, naphtaline, etc.), étaient exemptes de droit. Or, voici ce qui s'est produit : les usines allemandes ont installé des succursales en France qui recevaient les produits intermédiaires d'Allemagne et les transformaient en matières colorantes ; c'était donc, à proprement parler, des usines de finissage, qui profitaient ainsi de la différence des droits entre les produits intermédiaires et les produits finis. Elles pouvaient, de la sorte, faire aux rares usines françaises une concurrence redoutable.

Une révision du tarif douanier apparaît donc indispensable pour éviter, à l'avenir, un état de choses gravement préjudiciable à l'industrie qui nous intéresse. Mais encore faut-il procéder à cette révision d'une manière judicieuse qui tienne exactement compte de tous les intérêts en présence.

Pour plus ample informé, nous renvoyons à un rapport de la chambre syndicale des produits chimiques de Paris, et dans lequel cette question, que nous ne pouvons qu'effleurer ici, est traitée en détail. D'après le projet auquel aboutit ce rapport, on frapperait les produits de droits progressifs suivant l'avancement de leur fabrication d'une part et selon leur prix de vente d'autre part. De même les droits sur les matières colorantes ne seraient plus uniformes comme autrefois, mais dépendraient de leur nature, de sorte qu'on arriverait à un tarif *ad valorem*, mais sans les inconvénients de ce mode de taxation. Cette réforme semble logique, vu

les différences de prix assez considérables entre les diverses classes
de matières colorantes.

Cette révision du tarif douanier s'impose donc, mais elle dépen-
dra de l'habileté et de la compétence des négociateurs ainsi que
des modalités de la paix. Il y a donc là encore un facteur d'incer-
titude et, d'autre part, il ne faut pas perdre de vue que la question
des usines allemandes, actuellement sous séquestre, demandera
également une solution appropriée. Il nous faut donc réserver
notre appréciation quant aux succès que l'industrie nationale des
matières colorantes pourra remporter après la paix.

**

Il ne peut entrer dans notre idée de vouloir traiter ici, en détail,
le côté technique de l'industrie des colorants, et on comprendra les
difficultés que présenterait une pareille entreprise, si l'on considère que le nombre des matières colorantes industrielles est près
d'atteindre deux milles marques. On peut s'étonner, à bon droit,
de cette multitude. Il faut y voir, évidemment, la tendance allemande, que nous avons déjà signalée, à créer de nouveaux besoins
par des spécialités et à aller au-devant des désirs de la clientèle.
Mais, même en élaguant le superflu, il ne semble pas, d'après une
enquête de la Société Normande pour le développement de l'industrie des matières colorantes, des produits chimiques et pharmaceutiques, que l'on puisse se tirer d'affaire avec moins de 300 colorants. Ce chiffre élevé peut encore surprendre. Cependant si l'on
tient compte de la diversité d'emploi des matières colorantes, il
devient explicable.

Il faut, en effet, des colorants différents pour le coton, pour la
laine, pour la soie, pour la teinture des tissus mixtes, sans compter les autres matières textiles et les nombreux produits qu'il s'agit
de colorer. Mais, rien que pour les couleurs pour laine, il y a des
groupes divers selon qu'il s'agit de nuances grand teint, de moyen
teint ou de petit teint. On aura donc recours aux couleurs à mordants ou aux couleurs à cuve pour le grand teint, aux couleurs
acides pour le moyen teint, aux couleurs basiques pour d'autres

emplois, etc. Enfin, dans chaque groupe, il faut toute la gamme de nuances : le rouge, le bleu, le violet, le vert, le jaune, le noir, etc. et même en différentes tonalités ; ainsi il faudra pour le moins un bleu rougeâtre et un bleu verdâtre, un jaune orangé et un jaune verdâtre et ainsi de suite.

Théoriquement, on devrait, d'après le principe des trois couleurs, pouvoir se contenter d'un rouge, d'un jaune et d'un bleu, mais pratiquement, sauf pour les couleurs mode, il faut pouvoir disposer d'un plus grand nombre de coloris.

Selon le caractère particulier des couleurs, on pourra distinguer les groupes de couleurs suivants : couleurs acides, couleurs basiques, couleurs directes pour coton, couleurs à mordants, couleurs pour cuve, couleurs au soufre, couleurs laques et pigments divers, sans compter les couleurs générées sur les textiles même.

Cette classification faite au point de vue tinctorial ne se couvre pas avec la composition chimique ; en tenant compte de celle-ci, il faut envisager une vingtaine de groupe divers, comportant à nouveau des sous-groupes fort nombreux.

Nous allons passer rapidement en revue quelques-uns des principaux groupes de colorants industriels.

Couleurs azoïques. — C'est le groupe de couleurs le plus important aussi bien au point de vue du nombre des couleurs que des quantités consommées. Comme pour la fabrication de ces colorants, on emploie environ 500 tonnes de nitrite de soude et que l'on peut admettre, d'une façon approximative, que le poids du colorant azoïque obtenu est environ cinq à six fois le poids du nitrite, on arrive à une production d'environ 3.000 tonnes de produits qui, selon le degré de concentration des marques commerciales, représentent de 4.000 à 5.000 tonnes de couleurs d'une valeur d'environ 8 millions de francs.

On trouve dans le groupe des azoïques des couleurs pour les emplois les plus divers. D'abord des couleurs acides : jaunes acides, tartrazine, jaune métanile, orangés, ponceaux, bordeaux, violets et bleus pour laine qui sont des monazoïques ; puis des disazoïques parmi lesquels il faut signaler les crocéïnes et surtout le groupe important des noirs acides pour laine : noirs naphtols, noir naphtylamines, noir naphtaline, etc., dont la consommation pour la teinture de la laine est considérable.

Un groupe fort important est constitué par les colorants directs pour coton, dérivés de la benzidine et des bases analogues, et parmi lesquels on possède des jaunes (chrysamine, chrysophénine), des bleus (bleu direct, benzobleu), des violets, des rouges (congo, benzopurpurines, benzo-rouges lumière), des verts, des bruns, des marrons, des gris et des noirs directs. Pour une plus grande solidité au lavage on emploie des colorants diazotables sur fibre et dont il existe également toutes les nuances. Dans ce groupe, nous signalerons plus particulièrement les dérivés de l'acide J qui, malgré leur prix élevé, ont acquis une importance assez considérable (diazo écarlates, rosanthrènes).

On peut rattacher à ce groupe les colorants stilbéniques qui se forment par l'action de l'alcali sur l'acide nitrotoluène-sulfonique ainsi que les colorants thiobenzényliques tels que la primuline et ses dérivés (rouge thiazine, érica). Ces colorants possèdent également de l'affinité pour le coton non mordancé et sont susceptibles d'être développés sur fibre avec des développeurs divers : résorcine, β-naphtol, diamine, etc.

Un groupe spécial de couleurs azoïques est constitué par les couleurs à mordants qui sont généralement fixés sur mordants de chrome.

Ces colorants contiennent soit le groupement salicylique (jaune d'alizarine GG), ou bien l'on utilise la propriété des dérivés orthooxyazoïques de pouvoir être développés par chromatage. Ce dernier groupe de colorants, auquel appartiennent le noir de diamant, le noir ériochrome, etc.. a acquis une importance considérable pour la teinture de la draperie laine.

Les couleurs laques azoïques forment aussi un groupe fort important ; elles trouvent des emplois forts divers en imprimerie, lithographie, pour les papiers peints et couchés, etc. On peut citer parmi les plus importantes le rouge lithol, le rouge paranitraniline-β-naphtol, etc.

Quelques-unes de ces couleurs sont produites sur tissu et sur fils en quantités considérables, notamment le rouge para et le bordeaux de naphtylamine.

Il ne peut entrer dans notre idée de vouloir donner ici la liste complète des colorants azoïques indispensables ainsi que leur composition chimique, car il s'agit de plus de 150 marques. On voudra se reporter à cet effet aux ouvrages spéciaux.

Au point de vue technique, on peut toutefois faire remarquer que la fabrication de ces couleurs est relativement simple, dès que l'on possède les matières intermédiaires nécessaires. Ainsi, un monazoïque résulte de l'action d'une amine diazotée sur un phénol ; l'orangé II par exemple, pour prendre un exemple concret, résulte de la copulation du diazo de l'acide sulfanilique (obtenu par l'action du nitrite de soude sur l'acide sulfanilique en solution acide) avec le β-naphtol en solution alcaline. La préparation suppose donc au préalable celle du β-naphtol dérivé de la naphtaline (naphtaline → β-sulfonaphtaline → β-naphtol) et de l'acide sulfanilique dérivé de l'aniline (benzol → nitrobenzol → aniline → acide sulfanilique). De même, le noir de naphtylamine, fort important, résulte de l'action de l'acide de Freund (α-naphtylamine disulfonée) diazoté sur l'α-naphtylamine, nouvelle diazotation du colorant monazoïques et copulation avec une seconde molécule d'α-naphtylamine. Il faut donc préparer, avant tout, l'acide de Freund, à partir de la naphtaline (naphtaline → naphtaline disulfonée → nitronaphtaline disulfonée → α-naphtylamine disulfonée) et l'α-naphtylamine (naphtaline → α-nitronaphtaline → α-naphtylamine).

Avant d'entreprendre la fabrication des azoïques, il faut d'abord monter la fabrication de l'aniline et de ses dérivés, du phénol et des produits qui en dérivent ainsi que ceux de la série de la naphtaline : naphtols, naphtylamines, acides naphtolsulfoniques, naphtylaminesulfoniques et aminonaphtolsulfoniques divers, déjà mentionnés dans un chapitre précédent. Parmi le nombre considérable de ces produits, un choix s'imposera selon les colorants qu'il s'agit de préparer.

Couleurs au soufre. — Ces couleurs se préparent par fusion des composés organiques les plus divers avec du soufre et du sulfure de sodium. A peu près toutes les nuances y sont représentées, sauf le rouge ; mais c'est le noir qui est la couleur la plus importante de ce groupe. Ce noir se fait en partant du dinitrophénol,

obtenu lui-même par hydrolyse alcaline du chlordinitrobenzène.
On employait en France environ 800 tonnes de ce produit, ce qui
donnait près de 1 300 tonnes de noir d'une valeur approximative de
2 1/2 millions de francs. Avec les autres couleurs au soufre : jaunes,
bleus, verts, olives, bruns et marrons (environ 30 marques) on
doit arriver à un chiffre total de près de 3 millions.

Il peut être intéressant de noter ici que la consommation mondiale en noir seul s'élève à environ 14 000 tonnes d'une valeur de
près de 25 millions de francs.

Couleurs à cuve. — La plus importante des couleurs à cuve est
l'indigo dont la consommation française se montait, avant la guerre,
à près de 4 millions de francs correspondant à 450 tonnes environ.
Le seul procédé de préparation qui puisse entrer actuellement en
ligne de compte (on connaît une trentaine de synthèses de l'indigo) est celui qui part de l'aniline. Celle-ci donne, avec de l'acide
chloracétique, de la phénylglycine qui est condensée, par l'alcali
(amidure de sodium, etc.), en indoxyle ; ce dernier produit, oxydé,
donne de l'indigo. Ce procédé fonctionnait à l'usine de Creil avec
de la phénylglycine importée d'Allemagne (225 tonnes en 1913) et
il faudra le développer pour couvrir non seulement toute la consommation française, mais faire de l'exportation, si possible.

La consommation mondiale en indigo dépasse probablement
10.000 tonnes pour une valeur de près de 100 millions de francs ;
l'exportation allemande s'élevait, rien que pour ce seul produit,
à 67 millions de francs, en 1913, la production suisse, pour cette
même année, à 4 millions de francs. C'est dire l'intérêt que peut
présenter cette fabrication, la plus importante, certainement, parmi
les colorants artificiels dérivés du goudron de houille.

Quant aux autres couleurs à cuve qui forment plus de 50 marques
diverses (ciba, hélindone, algol, indanthrène, hydron) elles offrent
de l'intérêt pour la teinture grand teint des filés, pour l'impression etc. Nous ne pensons pas que leur emploi dépasse, malgré
leur prix relativement élevé, 1 à 2 millions de francs annuellement.

Une couleur à cuve mérite une mention spéciale, parce qu'elle
fait concurrence à l'indigo : c'est le bleu hydron, dérivé du carbazol, et dont l'invention est due à un chimiste français. Par son

mode de préparation, elle pourrait, il est vrai, être aussi rattachée aux couleurs au soufre.

Couleurs dérivées de l'anthraquinone. — Ces couleurs sont aussi connues sous le nom d'alizarines, car la plus importante est l'alizarine qui donne du rouge sur mordant d'alumine. Sa consommation s'élevait en France, avant la guerre, à environ 1 million de francs correspondant à un peu plus de 200 tonnes. Il faut prévoir une diminution dans son emploi puisque le rouge a disparu de l'uniforme de nos soldats.

En dehors de l'alizarine rouge il y avait aussi des alizarines pour orangé, pour bleu, pour brun, pour vert, pour noir, etc., les alizarines sulfonées : alizarine-cyanines, bleus saphirols, verts cyanines, rubinols, etc., ainsi que certaines couleurs pour cuves déjà mentionnées (indanthrène) soit pour le moins une trentaine de marques. Le total de ces couleurs peut atteindre un chiffre d'affaires de 1 million, ce qui fait pour environ 2 millions de couleurs dérivées de l'anthraquinone.

Pour leur fabrication il faut disposer de l'anthraquinone, que l'on fait par oxydation de l'anthracène, et dont il faudrait approximativement 300 tonnes annuellement.

Il peut être intéressant de noter que l'alizarine a été fabriquée en France. mais cette fabrication a dû être abandonnée, la lutte économique avec les usines allemandes ne paraissant pas possible. La même observation s'applique à la Suisse qui a également cessé cette fabrication ; seule l'Angleterre a pu continuer à faire de l'alizarine sur une échelle d'ailleurs limitée.

Couleurs d'aniline. — Au point de vue chimique, les couleurs dites d'aniline font partie de plusieurs groupes : ainsi l'auramine dérive du diphénylméthane ; la fuchsine, les violets et verts d'aniline, etc., du triphénylméthane ; le bleu Victoria du diphénylnaphtylméthane ; la safranine est une azine ; le bleu de Meldola une oxazine ; le bleu de méthylène une thiazine, etc. On peut aussi rattacher ici les indulines, les acridines, la thioflavine, etc.

La fuchsine se prépare soit par oxydation de l'aniline pour rouge par le nitrobenzène, ou, par voie de condensation, à partir de la formaldéhyde.

Le violet d'aniline, qui est une couleur fort importante, se fait par oxydation de la diméthylaniline; c'est une fabrication française. Il est toutefois concurrencé par le violet cristallisé qui se prépare par l'action de l'oxychlorure de carbone sur la diméthylaniline.

Cette base alcoylée est non seulement importante pour les violets, mais aussi pour les verts (vert malachite); sa préparation s'effectue en chauffant, en vase clos, de l'aniline avec du méthylène en présence d'acide sulfurique. C'est encore une fabrication d'origine française et qui ne présente aucune difficulté particulière.

Par sulfonation des couleurs basiques, ou plus souvent par synthèse directe, on prépare les verts, violets et bleus acides qui ont une importance considérable, notamment le bleu carmin, le bleu cyanol, le violet formyle, le violet 6 BN, etc.

A signaler aussi les bleus alcalins et leurs dérivés, qui se font à partir de la rosaniline et les indulines sulfonées préparées par la sulfonation directe des indulines.

Parmi les matières premières nécessaires, il faut mentionner l'aldéhyde formique, le phosgène, la benzaldéhyde et ses dérivés sulfonés, chlorés et nitrés, les amines alcoylées : diméthylaniline, diéthylaniline, benzylméthylaniline, benzyléthylaniline, diphénylamine, méthyldiphénylamine, etc., et leurs dérivés sulfonés. On prépare d'abord les matières intermédiaires, telles que le diamidodiphénylméthane, la cétone de Michler, le tétraméthyldiamidobenzhydrol qui, par des condensations avec des produits appropriés, donnent soit directement des colorants, soit des leucobases qu'une oxydation ultérieure transforme en couleurs. Il faut compter pour le moins une trentaine de marques importantes.

Phtaléïnes. — Ces couleurs dérivent, ainsi que leur nom l'indique, de l'acide phtalique, et on les prépare par condensation de cet acide avec la résorcine (éosine) ou avec le diméthyl-m-aminophénol (rhodamines). Elles se distinguent par leur vivacité et aussi par leur prix relativement élevé. Pour les fabriquer, il faut avoir l'acide phtalique, qui se fait par oxydation de la naphtaline par l'acide sulfurique fumant et, pour plusieurs d'entre elles, du brome que l'on fabrique actuellement en France.

On possède aussi des couleurs sulfonées dans ce groupe : des sulforhodamines, violets A 2 R etc. (au total une dizaine de marques importantes).

Couleurs diverses. — Les gallocyanines présentent surtout de l'intérêt pour les indienneurs. La gallocyanine même résulte de la condensation de la nitrosodiméthylaniline avec l'acide gallique; le prune avec l'éther méthylique de cet acide. Leur préparation suppose celle de l'acide gallique que l'on importait de l'étranger (66 q. m. en 1913), de même du reste que le tanin pur, employé en teinture et en œnologie. Voilà encore, soit dit en passant, des fabrications qui seraient à installer. Pour celle du tanin pur, on trouverait facilement des débouchés pour 100 tonnes, chiffre inférieur à la consommation actuelle.

Parmi les couleurs nitrées, la plus importante du groupe est certainement le jaune de naphtol S qui dérive de l'α-naphtol. L'acide picrique est plus intéressant comme explosif que comme colorant.

Les couleurs nitrosées sont des couleurs à mordants; nous mentionnerons en particulier le nitroso-β-naphtol ainsi que son dérivé bisulfité (naphtine S).

Il faut, enfin, signaler les couleurs générées sur fibre même, et, en particulier, le noir d'aniline qui consomme des quantités considérables d'aniline pour sa préparation. La p. amidodiphénylamine trouve un emploi plus restreint ainsi que certaines bases organiques : p. phénylènediamine, p. amidophénol qui servent à la teinture des peaux et fourrures.

Nous n'avons pu entrer dans des détails sur la fabrication des nombreux colorants industriels qui résultent le plus souvent de condensations de matières intermédiaires, soit directement, soit par oxydation subséquente, comme nous l'avons mentionné pour certaines couleurs dérivées du triphénylméthane, de même que pour les azines, oxazines et thiazines, acridines, etc.

Il peut, cependant, au point de vue économique, être intéressant de noter ici la plus-value que subissent les matières premières par leur transformation en matières colorantes. La benzine (30 fr. les 0/0 kgs) transformée en acide picrique (220 fr. les 0/0 kgs) subit une plus-value de 11 fois la valeur initiale ; le même carbure transformé en fuchsine (800 fr. les 0/0 kgs) une plus value de

14 ; et s'il l'est en indigo (900 fr.) de 30. Dans le groupe de l'anthracène (35 fr. les 0/0 kgs), la transformation en alizarine (700 fr. 0/0 kgs) augmente la valeur initiale de 18 fois, celle en indanthrène (35 fr. le kg) plus de 50 fois, etc. Les plus-values dépendent, évidemment, des opérations chimiques à effectuer, de leur nombre, de leur rendement et do leur complexité, mais il faut cependant faire remarquer qu'elles sont aussi fonction des prix de vente qu'on peut obtenir. Or, ceux-ci étant réglés par le fait de la concurrence, les produits qui sont dans le domaine public seront forcément à des prix plus bas que les spécialités brevetées. Il y a donc intérêt à posséder et à développer ces dernières, et c'est un des buts essentiels du laboratoire de recherches de créer et d'élaborer de nouveaux produits intéressants. Or, il ne faut pas l'oublier : l'invention intéressante sera toujours le coup de dé heureux, qu'il faut amener par la fréquence des opérations et cela nécessite un personnel fort nombreux.

D'autre part, cette plus-value relativement considérable explique comment des pays comme la Suisse, qui sont obligés d'importer leurs matières premières, peuvent néanmoins lutter, même sur le marché mondial, avec des concurrents plus favorisés quant à ces matières.

En résumé, on aura vu par l'exposé très sommaire que nous venons de faire, que les industries françaises consomment pour environ 25 à 26 millions de francs de colorants artificiels par année, qui, au prix moyen de 3.000 francs la tonne, représentent environ 8.500 tonnes de produits (1).

Si l'on veut examiner les divers groupes on arrive au partage suivant : couleurs azoïques, 8 millions ; couleurs au soufre,

(1) Notons ici que la consommation anglaise en colorants artificiels s'élève à 19.000 tonnes d'une valeur de 50 millions de francs, celle des États-Unis à 26.000 tonnes valant 70 millions environ. Ces pays ne produisaient avant la guerre qu'une faible fraction de leur consommation.

(On pourra consulter pour les États-Unis la brochure de Thomas H. Norton : *Artificial dyestuffs in United States ; quantity and values of foreign imports and of domestic production during the fiscal year* 1913-1914 ; Washington, 1916).

3 millions : indigo, 4 millions ; couleurs à cuve, 1 à 1 1/2 million ; couleurs dérivées de l'anthracène, 2 millions ; couleurs d'aniline basiques et acides, 4 à 5 millions ; couleurs et produits divers, 2 à 3 millions. Sur ce total de 25 millions de francs, on en importait pour 8 millions de francs environ d'Allemagne, de sorte qu'on fabriquait en France pour 17 millions de francs de couleurs, en utilisant toutefois pour 7 à 8 millions de francs de produits intermédiaires, également importés d'Allemagne. Ce chiffre d'affaires global est à partager entre 7 usines principales, dont 6 étaient des succursales de maisons allemandes. La production française atteignait environ 10 à 15 0/0 de la consommation. C'est-dire tout le développement que peut prendre cette industrie dans notre pays, sans compter qu'avec l'Alsace reconquise, qui possède une industrie textile considérable, on verrait la consommation augmenter encore de 6 à 7 millions environ. Nous n'envisageons même pas pour le moment l'exportation dans les pays alliés et neutres, mais si l'industrie française devait arriver à ce résultat, il s'agirait alors de chiffres beaucoup plus considérables.

Mais il n'est peut-être pas inutile d'insister sur le fait qu'il y aurait lieu de créer une entente entre les divers pays et leurs usines pour éviter une dispersion des efforts. Un programme d'action commun bien établi et rigoureusement exécuté faciliterait sensiblement la lutte avec l'industrie allemande qui, il ne faut pas l'oublier, restera redoutable, malgré l'issue du conflit actuel.

ANNEXES AU CHAPITRE XXI

Exportations allemandes en colorants et produits intermédiaires

	1913	1913
	(Tonnes)	(Francs)
Couleurs d'aniline	64.287	177.598.750
Alizarine	6.137	11.657.500
Couleurs d'anthracène	4.907	15.308.750
Indigo..............................	33.832	66.653.750
Carmin d'indigo	256	1.181.250
Total ....,.................		272.400.000
Aniline et sel d'aniline	7.264	7.398.750
Naphtols et naphtylamines...........	3.106	3.797.500
Produits divers.....................	5.950	7.840.000
Totaux...................	125.284	291.436.250

Production mondiale de colorants artificiels

Groupe de colorants	Production	Valeur moyenne	Valeur totale
	(En tonnes)	(Frs. par t)	(Millions de fr.)
Indigo 100 %	8.000	10.000	80,00
Noirs au soufre	15.000	2 000	30,00
Couleurs au soufre	5.000	2.000	10,00
Couleurs azoïques	60.000	2.000	120,00
Couleurs d'aniline	10.000	6.000	60,00
Couleurs d'anthracène	6.000	6.000	36,00
Couleurs diverses	6.000	3.000	18,00

Production mondiale des colorants par pays (1913)

Pays	Production	Valeur totale
	(En tonnes)	(En millions de francs)
Allemagne	95.000	295,00
Suisse	8.000	25,00
France ⎫		
Etats-Unis ⎬	7.000	20,00
Angleterre ⎭		

Consommation mondiale en colorants (1913)

Pays	Consommation	Valeur totale
	(En tonnes)	(En millions de francs)
Etats-Unis	26.000	78,00
Angleterre	19.000	57,00
Allemagne	15.000	45,00
France	9.500	28,50
Russie	10.000	30,00
Italie	8.000	24,00
Autriche-Hongrie	7.800	17,50
Autres pays	14.500	50,50

XXII

L'INDUSTRIE DES PRODUITS PHARMACEUTIQUES
ET DES PARFUMS SYNTHÉTIQUES (1)

Les mêmes raisons qui ont conduit à l'état d'infériorité de notre industrie des matières colorantes peuvent être invoquées pour le domaine des produits pharmaceutiques. Un grand nombre de ces composés a été découvert en Allemagne et y a été étudié au point de vue physiologique et clinique. Il faut bien reconnaître, qu'au point de vue de l'organisation du travail scientifique, nos adversaires sont passés maîtres et qu'ils ont su obtenir le plus grand rendement de la main-d'œuvre scientifique, considérable chez eux et à peu près inexistante chez nous. En dehors de ce fait, il faut ajouter la remarquable organisation commerciale allemande et le bon fonctionnement des cartels des fabricants de ces produits. Ce bon fonctionnement est dû particulièrement à l'esprit de discipline et sans doute aussi à la correction commerciale des participants. Il ne faut pas perdre de vue non plus que les produits pharmaceutiques ne

(1) Bibliographie à consulter : *Les produits pharmaceutiques industriels*, 2 vol. par P. CARRÉ (1909).

Les produits chimiques employés en médecine, par TRILLAT.

La fabrication des produits pharmaceutiques, conférence par E. FOURNEAU (1915).

Abrégé de la chimie des parfums, par P. JEANCARD et C. SATIE (1904).

Les parfums artificiels, par E. CHARABOT.

L'industrie des parfums, par M. OTTO (1909).

Les huiles essentielles et leurs principaux constituants, par CHARABOT, DUPONT et PELLET (1899).

La fabrication des parfums synthétiques, conférence par J. DUPONT (1915).

peuvent être brevetés en France, qu'en outre la question des marques de fabriques est d'une importance extrême, ainsi que les rapports entre les médecins appliquant les remèdes et les inventeurs de ces produits. Trop souvent aussi, la fabrication et la vente ne peuvent s'effectuer que sous l'égide d'un pharmacien prête-nom, ce qui n'est pas pour favoriser l'initiative des chimistes ainsi relégués au second plan. Toutes ces questions forts complexes mériteraient une étude spéciale qui ne peut rentrer dans le cadre de ce chapitre.

En tous les cas, il importe de faire remarquer que le développement des industries dérivées du goudron de houille entraînera forcément le développement des industries pharmaceutiques. Plusieurs des produits intermédiaires signalés plus haut servent aussi bien de point de départ pour les colorants que pour les remèdes synthétiques.

Ainsi l'acétanilide dérive de l'aniline, de même que les arsénicaux : l'atoxyle, l'hectine, le 606, l'arséno-benzol, le galyl, etc. ; le gaïacol et ses dérivés se préparent avec l'o-anisidine ; la phénacétine avec la paraphénétidine ; l'aspirine, le salicylate de méthyle, le salol, le salicylate de soude sont des dérivés de l'acide salicylique ; le benzonaphtol dérive du β-naphtol ; l'adrénaline de la pyrocatéchine ; la novocaïne, la nirvanine et l'orthoforme des acides amidobenzoïques ; la phénolphtaléïne de l'acide phtalique ; le vioforme, la lorétine des oxyquinoléïnes, etc. Comme pour certains colorants, on emploie aussi des dérivés de la série grasse pour la synthèse de l'antipyrine, du pyramidon, de la pipérazine, de la stovaïne, de l'alypine, de l'eucaïne ; quelques produits pharmaceutiques dérivent même complètement de cette série, tels que le chloral, le chloroforme, l'iodoforme, le sulfonal, le trional, l'isopral, le véronal, l'adaline, l'hexaméthylène tétramine (urométine) et d'autres encore.

Il ne peut entrer dans notre idée de vouloir donner une énumération complète de tous ces produits, ni d'étudier leur fabrication et leur consommation, d'autant plus qu'ils sont fort nombreux, et que, d'autre part, un assez grand nombre n'a souvent qu'une existence éphémère. Mais il importe toutefois de faire remarquer que les matières premières nécessaires à leur fabrication, outre celles dérivées du goudron de houille, sont avant tout le chlore, le brome, la potasse, le cyanure de potassium, le magnésium, l'alcool, l'acide acétique, l'alcool méthylique, l'acétone, le phosgène ainsi que l'iode, dont nous avons déjà eu plusieurs fois l'occasion de nous occuper et dont plusieurs nous manquaient, surtout la potasse et le magnésium.

Quant à la question de l'alcool (1), sa dénaturation, son prix, etc., c'est encore une question qui ne peut être examinée ici, mais qui est fort importante par suite de l'emploi considérable de ce produit,

Au point de vue de la fabrication, aucun de ces produits n'offre de difficultés insurmontables et, de fait, la plupart ont été préparés en France, sauf peut-être la phénacétine et le sulfonal et ses dérivés. Nul doute qu'on pourra les fabriquer tous et dans des conditions permettant la lutte économique avec nos rivaux, en présence des améliorations matérielles et morales que nous espérons dans nos industries organiques.

Il y aurait peut-être lieu de développer chez nous l'industrie des édulcorants artificiels, et de la saccharine en particulier, qui dérive du toluène. Elle fait l'objet d'une fabrication importante dans les usines suisses (2).

On peut rattacher ici la fabrication des alcaloïdes ; la quinine constitue une fabrication française qui, cependant, au point de vue de ses dérivés n'a pas été suffisamment développée. La morphine est surtout produite par les Anglais et aussi par l'Allemagne ; il semble que c'est surtout une question de droits qui empêche sa fabrication chez nous comme celle de la théobromine et de la caféine.

Dans d'autres cas, on transforme des produits naturels par des traitements chimiques ; ainsi la dionine et l'héroïne dérivent de la morphine. On prépare aussi des dérivés du santal, du thymol, de

_____

(1) Voir : *La dénaturation de l'alcool en France*, par René Ducuenin (1907).

Rapport sur le Régime de l'alcool (Office des Produits Chimiques et Pharmaceutiques), par Eugène Charabot (1916).

(2) L'usage de ce produit a été autorisé par suite de la diminution de la production sucrière pendant la guerre et l'on a été amené à faire une production mensuelle de 10.000 kilogrammes.

l'ichthyol, des sels de mercure et d'argent complexes (protargol)⋅ des produits dérivés des peptonates et albumoses (somatose, ferro-somatose, lactosomatose, etc.), les glycérophosphates divers qui donnent lieu à des exportations importantes (environ 30 t.). Ce n'est que pour mémoire que nous citons les huiles médicinales, les extraits des plantes, glucosides et principes actifs, les extraits des glandes, les sérums, etc., qui ne rentrent plus directement dans le domaine que nous traitons.

Nous ne pouvons insister non plus sur les spécialités pharma-ceutiques, malgré l'importance de quelques-unes, comme le mé-thylarsiniate de soude (histogénol), le chlorure d'éthyle (Kelène), l'émulsion Scott, ainsi que les solutions antiseptiques à base d'acide borique, qui forment une grosse part de notre exportation (envi-ron 35 t.). etc., car le succès de ces produits dépend surtout des procédés commerciaux mis en œuvre pour les lancer.

Nous n'avons pas d'éléments suffisants pour déterminer d'une façon certaine le chiffre d'affaires des produits pharmaceutiques synthétiques ; nous estimons cependant qu'il peut s'élever de 10 à 15 millions de francs dans lesquels il faut compter pour 1 million et demi de produits importés.

* *

Passons maintenant aux parfums synthétiques qui constituent également une industrie importante.

Ainsi la production totale de la vanilline artificielle est d'au moins 120 tonnes annuellement d'une valeur de près de 4 millions de francs. Pour le musc artificiel, il y a également des débouchés considérables, puisque la production de certaines usines atteint 50 tonnes annuellement, d'une valeur de plus d'un demi-million. Les importations de parfums synthétiques se montent à 70 tonnes environ d'une valeur de 1 1/2 million, alors que l'on peut estimer les exportations à 5 millions environ. Il faut encore ajouter à ces chiffres la consommation intérieure qui est considérable, de sorte que l'on peut évaluer le chiffre d'affaires des huit usines françaises de 10 à 15 millions alors que l'on estimait la production mondiale d'avant-guerre en parfums synthétiques à 65 millions environ.

L'industrie allemande était particulièrement favorisée par ces fabrications parce qu'elle disposait notamment des dérivés de la distillation du goudron ainsi que du chlore électrolytique.

Ce qui est certain, c'est que le développement de l'industrie du chlore va permettre aux usines françaises de fabriquer l'aldéhyde benzoïque et l'alcool benzylique qui dérivent du toluène ; elles pourront aussi développer la fabrication de la vanilline que l'on synthétise en partant du gaïacol, obtenu lui-même avec l'o-anisidine en partant du chlorbenzène. On ne peut assez insister sur le fait que les industries organiques forment un bloc, ainsi que cet exemple le démontre, car le chlorbenzène sert aussi de matière première pour les couleurs, et l'avancement de l'une des industries provoque tout naturellement l'avancement des autres.

Parmi les dérivés aromatiques odorants, il y a encore lieu de citer les éthers de l'acide salicylique, l'oxyde de phényl, l'acétylanisol, la coumarine, les aldéhydes cinnamique et anisique, l'anthranilate de méthyle, les éthers benzoïques et cinnamiques, l'éther méthylique du β-naphtol, l'indol, l'acétophénone, la méthyl-acétophénone, le diphényl-méthane, l'alcool phényléthylique, etc., qui se préparent d'après les méthodes synthétiques connues. A signaler cependant plus particulièrement les méthodes synthétiques au magnésium et les méthodes catalytiques qui sont applicables par suite des prix relativement élevés des produits.

Si le plus grand nombre des produits odorants dérivent de la série benzénique, il en est d'autres pourtant fournis par la série grasse, tels que les éthers de certains acides gras, l'acétate d'amyle par exemple, qui servent d'essences de fruits artificielles.

Nous avons déjà eu l'occasion de signaler l'industrie des parfums naturels, qui est une industrie française fort importante par elle-même (chiffre d'affaires environ 30 millions de francs) et qui est complétée par des transformations chimiques de certaines huiles essentielles. Nous signalerons ainsi surtout la fabrication de la vanilline à partir de l'eugénol, de l'héliotropine avec le safrol, de l'ionone avec le citral, du terpinéol et de ses éthers en partant de l'essence de térébenthine. Nos colonies tropicales pourraient nous fournir, plus que par le passé, des huiles essentielles de lemon-grass, de géranium, de badiane, de bois de rose, de thym, de palma-rosa, de basilic, etc., dont quelques-unes peuvent donner lieu à des fabrications nouvelles et intéressantes (du thymol par exemple).

Il est inutile d'insister ici sur l'art du parfumeur qui consiste à mélanger et à assortir les parfums divers ainsi qu'à les présenter sous une forme agréable ; dans ce domaine les parfumeurs français jouissent d'un renom très justifié.

*
* *

Les produits photographiques et particulièrement les révélateurs usités en photographie, peuvent être rattachés ici. A mentionner, notamment, l'hydroquinone qui se fait à partir de l'aniline, le diamidophénol (amidol), par réduction du dinitrophénol, le p-amidophénol (rhodinal), le monométhyl-p-amidophénol (métol) obtenù à partir de la glycine du p-amidophénol, l'acide pyrogallique qui se fait à partir de l'acide gallique, etc.

On pourrait également signaler ici la fabrication des plaques, films et papiers photographiques pour lesquels nous possédons quelques usines renommées. Mais dans ce domaine encore les Allemands, grâce à leur organisation technique et commerciale, avaient su se créer des débouchés fort importants (Agfa, Hauff, etc.) et nos importations dépassaient le million.

Enfin, il y aurait à signaler les produits de laboratoire, employés en synthèse organique, et pour lesquels nous étions aussi, dans une large mesure, tributaires des usines spéciales allemandes (Kahlbaum, Merck, de Haen). Sans atteindre comme importance les industries qui viennent d'être étudiées, cela représente néanmoins un chiffre d'affaires qui n'est pas négligeable.

Au total, on peut estimer que toutes les industries organiques synthétiques que nous venons d'étudier sommairement et qui prennent le goudron de houille comme point de départ, représentent un total d'environ 50 millions de francs, dont la moitié à peine était le produit de l'industrie française. C'est dire l'importance de la reprise qu'il y a à effectuer dans ce domaine où l'industrie allemande avait su prendre une place prépondérante.

XXIII

INDUSTRIES ORGANIQUES DIVERSES

Parmi les diverses industries organiques qui n'ont pu être citées que d'une façon sommaire dans les chapitres précédents, il y a lieu de revenir sur quelques-unes avec plus de développements. Il y aura à distinguer entre celles qui sont de nature synthétique (acides formique, oxalique, benzoïque, par exemple) et celles qui se bornent à transformer des produits naturels (tanins, acides gallique et pyrogallique, etc.). On ne peut cependant faire une séparation nette entre ces deux domaines. Ainsi l'acide oxalique, qui se fait par action de l'alcali en fusion sur la sciure de bois, peut aussi se préparer par voie synthétique à partir des formiates. En dernière analyse toutes les industries organiques prennent comme point de départ des produits naturels d'origine végétale, animale ou minérale (combustibles fossiles, huiles minérales).

La première phase est généralement une phase destructive : carbonisation des houilles, distillation du bois, lessivation des lignoses, hydrolyse des graisses, des albuminoïdes etc., qui conduit à des produits définis et bien caractérisés que l'on peut alors considérer comme de véritables matières premières (benzène, toluène, naphtaline, anthracène, acide acétique, alcool méthylique, cellulose, glycérine, etc.). Dans d'autres cas, on se borne à isoler, par des méthodes mécaniques, le principe actif contenu dans les produits naturels, soit par distillation et fractionnement comme dans les pétroles, soit par extraction à l'aide de solvants aqueux ou volatils (industrie sucrière, corps gras, tanins, quinine, caféine, etc.), soit par d'autres procédés physiques ou mécaniques (amidon, huiles et graisses).

Il y a, enfin, les industries organiques qui ont pour but la transformation des produits naturels et une amélioration de leurs propriétés : telles sont les industries tinctoriales et du blanchiment notamment, qui ne modifient pas la composition du produit initial et les industries de la tannerie, du caoutchouc vulcanisé. etc.; de la soie artificielle, etc., qui procèdent par voie de transformation chimique de la matière initiale. Plusieurs de ces industries ont déjà été mentionnées au cours de ces études, surtout celles qui se rattachent aux produits du sol. Les industries tinctoriales feront encore l'objet d'un chapitre spécial.

*
**

ACIDES ORGANIQUES. — *L'acide formique* a acquis, depuis une vingtaine d'années, une importance croissante et a pu, dans certains emplois, remplacer l'acide acétique que l'on tend à préparer également par voie synthétique à partir du carbure de calcium. L'acide formique s'obtient, industriellement, en utilisant une synthèse due à Berthelot : action de l'oxyde de carbone sur les alcalis caustiques dans des conditions bien déterminées de pression (1). Ce procédé a été mis au point par Goldschmidt ; il est exécuté dans deux usines françaises dont la production dépasse la consommation française.

L'acide formique trouve son emploi principal dans l'industrie textile ; on l'utilise pour le mordançage de la laine par réduction des bichromates ; il sert aussi en impression. La production allemande s'élevait à 5.000 tonnes, ce qui démontre l'importance de ce produit ; une notable partie de cette production était exportée. Nous sommes affranchis maintenant des importations allemandes et nous exportons à notre tour, surtout en Italie et en Angleterre, (1.898 q. m. en 1918).

Le formiate de soude peut aussi servir de point de départ pour la

(1) *L'acide formique ou méthanoïque*, par ANDRÉ DUBOSC (1912).

préparation de l'*acide oxalique* ; il suffit, en effet, de chauffer le formiate à une température approprié pour qu'il donne de l'oxalate avec dégagement d'hydrogène. Si simple que paraisse cette réaction, elle offre, cependant, des difficultés d'exécution très sérieuses sur lesquelles nous ne pouvons insister ici, mais dont on peut se rendre compte par le nombre assez considérable de brevets pris à ce sujet.

L'acide oxalique se prépare surtout par action de l'alcali en fusion sur la sciure de bois et cette industrie, pratiquée en Norvège, en Angleterre et en Allemagne, fournissait une notable partie de la production mondiale en acide oxalique. On comprend que cette fabrication, qui exige des quantités assez importantes de houille, n'ait pu réussir chez nous et ait été abandonnée. La totalité de l'acide oxalique consommé en France, soit 850 tonnes annuellement, venait donc de l'étranger et la guerre ne paraît pas nous avoir suffisamment affranchis de cette dépendance.

Il n'est peut-être pas sans intérêt de noter qu'aussi bien l'industrie de l'acide formique que celle de l'acide oxalique consomment de l'acide sulfurique pour la décomposition des formiates et des oxalates ; il s'agit d'une quantité approximative de 1.000 tonnes qui viendrait diminuer d'autant l'excédent qui sera disponible après la guerre.

Sans être des industries de premier plan, elles représentent cependant un chiffre d'affaires de près d'un million de francs qui pourrait certainement être augmenté encore.

Peu de chose à dire sur les acides gras supérieurs : l'acide propionique s'obtient comme sous-produit du lavage des laines, à partir des sels de potasse du suint, et n'a guère d'emplois. De même les acides butyriques et valérianiques ne servent que pour des essences synthétiques de fruits ou pour des produits pharmaceutiques.

Les acides gras proprement dits : acides palmitique, stéarique, oléique, ricinique ont déjà été signalés dans le chapitre sur les graisses. Il en est de même des acides gras non saturés dérivés des huiles siccatives et que l'on n'isole que pour des études scientifiques. Il peut être quand même intéressant de signaler que certains de ces acides, qui sont d'une obtention relativement facile, pourraient servir, le cas échéant, de point de départ pour des industries futures.

Parmi les acides dérivés du règne végétal, il a déjà été question précédemment des *acides tartrique et citrique.*

La préparation synthétique de ces acides ne paraît pas devoir être envisagée pour le moment. Cependant il y a lieu de signaler ici que, pour certains emplois, l'acide tartrique peut être remplacé par *l'acide glycolique* qui est en somme, un acide tartrique dédoublé. On l'obtient industriellement, en Allemagne, par la réduction électrolytique de l'acide oxalique.

Cet acide peut aussi s'obtenir à partir du trichloréthylène par action d'un lait de chaux à 200° C. Dans d'autres conditions, en hydrolysant ce chlorure par l'acide sulfurique, on peut synthétiser de l'acide monochloracétique. Tous ces procédés peuvent devenir techniques lorsque les conditions économiques sont favorables.

L'acide monochloracétique sert dans l'industrie des couleurs ; quant à l'acide glycolique son débouché principal paraît être dans les industries textiles. Pour pouvoir s'en servir dans les industries alimentaires, il faudrait l'obtenir exempt de plomb, ce qui n'est pas sans offrir des difficultés assez sérieuses.

Notons aussi que *l'acide lactique,* déjà mentionné précédemment et qui ne se prépare jusqu'à présent que par voie microbienne, est également un substituant de l'acide tartrique dans les industries tinctoriales. Les importations qui se sont abaissées de 2.250 q. m. en 1913 à 108 q. m. en 1918 indiquent que cette fabrication a été montée en France au cours de la guerre.

L'acide dioxytartrique, qui s'obtient en partant de l'acide tartrique par action du mélange sulfonitrique et décomposition, par l'eau, de l'acide nitrotartrique formé, a été autrefois la matière première pour la préparation d'un colorant jaune fort important : la tartrazine. Il semble cependant que l'on préfère prendre actuellement comme point de départ l'éther oxalacétique, qui résulte de la condensation de l'éther oxalique avec l'éther acétique en présence de sodium.

Deux acides organiques de faible importance sont : l'acide lévulique et l'acide succinique. *L'acide lévulique* peut s'obtenir par action de l'acide chlorhydrique sur les hydrates de carbone : il est sans emploi important actuellement. L'*acide succinique* se forme en petites quantités lors de la fermentation alcoolique ; il peut aussi se préparer par la voie de fermentation en partant de l'acide tartrique dont il est un produit de réduction. Cet acide sert un peu dans l'industrie des matières colorantes et il semble qu'on devrait pouvoir le synthétiser, dans des conditions industrielles, en partant de l'alcool ou de l'éthylène, par des procédés connus.

Un produit dérivé de l'acide acétique et qui mérite d'être mentionné plus particulièrement est *l'anhydride acétique*, utilisé dans l'industrie organique des couleurs et des produits pharmaceutiques et notamment aussi pour l'acétylation de la cellulose. On l'obtient, à partir de l'acétate de soude anhydre, par l'action de divers agents, en particulier des chlorures d'acides inorganiques ou organiques. Au lieu de prendre par exemple du chlorure de sulfuryle on peut avantageusement faire agir un mélange d'anhydride sulfureux et de chlore sur de l'acétate de chaux. C'est probablement d'après ce procédé que l'on prépare actuellement les quantités d'anhydride acétique importantes nécessaires pour préparer les acétylcelluloses.

⁂

Parmi les acides aromatiques, il y a à mentionner *l'acide benzoïque* qui se fait à partir du toluène. Celui-ci est chloré dans la chaîne latérale à l'état de chlorure de benzényle ; puis le chlorure est hydrolysé en présence d'un lait de chaux par addition de fer en poudre agissant comme catalyseur. L'acide benzoïque est ensuite séparé de sa solution alcaline par acidification. On le purifie par sublimation.

Cet acide n'était pas fabriqué en France avant la guerre ; sa consommation était d'environ 30 tonnes d'une valeur approximative de 200.000 francs. On le prépare actuellement par oxydation de la benzaldéhyde. L'acide benzoïque sert comme antiseptique particulièrement sous forme de benzoate de soude ; on l'emploie aussi pour préparer le benzonaphtol ; son chlorure sert dans l'industrie des couleurs.

L'acide *salicylique* est une matière première des plus importantes pour de nombreux produits thérapeutiques : l'aspirine, le salol, le salophène, le salicylate de soude. Sa préparation industrielle se fait à partir du phénol, qui est transformé en phénate de soude absolument sec sur lequel on fait agir, dans un autoclave, de l'acide carbonique sous pression. Le salicylate de soude formé est ensuite décomposé par un acide minéral et l'acide salicylique obtenu purifié par sublimation ou cristallisation. Ses emplois dans l'industrie des couleurs et des produits pharmaceutiques sont multiples.

L'acide *phtalique* est un produit important pour l'industrie des couleurs et pour la préparation de l'acide anthranilique. Le procédé industriel actuel consiste à oxyder la naphtaline par l'acide sulfurique en présence d'un sel de mercure agissant comme catalyseur. L'anhydride phtalique fondu, traité par du gaz ammoniac, fournit de la phtalimide ; celle-ci est transformée, en solution alcaline, par l'hypochlorite de soude en acide anthranilique dont les éthers sont des parfums synthétiques.

L'acide *gallique* s'obtient par dédoublement du tanin contenu dans les noix de galles soit par fermentation, soit par des actions alcalines ou acides. Il sert, ainsi que son dérivé l'acide gallamique et son éther méthylique, dans l'industrie des colorants artificiels (gallocyanines). On l'emploie également dans l'industrie des produits pharmaceutiques (dermatol).

L'acide gallamique s'obtient également comme l'acide gallique à partir des noix de galles.

Pour l'acide gallique nous étions tributaire de l'étranger, de l'Angleterre et de l'Allemagne notamment ; nos importations se sont élevées à 66 q. m. en 1913.

Enfin, par sublimation de l'acide gallique, on obtient de l'*acide pyrogallique* qui trouve différents emplois dans les arts.

ALCOOLS ET DÉRIVÉS. — Nous ne reviendrons plus ici sur la préparation de l'*alcool* par voie de fermentation qui est, jusqu'à présent, son principal procédé de préparation.

Nous avons déjà signalé qu'on pouvait l'obtenir par voie synthétique à partir du carbure de calcium et des usines se sont montées
pour l'exploitation de ce procédé.

Rappelons seulement que le procédé synthétique consiste à hy-
drater l'acétylène, obtenu par décomposition du carbure par l'eau,
en aldéhyde acétique. Cette opération se fait en présence de mercure ou de sels de mercure agissant comme catalyseurs. L'aldéhyde obtenue doit ensuite être réduite en alcool éthylique par hydrogénation. Le procédé paraît suffisamment au point pour que des
usines suisses en fassent l'exploitation industrielle.

D'après les indications fournies, il faudrait, pour fabriquer une
tonne d'alcool, deux tonnes de carbure de calcium et 500 mètres
cubes d'hydrogène. Comme dépense de matières premières, on
peut donc admettre 4 tonnes de chaux et 2 1/2 tonnes de houille
et comme dépense de force motrice 11.000 kilowatts-heures.

On ne peut encore donner une opinion motivée sur l'avenir de
ce procédé. Il serait évidemment intéressant de pouvoir réserver
à l'alimentation humaine ou du bétail les produits amylacés ou
sucrés qui servent actuellement de point de départ pour la fabrication de l'alcool industriel.

Il en est de même pour *l'alcool méthylique* qui ne s'obtient, et
en quantités relativement très faibles, que par une action destructive
du bois par voie pyrogénée. Là encore il paraîtrait intéressant
d'employer des procédés synthétiques à partir du méthane, par
exemple, en passant par le chlorure de méthyle. Cependant il est
difficile de limiter la chloruration du carbure à la phase monochlorée
et, jusqu'à présent, le problème n'a pas encore été réalisé industriellement. La pénurie du produit, dont de grandes quantités sont
nécessaires pour la fabrication des vernis à l'acétate de cellulose,
amènera peut-être une solution industrielle.

De même on peut envisager la synthèse de l'alcool amylique par
chloruration du pentane provenant des essences de pétrole.

Cependant, répétons-le, tous ces procédés ne sont pas encore
suffisamment étudiés pour l'application industrielle.

Parmi les dérivés des alcools, *l'acétate de méthyle* a trouvé un
emploi des plus importants dans la fabrication des vernis destinés à l'aviation. Sa préparation est des plus simples et repose

sur l'éthérification de l'acide acétique par l'alcool méthylique.

L'acétate d'éthyle peut se faire par acétylation de l'alcool, mais on peut également le synthétiser à partir de l'acétylène (synthèse combinée de l'alcool et de l'acide). Il sert notamment de point de départ pour l'éther acétylacétique, obtenu par l'action du sodium, qui est un produit intermédiaire important aussi bien pour les colorants que pour les produits pharmaceutiques (antipyrine et ses dérivés).

L'éther éthylique est un des produits les plus importants dérivés de l'alcool ; on le prépare par l'action de l'acide sulfurique. C'est de là que lui vient le nom erroné d'éther sulfurique qui lui est généralement attribué. L'industrie de l'éther éthylique s'est fortement développée en France, par suite de l'introduction dans l'armée et dans la marine des poudres sans fumée. Aussi la consommation d'alcool pour cette industrie a-t-elle progressé de 45.000 hl. en 1895 à 150.000 hl. en 1913. L'éther sert surtout de solvant, soit seul, soit en combinaison avec l'alcool : dans l'industrie du collodion, de la soie artificielle, des poudres sans fumée, du tanin à l'éther, etc.

Par oxydation des alcools on obtient les aldéhydes dont *l'aldéhyde formique* ou formol est la plus importante. Elle se fait industriellement en faisant passer des vapeurs d'alcool méthylique, mélangées d'air, sur un catalyseur approprié, généralement du cuivre. On la trouve dans le commerce sous forme d'une solution à 40 0/0 dont les applications déjà mentionnées précédemment sont multiples.

Notons ici que sur une importation totale de 46.787 q. m. nous recevions 3.088 q. m. d'aldéhyde formique d'Allemagne.

L'aldéhyde acétique peut être obtenue par hydratation de l'acétylène en présence de sels mercuriques ; ses emplois industriels sont peu importants.

L'acroléine, qui a peu d'intérêt en temps normal, a été fabriquée pendant cette guerre ; elle se fait par action du bisulfate de potasse sur la glycérine.

L'acétone se prépare par distillation sèche du pyrolignite de chaux ; c'est donc un dérivé de l'industrie des pyroligneux. Il ne

paraît y avoir, jusqu'à présent, de méthode synthétique industrielle satisfaisante pour l'obtention de ce produit (1).

Il en est de même de *l'éthylméthylcétone* sous-produit de l'industrie des sels de potassium retirés du suint de la laine.

La même observation peut s'appliquer au *furfurol*, obtenu par
l'hydrolyse des pentosanes du son et qui est un solvant intéressant
pour les vernis à base d'acétylcelluloses.

Parmi les dérivés des alcools polyatomiques, *l'acétine*, qui est
un mélange des éthers acétiques de la glycérine, mérite d'être
mentionnée. On l'emploie surtout dans les industries tinctoriales
comme dissolvant pour les couleurs basiques (bleu d'acétine).
Pour la préparer, il suffit de chauffer pendant 24 heures,
en montant de 120 à 160° C, un mélange de une partie de glycérine avec 1 1/2 partie d'acide acétique cristallisable ; l'eau formée
distille et il reste dans la tourie en grès, dans laquelle l'opération
s'est effectuée, l'acétine que l'on soutire après refroidissement.
Une acétine industrielle contient environ 50 0/0 d'acide acétique
combiné, de l'acide acétique libre et de la glycérine.

La *monochlorhydrine* et la *dichlorhydrine*, ou plutôt les dérivés nitrés de ces éthers chlorhydriques, offrent un certain intérêt
dans l'industrie des explosifs. *L'épichlorhydrine* peut trouver des
emplois comme dissolvant.

Quoique l'on puisse synthétiser les alcools polyatomiques ou
leurs dérivés par polymérisation du formol. il ne semble pas que
cette méthode ait trouvé un emploi. Elle paraît du reste sans intérêt pour les dérivés hexatomiques que l'on trouve abondamment
dans les produits naturels (fruits, miels, etc.) ainsi que dans leurs
produits de transformation immédiate.

Dans le cas d'une synthèse économique du formol, on pourrait
peut-être envisager par contre, la synthèse des composés de la série de la glycérine.

Enfin, il est intéressant de signaler que quelques dérivés soufrés,
tels que le *mercaptan* ont également un emploi industriel pour la

(1) En Allemagne l'acétone se prépare synthétiquement, en vue de la production
du caoutchouc artificiel, en faisant passer des vapeurs d'acide acétique sur un
catalyseur. L'acide acétique est obtenu à partir du carbure de calcium. Il est difficile de savoir si cette fabrication sera viable en temps de paix.

préparation de certains produits pharmaceutiques (sulfonal par exemple.)

La guerre a encore appelé à la vie d'autres fabrications organiques spéciales, telles que celles du chloroformiate de méthyle trichloré, du sulfure d'éthyle dichloré (ypérite), de l'acroléine, etc. ; il n'est pas certain cependant qu'elles se maintiendront dans là suite.

PRODUITS AZOTÉS. — Quoique la cyanamide calcique soit un produit préparé industriellement sur une vaste échelle, la cyanamide qui en est la substance mère, et qui pourrait servir de point de départ à de nombreuses synthèses industrielles, ne se prépare pas habituellement. Cela tient à son peu de stabilité ; elle se polymérise facilement (dicyandiamide) ou s'hydrolyse très facilement en donnant de l'urée. Cependant on peut envisager la cyanamide calcique comme point de départ pour différents produits, tels que l'urée, la guanidine, la thiourée etc., qui peuvent acquérir une importance industrielle.

Nous avons déjà parlé, en étudiant l'industrie sucrière, des méthylamines que l'on pouvait obtenir comme sous-produit des mélasses. On peut aussi en isoler la bétaïne qui a trouvé un emploi restreint en pharmacie sous forme de sel (acidol).

Ces amines alcoylées servent, sur une échelle limitée, dans l'industrie des couleurs et des produits pharmaceutiques. Il paraît plus avantageux de préparer la diméthylamine ou la diéthylamine à partir de la nitrosodiméthylaniline, ou du dérivé éthylé correspondant, par la scission alcaline. Quant aux produits azotés servant dans l'industrie des explosifs, nous leur réservons une étude spéciale vu leur importance considérable.

XXIV

L'INDUSTRIE DES POUDRES
ET DES EXPLOSIFS (1)

Cette industrie a acquis, par suite des événements que nous venons de traverser, une importance toute particulière et a dû être improvisée, pour ainsi dire, dans des conditions plutôt difficiles. En effet, le peu de développement de nos industries organiques a rendu singulièrement difficile la fabrication des explosifs, qui sont des composés organiques dérivés, par nitration, des produits formés lors de la distillation du goudron. On voit ainsi le rapport qu'il y a entre l'industrie des matières colorantes et celle des explosifs, et c'est là un argument nouveau pour développer cette première car, en cas de conflit, elle peut facilement être transformée pour la défense nationale, tandis que l'inverse n'est peut-être pas aussi simple que d'aucuns paraissent le croire.

D'autre part, il a fallu amplifier aussi certaines industries inorganiques indispensables, et en particulier celle de l'acide sulfurique fumant nécessaire pour les nitrations énergiques. La production de ce produit était peu importante avant la guerre; elle atteint actuellement un chiffre considérable, qui sera encore aug-

(1) Bibliographie à consulter : *Dictionnaire des matières explosives*, par F. DANIEL (1902).
Les explosifs et leur fabrication, par R. MOLINA et J.-A. MONTPELLIER (1919).
Le problème des poudres, par Alb. BUISSON.
Les explosifs modernes et leurs applications, par M. MOLINIÉ.
Les explosifs actuels, par Th. GUILBAUD (1916).
Les poudres et explosifs, par L. VEUXIN et G. CHESNEAU (1914).

menté quand toutes les installations en cours seront terminées, et représentera plus de 1/10. de la production en acide sulfurique. C'est dire l'excédent considérable d'acide fumant qui sera disponible après la guerre.

Il a fallu, de même, augmenter la production de l'acide nitrique à haute concentration, également indispensable pour certaines nitrations. Toutefois, dans bien des cas, on a pu employer directement le nitrate de soude sec en milieu sulfurique, ce qui simplifie sensiblement les méthodes de nitration.

* *

La production des explosifs est donc intimement liée à la question de la fixation de l'azote, exposée dans un chapitre précédent. Pour bien des raisons il eût été avantageux de pouvoir préparer en France même, et par voie synthétique, les nitrates nécessaires à ces fabrications. C'est ce que les Allemands, poussés par une nécessité impérieuse, ont réalisé en pleine guerre. En France, bien que disposant de la houille blanche, cette fabrication a été moins développée ; on avait cependant fait des installations pour une capacité de production d'environ 100.000 tonnes.

On sait que l'ancienne poudre noire, composée de charbon, soufre et salpêtre, dans les proportions de 1 : 1 : 6, utilise l'oxygène du nitrate comme oxydant. La base des explosifs et des poudres modernes est encore l'acide nitrique, soit sous forme de dérivés nitrés des composés aromatiques : trinitrophénol, trinitrocrésol, trinitrotoluène, etc., soit sous forme d'éthers nitriques des celluloses et de la glycérine dans les poudres sans fumée. Ces composés très riches en oxygène nitrique contiennent généralement assez d'oxygène pour leur combustion intérieure, qui, provoquée par une cause extérieure, est excessivement rapide. On développe ainsi, dans un temps extrêmement court, une quantité considérable de gaz, dont le volume se trouve encore augmenté par suite de l'élévation considérable de la température, et c'est ce phénomène qui occasionne précisément la force explosive ou propulsive de ces composés.

Dans d'autres cas, cependant, la quantité d'oxygène est insuffisante, comme c'est le cas pour la dinitronaphtaline, le dinitroben-
zène, la nitronaphtaline, etc., auxquels il faut additionner des oxydants tels que le perchlorate de potasse, le chlorate de potasse, le
nitrate d'ammoniaque, etc. (cheddite).

Sans vouloir entrer dans des détails sur ces fabrications, nous
mentionnerons cependant que la poudre B française se fait en mélangeant des celluloses fortement nitrées, avec des celluloses
moins nitrées en proportions convenables ; on gélatinise. dans
un malaxeur avec de l'alcool-éther, on lamine la pâte obtenue,
on la sèche, puis elle est granulée et lissée. Comme stabilisateur
on ajoute une certaine proportion de diphénylamine (1,5 0/0) ;
on lisse aussi certaines poudres de fusil avec de la diméthyldiphé-
nylurée (centralite). On admet généralement que l'on ne peut faire
des poudres stables qu'avec du coton (linters) ; il semble cependant
que les Allemands aient réussi à se servir des celluloses industrielles. Peut-être ont-ils eu recours à une dissolution et à une
reprécipitation de ces celluloses pour obtenir un produit à composition constante.

Aux lieu et place d'alcool-éther, on peut aussi prendre de la
trinitroglycérine comme gélatinisant ; c'est ainsi que se font la cor-
dite des Anglais, la filite des Italiens, etc. Nous ne pouvons discuter ici la valeur respective de ces poudres diverses ; il importe cependant de faire remarquer qu'au point de vue de la stabilité, il y
aurait intérêt à remplacer par des poudres cristalloïdes qui sont
des composés chimiques stables et à composition constante, ces
poudres colloïdales, qui ont toujours une tendance à se décomposer
et dont la loi de décomposition reste ignorée et dépend probablement de catalyseurs en présence. On n'a toutefois pas encore pu
réaliser cette transformation malgré l'intérêt incontestable qu'elle
présenterait.

Quant aux explosifs, les deux plus importants sont certainement
l'acide picrique (mélinite) et le trinitrotoluène. Le premier se prépare par nitration du phénol, après sulfonation préventive pour
modérer l'action de l'acide nitrique, qui, malgré tout, oxyde une
partie du phénol en acide oxalique. Le phénol isolé du goudron de
houille étant absolument insuffisant, il a fallu monter la fabrication

du phénol synthétique à partir du benzol. On sulfone le benzol, puis l'on fond le benzènesulfonate de soude, à 330° C., avec de la soude caustique. Il se forme du phénate de soude, qui, décomposé par un acide, donne du phénol. Nous n'insisterons pas sur les détails de la sulfonation ni de la fusion ; on peut, toutefois, envisager plusieurs solutions industrielles pour isoler le benzènesulfonate de soude.

On se rendra compte de l'importance de cette fabrication par le fait que la production journalière a dépassé 100 tonnes pour une seule usine. Il est sans doute inutile d'ajouter que, la guerre finie, il faudra arrêter ou limiter considérablement cette fabrication, car il serait à peu près impossible de trouver des débouchés suffisants pour ces quantités de phénol, même en en faisant des matières plastiques ou des matières tannantes artificielles, des colorants, etc..

Par trinitration du phénol sulfoné, on obtient l'acide picrique ; 100 parties de phénol donnent 180 parties d'acide picrique. Cette fabrication demande certaines précautions ; les picrates métalliques sont explosifs et l'acide picrique, contrairement à ce que l'on croyait assez généralement, même dans les cercles compétents, peut faire explosion à la suite d'un incendie et dans des conditions spéciales.

Le trinitrométacrésol ou crésylite est l'analogue de l'acide picrique, mais dérive du métacrésol ; il nécessite la préparation de cette matière première, qui se trouve dans le goudron de houille, mais qu'il faut séparer de ses deux isomères ortho et para. Ceux-ci ne donnent que des dérivés dinitrés par nitration. Sa synthèse, à partir de la naphtaline, paraît trop coûteuse pour pouvoir entrer en ligne de compte.

Aussi bien l'acide picrique que l'acide crésylique ont un caractère acide qui n'est pas sans de nombreux inconvénients. Un explosif à caractère neutre est le trinitrotoluène (trotyl, tolite, trinol, trilite, carbonite, etc.) qui résulte de la trinitration du toluène. La production est limitée par celle du toluène qui accompagne le benzène dans les benzols, mais dont la proportion ne dépasse guère le quart de ce carbure. On a pu toutefois obvier à cette pénurie en nitrant les pétroles de Bornéo, qui contiennent des carbures aromatiques et en séparant les dérivés nitrés obtenus par distillation. Par une nouvelle nitration on transforme les mononitrotoluènes ainsi formés en dinitro, puis en trinitrotoluènes.

Il est bien évident qu'en dehors des explosifs mentionnés, il en existe une foule d'autres ; pour être industriels, il faut qu'ils répondent toutefois à certaines conditions de stabilité, de bon marché, de fabrication facile qu'il n'est pas aisé de réunir. Ainsi, par exemple, l'hexanitrodiphénylamine possède tous les caractères d'un explosif ; toutefois son prix de revient est sensiblement supérieur à celui de l'acide picrique. Pour certains usages, notamment comme détonateurs, on peut employer cependant des produits plus coûteux, tels que la tétranitraniline, qui résulte de la nitration de la m-nitraniline, la tétranitrométhylaniline (tétryl) ou d'autres composés.

Enfin, pour faire détoner les explosifs, il faut des détonateurs, dont le plus important est le fulminate de mercure ; il ne paraît pas impossible que les Allemands emploient aussi l'azoture de plomb. Selon l'usage et l'effet à obtenir, selon qu'il s'agira de grenades, d'obus de rupture, de torpilles aériennes ou sous-marines, la nature de la charge est très différente ; mais il nous est impossible d'entrer dans des détails qui sont du domaine de la pyrotechnie.

Les explosifs servent aussi dans les grands travaux d'arts, pour la construction des tunnels, des tranchées, des canaux, pour le fonçage des puits, dans les mines de houille et de sel, etc. La dynamite ne sert plus que sur une échelle restreinte ; pour le percement du tunnel de Loetschberg, on a employé, par exemple, un mélange dosé de nitroglycérine, nitrocellulose et dinitrotoluène. Pour les mines grisouteuses, il faut employer des explosifs dits de sûreté, qui donnent des températures inférieures à 650° C., à laquelle le grisou s'enflamme. Les types divers, tels que la bellite, la roburite, sécurite, etc., contiennent environ 15 0/0 de dinitrobenzine et 85 0/0 de nitrate d'ammoniaque. Ce produit sert d'oxydant, d'une part, mais la grande quantité d'azote qu'il dégage abaisse aussi la température des gaz de combustion.

Il y aurait encore à mentionner d'autres explosifs, comme ceux à base d'air liquide, mais nous devons nous arrêter ici pour ne pas dépasser le cadre de cette étude. Ce qu'il nous importait surtout, c'était de montrer que cette industrie se rattache par ses pro-

-cédés et ses méthodes, aux industries organiques qui prennent le goudron de houille comme point de départ.

En France, l'industrie des poudres et explosifs est, comme on le sait, un monopole de l'État et nous ne pensons pas que cela soit pour le mieux. La fabrication des monopoles d'État laisse souvent à désirer, et, dans l'occurrence, ce n'est que grâce au concours des industries privées et notamment avec l'aide des usines américaines qu'on a pu faire face aux demandes de la guerre. Mais il faut reconnaître que les services des poudres et salpêtres ont fait un effort remarquable pour le développement des usines existantes et pour créer de nouvelles installations. On se rendra mieux compte du travail accompli si l'on songe que la production totale de poudres et d'explosifs, qui n'atteignait pas 15.000 tonnes au total avant la guerre, a pu être portée à 300.000 tonnes en 1916 et être encore augmentée depuis lors. Et comme il faut pour une tonne d'explosif nitré environ 2 tonnes d'acide nitrique et 4 tonnes d'acide sulfurique, on verra par la même occasion le développement qu'il a fallu donner aux industries des acides sulfurique et nitrique.

*
* *

En 1912, la production des poudreries d'État s'est élevée à 3.572 tonnes de poudre B, d'une valeur de 23 millions, et à 390 tonnes de mélinite et crésylite valant 800.000 francs. Il faut y ajouter pour 8.300.000 francs de poudres de chasses et de mines, de sorte que les transactions totales se sont élevées à 34.300.000 frs. Il est hors de doute que, si cette industrie était une industrie privée, elle atteindrait, en temps ordinaire, facilement le chiffre de 50 millions, auxquels il faudrait encore ajouter les dynamites, les détonateurs, les feux d'artifices, etc., qui ne sont pas compris dans notre statistique. Quant à l'aide américaine on l'appréciera à sa valeur par le fait que la production en explosifs et munitions de guerre s'est élevée aux États-Unis à 1 1/2 millions de tonnes en 1916. Les exportations d'Amérique, et destinées aux alliés, ont passé de 50 millions de francs, en 1914, à 945 millions en 1915 pour atteindre plus de 3 1/2 milliards en 1916.

En présence de ces chiffres formidables on ne peut, évidemment, que regretter que des commandes aussi importantes n'aient pu être exécutées par l'industrie nationale. Et l'on arrive à se demander s'il n'y aurait pas lieu de souhaiter que la guerre terminée, l'industrie des poudres et des explosifs soit libre en France comme elle l'est aux Etats-Unis.

L'industrie des allumettes, dont nous dirons un mot ici, est également monopolisée par l'Etat, alors qu'elle est libre dans la plupart des autres pays, et notamment en Suède, gros producteur d'allumettes sans soufre ni phosphore blanc.

La consommation française est indiquée comme étant annuellement de 48 milliards de tiges ; la production s'élevait à 6 milliards fabriquées à Saintines. La différence était importée de l'extérieur.

ANNEXE AU CHAPITRE XXIV

Développement de l'industrie des explosifs dans les divers pays
(d'après M. Molinari).

Pays	Production d'explosifs (en tonnes)		
—	1913	1915	1916
Angleterre	18.000	120.000	200.000
Allemague	60.000	360.000	540.000
France	15.000	160.000	300.000
Italie	3.500	15.000	45.000
Etats-Unis	8.000	100.000	160.000
Russie	6.000	60.000	100.000
Japon	4.000	50.000	90.000
Autriche	5.000	90.000	150.000
Mondiale.	150.000	1.065.000	1.805.000

XXV

FIBRES ARTIFICIELLES ;
MATIÈRES PLASTIQUES ET ARTIFICIELLES
DIVERSES (1).

Une seule fibre artificielle a acquis, jusqu'à présent, une importance considérable : c'est la soie artificielle. On sait que cette industrie, fondée par le comte de Chardonnet, repose sur la solubilisation de la cellulose du coton ; on éjecte ensuite cette solution cellulosique, à travers des orifices capillaires, dans un liquide coagulateur. Théoriquement, une infinité de solutions sont possibles, mais, pratiquement, on est limité par le prix des dissolvants de la cellulose et par la nature du produit obtenu qui doit répondre à certaines conditions de ténacité, d'élasticité et de brillant.

Il y a surtout trois solutions qui ont prévalu : on peut faire de la soie artificielle par dissolution des nitro-celluloses peu nitrées dans l'alcool-éther et en filant la solution ainsi obtenue ; il faut ensuite dénitrer la soie à l'aide de sulfhydrates alcalins. Cette méthode sert encore en France (Lyon, Besançon) et surtout en Belgique, dans les grandes filatures de Tubize et d'Obourg, où elle a pu se maintenir grâce à des conditions particulières.

(1) Bibliographie à consulter : *Le celluloïd*, par Fr. Boeckmann et G. Klotz (1906). *Le celluloïd*, par Cillard (1910). — *Le celluloïd*, par Maselon, Roberts et Cillard (1912).

La soie artificielle, par P. Willems.

Les succédanés de la soie. Les soies artificielles, par A. Chaplet et H. Rousset (1909).

La soie artificielle et sa fabrication, par Jos Foltzer (1910).

Industrie de la lactose et de la caséine végétale du soja, par F. Beltzer.

Les perles fines, les nacres et leurs imitations, par M. de Kegnel.

Les soies cuproammoniacales (soies de Givet, Izieux, etc., etc.) se font par dissolution du coton mercerisé dans la liqueur cupro-ammoniacale ; puis on file la solution dans de l'acide sulfurique dilué, ou mieux encore, dans de la soude relativement concentrée. Il y a lieu de récupérer le cuivre et l'ammoniaque.

Le procédé le plus intéressant, par suite de son bas prix de revient, est le procédé à la viscose (Arques-la-Bataille). On solubilise la cellulose par l'alcali et le sulfure de carbone et l'on file la solution de xanthate ainsi obtenue dans une solution de bisulfate acide. Il semble bien que c'est à ce procédé surtout que doit appartenir l'avenir. On a envisagé aussi l'emploi des solutions de cellulose dans l'acide sulfurique ou l'acide phosphorique, mais il semble que l'hydrolyse de la molécule soit trop avancée pour donner des fibres résistantes. Il nous est, malheureusement, impossible d'entrer dans de plus amples détails sur un sujet des plus intéressants, mais qui mériterait une étude spéciale. Il faut toutefois faire remarquer que la solidité des fibres obtenues est minime à l'état mouillé et il y a là encore un perfectionnement à opérer (sthéno-sage à la formaldéhyde) (1).

La production mondiale de soie artificielle atteignait, en 1913, 9 millions de kilogrammes dont un tiers, produit en France, repré-sente une quarantaine de millions. L'exportation se montait à 179.200 kilogrammes en 1911, dont la plus grande partie allait en Allemagne (132.000 kilogrammes en 1913). On fait aussi du crin artificiel, des chapeaux en soie artificielle, du tulle artificiel, dont la première usine fut montée à Saint-Quentin, et d'autres produits encore.

On peut envisager la fabrication d'autres fibres artificielles à partir de la pâte de bois, en forçant celle-ci à travers des filières, puis aussi par filature de lanières de papier, etc. Mais ces indus-tries n'ont recours qu'à des procédés mécaniques de sorte qu'elles ne rentrent plus dans le cadre de nos études. La chimie pourrait toutefois intervenir pour donner à ces produits la solidité à l'eau qui leur manque et qui est un obstacle sérieux à leur emploi.

(1) Voici qu'elle était la proportion de soie préparée d'après les divers procédés, en 1911 : soies nitrocellulosiques 2.000 tonnes ; soies cuproammoniacales 2.000 tonnes ; soies viscose 1.000 tonnes.

Une fibre dénommée textilose en Allemagne, s'obtient par un doublement du papier par des fibres textiles, du coton en particulier. On obtient ainsi des produits plus résistants au mouillage qu'avec le papier seul. La production s'en montait à près de 13.000 tonnes environ ; elle servait surtout pour remplacer le jute dans la fabrication des sacs et il est à présumer que cette fabrication a dû être développée, par suite de la disette de fibres exotiques dont nos advesaires ont eu à souffrir.

*
* *

Les matières plastiques et produits similaires ainsi que les préparations qui en dérivent sont tellement nombreuses qu'il nous est impossible de les traiter en détail et d'en donner même une énumération un peu complète.

Un certain nombre de ces produits dérivent de la cellulose du coton par des traitements appropriés. Nous savons que le coton, nitré modérément, est soluble dans un mélange d'alcool et d'éther ; cette solution qui constitue le *collodion* donne, par évaporation, des pellicules, films, etc., dont l'emploi, en photographie notamment, est considérable.

L'industrie du c lluloïd se rattache tout naturellement à celle du collodion. On sait que ce produit est une dissolution solide de camphre dans la nitro-cellulose. Les opérations pour sa préparation consistent à nitrer le coton au degré voulu, à blanchir la nitrocellulose, puis à la sécher. On l'empâte alors, en présence d'alcool dénaturé ou de méthylène, avec la proportion de camphre nécessaire (généralement 35 de camphre pour 100 de nitrocellulose), on pétrit, on lamine la masse obtenue, puis on sèche. Dans certains cas, pour obtenir des produits transparents, on se sert aussi d'acétone, d'acétate d'amyle, etc.

Une notable partie du camphre importé (866 tonnes en 1913) servait pour cette industrie. Nous avons déjà eu l'occasion de signaler l'intérêt qu'il y aurait à faire cette matière par synthèse à partir de l'essence de térébenthine dont nous sommes d'importants producteurs. Ce serait une somme de près de 3 millions qui resterait ainsi dans le pays. On a tenté de remplacer le camphre par de nombreux produits ; seuls le manol et l'acétanilide ont trouvé un certain emploi. Le grand inconvénient du celluloïd est son inflammabilité qui peut le rendre excessivement dangereux, mais on n'a guère réussi jusqu'à présent à atténuer cet inconvénient sans modifier sensiblement ses qualités initiales, surtout quand on lui incorpore des substances minérales.

L'industrie du celluloïd est fort importante puisqu'on estime sa production à 15.000 tonnes environ d'une valeur de près de 75 millions ; la production française peut s'élever à 2.500 tonnes ; les exportations (590 tonnes) balancent sensiblement les importations totales d'une valeur d'environ 4 millions.

Dans ce domaine encore l'industrie allemande occupait la première place puisqu'elle produisait, à elle seule, environ 65-0/0 de la production mondiale. L'industrie française, au contraire, se trouvait dans une situation plutôt difficile.

Les *acétylcelluloses* se préparent également à partir de la cellulose du coton, mais elles ont l'avantage d'être absolument ininflammables. Ces produits sont des éthers acétiques de la cellulose qui résultent de l'action de l'anhydride acétique ou du chlorure d'acétyle sur la cellulose ou ses dérivés en présence d'un catalyseur. Ils ont donné lieu à des travaux considérables et fort nombreux, et ce n'est qu'après vingt ans d'efforts acharnés qu'ils commencent à trouver des emplois industriels. En 1911, MM. Clément et Rivière estimaient la production européenne à 100 tonnes ; cette estimation paraît toutefois exagérée pour cette période. Par suite des événements actuels, l'emploi en a considérablement augmenté.

On peut distinguer essentiellement deux types de produits : les acétates de cellulose solubles dans le chloroforme et le tétrachloréthane et les acétates d'hydrocellulose qui sont déjà solubles dans l'acétone. On a aussi préparé des types solubles même dans l'acide acétique dilué (séricose) et qui résultent d'une hydrolyse très avancée de la cellulose.

Il nous est impossible de donner des détails sur la fabrication de ces divers produits connus sous le nom de cellone, cellite, sicoïde, etc., et qui trouvent de multiples emplois pour les films cinématographiques, pour l'imprégnation des tissus pour ballons et avions, pour la métallisation des fils (fils bayko), comme matière isolante pour les industries électriques, pour la préparation de vernis et de colles à base de tétrachloréthane. Ces colles, soit dit en passant, ne sont pas absolument sans danger, vu l'action physiologique du solvant. Il est donc préférable de les préparer, malgré le prix sensiblement plus élevé, avec de l'alcool benzylique et de l'acétone.

Les acétylcelluloses peuvent aussi servir à la préparation de masses plastiques ; à cet effet, on les malaxe avec un plastifiant en présence d'un solvant (par exemple, tétrachloréthane et alcool), à chaud ; on lamine ensuite, on presse, sèche, etc. Ces produits sont fabriqués en France par la Société chimique des usines du Rhône ; on annonce du reste la création d'une nouvelle usine utilisant certains procédés brevetés (brevets français 413.671, 430.606, 432.046, etc.)

On pourrait encore préparer des éthers acides de la cellulose autres que les éthers nitriques et les éthers acétiques ; il semble cependant que seules les formyl-celluloses, obtenues par dissolution de cellulose précipitée (résidus de la fabrication de la soie artificielle, par exemple) dans l'acide formique concentré, paraissent présenter un certain intérêt.

En parlant des soies artificielles, nous avons déjà signalé *la viscose* qui se fait par dissolution de la cellulose par l'alcali et le sulfure de carbone. On obtient ainsi un xanthogénate de cellulose sodique soluble dans l'eau qui peut être coagulé par des procédés divers. En y incorporant des matières minérales et autres, on obtient également des masses artificielles, tels que le viscoïd, dont les emplois sont multiples. A signaler aussi le pégamoïd qui dérive également de la viscose et qui sert pour le recouvrement de tentures, papiers peints, etc.

Au lieu de partir de la cellulose et de matières cellulosiques, on peut prendre comme point de départ des matières albuminoïdes. *La galalithe*, par exemple, dérive de la caséine industrielle que l'on malaxe à chaud avec une lessive alcaline (carbonate, phosphate, borax, etc.) ; la pâte est laminée, soudée, puis traitée au formol. La grosse difficulté est d'obtenir des masses transparentes : le

produit a aussi l'inconvénient de se fendiller lors du coupage et il
ne peut guère être réduit en feuilles minces. Malgré cela, il trouve
les emplois les plus divers : pour poignées de tous genres, peignes,
dos de brosses et surtout pour la manufacture des boutons.

Le prix de ces masses artificielles est d'environ 5 francs le kilogramme. En parlant des caséines, nous avons déjà eu l'occasion
de signaler l'exportation assez importante de ces produits, qui vont
surtout en Allemagne pour y être transformées industriellement.
A ce sujet, et comme l'exportation de ces produits est interdite, nous
mentionnerons les procédés allemands qui prennent de la levure
pour préparer des matières artificielles. Ainsi une masse plastique,
dénommée *ernolithe*, s'obtient par action de la formaldéhyde sur
des résidus de levure et compression subséquente du produit ;
elle doit servir comme substituant de l'ébonite (br. allemand
275.857).

La gélatine peut être tranformée, avec ou sans addition de glycérine, par évaporation, en feuilles transparentes, souples et
flexibles qui trouvent des emplois dans l'imagerie, pour l'emballage
de divers produits, etc. On a essayé en vain, jusqu'à présent, de
se servir de feuilles de gélatine formolées comme base de pellicules
pour des films photographiques ou cinématographiques. C'est sans
résultat aussi qu'on a tenté d'en faire de la soie artificielle (procédé Millar) et il ne semble pas non plus qu'on ait réussi à en faire
des masses plastiques, malgré les nombreux essais entrepris dans
cette voie. Signalons toutefois l'emploi des masses à base de gélatine pour l'hectographie, la polycopie, etc.

*
* *

Les fibres artificielles et les masses plastiques que nous venons
d'étudier dérivent de produits naturels immédiats ou transformés :
celluloses, caséine, gélatine, osséine, etc. Mais il est possible de
préparer des masses plastiques et artificielles en utilisant les dérivés du goudron de houille, et le phénol en particulier, et c'est là
un emploi des plus intéressants que pourra trouver le phénol
synthétique après la guerre. Nous signalerons plus particulière-

ment les résines artificielles telles que la *bakelite*, la *résinite* ou *condensite* qui résultent de l'action d'aldéhydes sur les phénols, et en particulier de la condensation de la formaldéhyde avec le phénol en présence d'acides ou d'alcalis, dans des conditions bien déterminées de température et de pression. Selon les conditions, on peut obtenir des produits les plus divers, liquides ou solides, qui trouvent des emplois multiples dans les industries électriques, pour la fabrication des perles artificielles, des poignées de cannes et de parapluies, de porte-cigares et porte-cigarettes, des pipes, des plaques de gramophones et cylindres de phonographes, dans l'impression des tissus, pour vernis et laques en solutions alcooliques ou autres, pour le vernissage, l'émaillage, etc.

Le but poursuivi est d'arriver à des substituants des produits naturels : copals, gommes-laques, ambres et autres résines. Précisément comme succédané de l'ambre, la bakelite a trouvé des emplois considérables. Il peut aussi être intéressant de noter ici que l'emploi de l'ambre a pu être considérablement développé par l'utilisation des ambroïdes qui résultent de l'agglomération, sous forte pression, des déchets d'ambre qui, autrefois, étaient surtout employés à la distillation et à la fabrication de l'acide succinique.

＊＊

Nous n'avons nullement la prétention d'avoir épuisé, en ces quelques lignes, un sujet des plus vastes et des plus intéressants. Il y aurait tout un livre à écrire sur les succédanés et les substituants des produits naturels qui peuvent être réalisés par les procédés les plus divers. C'est encore un domaine où la recherche organisée systématiquement, quoique dans des conditions différentes de celles pour les industries organiques dérivées du goudron de houille, peut donner des résultats tout à fait remarquables et où le génie inventif de notre race pourrait se donner libre cours. Mais pour cela il faudrait des laboratoires de recherches et un personnel approprié auquel il faudrait faire crédit.

Au cours de nos études nous avons déjà eu l'occasion de parler du *caoutchouc synthétique* que l'on peut également signaler ici. La

pénurie de caoutchouc naturel a amené les chimistes allemands à
monter sa fabrication à partir du diméthylbutadiène ; c'est donc
un homologue du produit naturel qui dérive, comme on sait, de
l'isoprène.

Le diméthylbutadiène se fait par réduction de l'acétone en pi-
nacone à laquelle on enlève ensuite les éléments de l'eau. D'après
les données d'un auteur allemand, la production en 1918, s'élevait
à 150 tonnes par mois. Toutefois, comme l'emploi du caoutchouc
méthylé offre certaines difficultés on envisageait la synthèse du
caoutchouc normal et d'un caoutchouc correspondant au buta-
diène.

Il est difficile de se prononcer sur l'avenir de ces produits synthétiques, mais il paraît peu probable qu'ils puissent se maintenir
à côté du produit naturel, sauf, peut-être, pour des emplois
spéciaux. Ainsi la soie artificielle a d'autres débouchés que la soie
naturelle ; il est vrai qu'elle est moins cher que cette dernière.

.·.

Il a aussi déjà été question des caoutchoucs factices, dérivés des
huiles siccatives et de l'huile de lin en particulier ; on pourrait
mentionner également le linoléum, qui en dérive, de même que
l'huile de ricin durcie par hydrogénation qui sert comme masse
artificielle pour isolateurs.

Dans le domaine des succédanés, on pourrait encore signaler
les cuirs artificiels. Les essais faits dans cette voie sont fort nombreux ; un produit obtenu par laminage de nappes de coton avec
du balata a trouvé un certain emploi.

Une industrie qui mérite également d'être signalée, et qui est
d'origine française, est celle des fourrures artificielles. Elle consiste à enlever le poil des fourrures naturelles par tondage, après
congélation du poil, puis à le fixer ensuite sur un support approprié
de valeur moindre que la peau (de la toile par exemple). On obtient ainsi, outre une fourrure, la peau qui peut servir en ganterie
ou pour d'autres usages.

Pour terminer, il n'est peut-être pas inutile d'insister sur le fait que nos ennemis, gênés par le blocus dans le ravitaillement en produits exotiques, ont dû avoir recours, dans une large mesure, à des succédanés et à des substituants. Il ne paraît pas impossible que certains produits, qu'ils ont dû ainsi créer et employer, continueront à servir après la guerre et c'est un facteur avec lequel on fera bien de compter dans l'avenir.

XXVI

INDUSTRIES TEXTILES
ET INDUSTRIES TINCTORIALES (1).

Les industries textiles peuvent paraître être en dehors du cadre de nos études, mais comme elles sont en relation étroite avec les industries chimiques du blanchiment, de la teinture et de l'impression, nous pensons qu'il y a lieu de les examiner au moins sommairement. Cela d'autant plus que les industries tinctoriales traitent actuellement les fibres dans tous les états de transformation, depuis la matière non filée jusqu'aux produits complètement ouvrés.

Les industries textiles sont parmi les plus importantes des industries françaises. Elles représentent un chiffre d'affaires de plus de 4 milliards, dont 2.070 millions à l'importation et 2.284 millions à l'exportation. Les matières brutes importées s'élèvent à 4.723 millions dont 650 millions sont réexportés et transitent à travers notre pays.

(1) Bibliographie à consulter : *Teinture et impression, apprêts, matières colorantes*, par GUIGNET, DOMMER et GRANDMOUGIN (1895).
Manuel pratique du teinturier, par HUMMEL, DOMMER et GRANDMOUGIN.
La grande industrie tinctoriale, par FRANCIS J.-G. BELTZER (1906).
La teinture au xixe siècle, par T. GRISON (1908).
Couleurs et colorants dans l'industrie textile, par l'abbé VASSART (1912).
La teinture du coton, par E. SERRE (1912).
Industrie des poils et fourrures, cheveux et plumes, par F.-J-G. BELTZER (1912).
De l'apprêt des tissus de laine peignée, par HENRI LACACHE (1914).
Alfa et papier d'alfa, par H. DE MONTESSUS DE BALLORE (1909).

Il est bien évident que la France est obligée d'importer la totalité du coton qu'elle consomme, soit 271. 299 tonnes pour 576 millions de francs, en 1913. Elle le transforme dans ses filatures du Nord, de l'Est et de la Normandie surtout, qui comptent 7.500.000 broches pour produire des filés dont la valeur dépasse 500 millions. La transformation en tissus se fait sur 130.000 métiers à tisser mécaniques et 40.000 métiers à bras ; la valeur des produits manufacturés avec le coton, en y comprenant les industries de la passementerie, de la bonneterie et de la broderie, atteint certainement le milliard.

Il y aurait évidemment intérêt à diminuer les importations et à s'affranchir du monopole américain. Sur une production mondiale de 4.746.215 tonnes, l'Amérique du Nord figure pour 3.208.340 tonnes (en 1913-14) et cette situation n'est pas sans présenter de nombreux inconvénients, surtout pour l'avenir. Il y aurait lieu de développer la culture du coton dans notre empire colonial. L'introduction du Sea-Island en Egypte par l'ingénieur français Jumel, il y a un siècle, et le développement pris par cette culture (329.460 tonnes en 1912-13) montrent les résultats que l'on peut obtenir dans ce domaine par un travail méthodique.

Notre pays est un peu mieux partagé au point de vue des fibres d'origine animale, laine et soie, parce qu'il produit ces fibres sur son territoire. Toutefois, cette production est insuffisante, et il faut encore avoir recours aux importations des pays étrangers pour couvrir les besoins de l'industrie textile.

La France ne produit, en effet, que 35.000 tonnes de laine annuellement, alors que sa consommation s'élève à 270.000 tonnes environ d'une valeur de 634 millions. Il est vrai que par le lavage ce chiffre se réduit sensiblement, et ce ne sont guère plus de 100.000 tonnes de laines lavées qui sont filées par 3.078.000 broches principalement dans le Nord (Roubaix, Tourcoing).

Pour la laine aussi, il y aurait lieu de développer la production de notre empire colonial. Les marchés sud-algériens sont actuellement accessibles par le premier tronçon du Transsaharien (Biskra-Touggourt) et les exportations de laine ont passé de 13.111.000 francs en 1914 à 15.992.000 francs en 1915. La richesse des troupeaux dépasse 200.000 têtes, et il paraît certain qu'il doit être possible de développer l'industrie lainière dans les régions algériennes, tunisiennes et marocaines. Cependant ces laines ne conviennent pas à tous les usages et notamment pas à la fabrication de peignés pour lesquels il faut des fibres particulièrement fines.

Quant à la soie, la production des cocons est de 5.109.426 kilos (en 1913) correspondant à environ 350 tonnes de soie (en 1913); cette quantité est tout à fait insuffisante, de sorte qu'on importe encore du Japon et de la Chine notamment, sous forme de filés ou de tissus, pour 354 millions. On sait que le siège de cette industrie est à Lyon, qui est le centre le plus important du continent pour la soie mais qui commençait à être mis sérieusement en échec par Créfeld, Zurich, Bâle et Milan.

Les industries linières ont produit, en 1911, 14 631 tonnes de chanvre d'une valeur de 14.563.000 francs et 20.413 tonnes de lin valant 26.277.000 francs, mais ces industries importent encore pour plus de 100 millions de matières premières. En y comprenant l'industrie du jute (importations : 73 millions de francs en 1913), elles comptent environ 500.000 broches de filature et 25.000 métiers à tisser, surtout dans la région du Nord.

Ces quelques chiffres montrent suffisamment l'importance de nos industries textiles. Il est indéniable qu'elles se sont constamment développées et qu'elles occupent une place importante dans le marché mondial, grâce à la qualité et au bon goût des articles fabriqués. Toutefois, il ne faut pas se dissimuler que pour les articles bon marché nous étions dépassés par les Allemands, et que pour certains tissus, qui constituaient autrefois un monopole français, nous commencions à être concurrencés sérieusement par les Anglais et par les Allemands.

Il faut aussi tenir compte du fait que le retour de l'Alsace-Lorraine va influencer sérieusement l'industrie textile française, non seulement au point de vue quantitatif mais aussi concernant la qualité. L'importance de cette industrie ressortira du fait que l'on comptait, en 1913 : 1.900.000 broches de filature pour coton, 568 000 broches pour laine (dont 100.000 pour retordage) et 46.000 métiers à tisser dont la plus grande partie se trouvait dans la région mulhousienne (1 million de broches pour coton produisant

30 millions de kilos de filés, 500.000 broches pour laine avec une production de 11 millions de kilos et environ 20.000 métiers à tisser). On voit par ces quelques chiffres que l'industrie textile alsacienne représente au moins 25 0/0 de l'industrie française, car outre la région de Mulhouse et ses environs immédiats, il faut encore compter la région des vallées de Guebwiller, de Munster, de Sainte-Marie-aux-Mines, puis la Basse-Alsace, etc. Comme la plupart des usines avaient des débouchés fort importants en Allemagne, il est certain que leur situation va être profondément modifiée après la guerre et le contre-coup s'en fera sentir sur l'industrie française. Nous sommes ici dans des conditions qui rappellent celles de la métallurgie et de l'industrie minière françaises ; celles-ci vont se trouver également modifiées par l'annexion des bassins houillers de la Lorraine et de la Sarre. Mais ce sont là des questions économiques qui ne sont pas du ressort de la chimie ; il nous aura suffi d'indiquer en passant les problèmes qui restent encore à résoudre au mieux des intérêts nationaux.

*
* *

Quelques indications sur les industries du papier et des pâtes à papier peuvent compléter ces notes sur les industries textiles. On sait que le papier, fabriqué jusque vers le milieu du xix⁰ siècle, avec des chiffons, n'aurait pu suffire à la consommation actuelle en n'utilisant que cette matière première. Depuis un demi-siècle, on en fait des quantités considérables avec des pâtes mécaniques, obtenues par râpage du bois et, depuis 1878 surtout, avec les pâtes chimiques, qui se font par cuisson du bois sous pression dans des lessiveuses avec du bisulfite de chaux. On obtient aussi des pâtes chimiques par les procédés au sulfate de soude ou par l'action de la soude caustique sur la paille de seigle et sur l'alfa. Cette plante vivace, très répandue dans l'Afrique du Nord, est surtout utilisée par les Anglais qui en achètent plus de 100.000 tonnes en Algérie et en Tunisie. La France, qui devrait être la première à l'employer, n'en consomme guère plus de 7.000 tonnes.

Par suite du manque de forêts et parce que les bois de France se prêtent mal à la fabrication de la pâte de bois, les râperies de Calais, Rouen, Nantes, etc., étaient obligées de faire venir les bois du dehors. Nous sommes aussi tributaires de l'étranger pour les pâtes de bois chimiques et mécaniques. Ainsi, en 1913, on a importé 260.000 tonnes de pâtes mécaniques et 205.000 tonnes de pâtes chimiques représentant plus de 70 millions de francs. Un quart environ venait d'Allemagne et d'Autriche (26.000 tonnes de pâtes mécaniques et 62.000 tonnes de pâtes chimiques environ), le reste était fourni par la Suède et la Norvège, en partie aussi par le Canada. Les importations venant de ce dernier pays ont augmenté sérieusement depuis la guerre.

En outre des pâtes, nous importions encore pour le moins 100.000 tonnes de déchets de coton et de chiffons, de sorte que nous arrivions à une production de papier d'au moins 2.000 tonnes par jour, soit près de 800.000 tonnes par an.

Comme notre consommation est inférieure à ce chiffre, nous étions des exportateurs pour le papier, mais — et nous insistons sur ce fait — cette industrie n'était qu'une industrie de transformation puisque nous importions la majeure partie des matières premières.

Ce qu'il y a de curieux et même de paradoxal dans l'industrie de la cellulose, c'est que ce produit nous vient des contrées septentrionales (Canada, Suède), alors qu'il semblerait plus logique de le tirer des contrées tropicales où la croissance des végétaux est plus rapide. La France, avec son empire colonial considérable, devrait en somme pouvoir s'affranchir des importations étrangères. Nous avons déjà signalé l'alfa qui est employé par deux usines en Algérie. Une usine en Indo-Chine utilise la fibre de bambou ; cette plante se reproduit vite et l'on peut en faire une coupe annuellement. On peut encore envisager l'emploi d'autres matières premières : plantes vivaces diverses, bambous, roseaux, maïs, sorgho, genêt, fibres de tourbe, etc.

On peut utiliser le papier pour faire des fibres textiles. Un procédé, usité en Allemagne, consiste à découper la nappe de papier sortant de la machine à papier en lanières étroites, qui sont tordues et filées après humidification. Ces filés de papier ne possèdent qu'une résistance faible, surtout quand ils sont mouillés. On peut

l'augmenter en les doublant avec des fibres textiles diverses : avec
du coton pour des qualités supérieures (textilose), des déchets de
cardage de l'industrie linière pour les qualités plus vulgaires (la
textilité est ainsi composée de 60/65 0/0 de papier et de 40/35 0/0
de fibres végétales).

D'après les indications que nous possédons, on produit en Allemagne plus de 30.000 tonnes de ces fibres, qui servent surtout comme
substitut du jute, comme matière isolante pour les câbles, dans la
fabrication du linoléum, pour les tapis, les tentures et revêtements
divers, etc. Les Allemands affirment qu'ils ont pu couvrir ainsi 1/3
de leurs importations en jute et qu'ils comptent même s'affranchir,
par la suite, de l'emploi de cette fibre exotique.

*
* *

Les industries tinctoriales sont, on peut le dire, l'aboutissement
et le couronnement des industries chimiques. Elles font appel à
toutes les industries chimiques : la grande industrie minérale lui
fournit les acides et les alcalis, le chlore et l'acide sulfureux
nécessaires au blanchiment, l'industrie organique, les colorants
indispensables à l'ornementation des filés et des tissus. Il vient encore s'ajouter à ces éléments matériels un élément artistique des-
tiné à obtenir des effets colorés harmonieux, agréables à l'œil.

On ne se rend généralement pas compte de la proportion de matières colorantes nécessaires à l'embellissement des produits textiles,
et il nous a paru intéressant d'établir le compte suivant :

La production mondiale de coton s'élève à 5 millions de tonnes
(5.419.540 tonnes en 1912-13) d'une valeur de 7 milliards, valeur
qui est plus que triplée par la filature et le tissage, ce qui donne
environ 25 milliards. La laine brute consommée par l'industrie
mondiale est de 1.260.000 tonnes d'une valeur de 3 milliards environ ; manufacturée, la valeur peut monter à 10 milliards environ. Il faut ajouter à ces chiffres impressionnants : 26.770 tonnes
de soie naturelle d'une valeur de 1.400 millions, 9.900 tonnes de
soie artificielle pour 135 millions, 642.150 tonnes de lin et de

chanvre pour 625 millions, 1.920.000 tonnes de jute pour 1.450 millions, sans compter d'autres fibres exotiques : ramie, fibres de coco, etc., dont l'emploi dans l'industrie textile est moins considérable. Nous croyons qu'on peut estimer à au moins 45 milliards les produits textiles divers, susceptibles d'être colorés avec des matières colorantes artificielles, dont la production totale ne dépasse guère 400 millions, soit 1 0/0 de la valeur des produits textiles qu'elles servent à colorer. Il ne faut pas oublier que les couleurs servent aussi à la coloration du papier, des aliments, des corps gras et à d'autres usages encore dont nous n'avons pas tenu compte dans notre calcul. Cette proportion se vérifie aussi pour l'industrie textile française où, pour des transactions qui atteignent deux à trois milliards annuellement, on consomme, ainsi que nous l'avons vu dans un chapitre précédent, pour environ 25 millions de francs de couleurs (1).

Il ne faudrait toutefois pas conclure de ce qui précède que le prix des colorants n'a qu'une importance secondaire. Si pour la teinture de la soie, où les prix des teintures sont très élevés, la couleur n'est qu'un facteur secondaire, il n'en est pas de même pour les tissus de coton, par exemple, et notamment pour ceux destinés à l'exportations. C'est une des raisons pour lesquelles nous insistons contre une élévation exagérée des droits d'entrée sur les couleurs qui aurait sa répercussion sur les prix de ces produits.

Dans notre décompte, nous n'avons pas fait intervenir les colo-

(1) D'après un auteur allemand, M. KERTESZ, la valeur des produits textiles manufacturés par le monde entier, dépasserait cinquante milliards. Cette somme se décomposerait comme suit :

Continents	Consommation en produits textiles (en millions de francs)	Par tête d'habitant et par an (en francs)
Europe (y compris Russie et Turquie d'Asie)	24.824,50	47,40
Amérique	13.787,00	23,75
Asie	11.493,75	
Australie	629,375	12,70
Afrique	1.000,00	7,55
	51.485,625	

rants naturels dont quelques-uns, comme le campêche notamment, ont une importance considérable parce que dans certaines applications ils n'ont pu être remplacés par les colorants artificiels. Mais si ces colorants ont trouvé, par suite des circonstances spéciales que nous traversons, une recrudescence d'emploi, il est à présumer que, malgré tout, ils disparaîtront devant les produits synthétiques. D'autant plus qu'avec la récupération croissante des sous-produits de la carbonisation de la houille, on sera forcément amené à développer de plus en plus l'industrie des colorants artificiels et à remplacer les quelques produits naturels encore en usage. Il est peu probable, soit dit en passant, qu'on arrive à synthétiser industriellement le campêche comme cela s'est fait pour l'indigo ; il sera remplacé, comme il l'a déjà été en partie, par des colorants artificiels d'autres groupes. La même remarque peut s'appliquer au bois jaune, à la graine de Perse, à la cochenille, etc. Dans cette lutte avec le génie humain, il semble bien que la nature — qui paraît, elle aussi, pratiquer très souvent le moindre effort — doive avoir le dessous. Elle ne paraît, en effet, guère capable d'améliorer ses produits et ses rendements sans l'intervention humaine.

Ce qu'il y a de particulier, et qui mérite d'être souligné, c'est d'autre part l'évolution qui s'est faite dans les industries tinctoriales à la suite du remplacement des couleurs naturelles par les colorants artificiels ; on peut dire que l'art du teinturier a pour ainsi dire disparu. Nous voulons dire par là que les progrès de la teinture n'ont pas été réalisés dans les ateliers de teinture, mais dans les fabriques de matières colorantes.

On peut regretter ce phénomène qui était fatal et qui s'est produit encore dans d'autres domaines, dans la pharmacie par exemple; que l'industrie chimique est également en train de transformer. Le pharmacien moderne est devenu très souvent un agent commercial qui forme l'intermédiaire entre l'usine et le public.

Comment cette transformation s'est-elle opérée ? Quand on compare la facilité avec laquelle la laine se teint directement sans préparation préalable et les procédés de teinture compliqués, autrefois en usage dans la teinture du coton, l'idée devait forcément venir de simplifier ces procédés. Cette simplification ne s'est pas faite par les teinturiers ou par une modification des propriétés tinctoriales de la fibre du coton, mais par la création de nouveaux groupes de colorants: d'abord les colorants directs, puis les couleurs au soufre, enfin, les couleurs à cuve. Dans le domaine de la teinture sur laine, les couleurs chromatables constituent également une simplification de la teinture puisqu'elles donnent en un bain des teintes aussi solides que celles que l'on obtenait autrefois en deux bains successifs.

Si l'on examine les tendances actuelles dans les industries tinctoriales, on verra qu'il s'agit de simplifier, d'une part, les méthodes de teinture et, d'autre part, d'augmenter la solidité des nuances obtenues. On peut dire que dans ces deux directions on a obtenu des résultats intéressants. Nous parlions précédemment des couleurs diverses pour coton et des couleurs chromatables pour laine qui ont considérablement simplifié le travail en teinture ; on peut y ajouter la facilité avec laquelle on teint actuellement en rouge alizarine comparé au travail que représentait l'obtention de l'ancien rouge turc, de même que la cuve chimique à l'hydrosulfite constitue un progrès sérieux sur la cuve à fermentation , dont l'emploi demandait des praticiens expérimentés.

Quant à la solidité, il faut reconnaître que la tendance actuelle est de plus en plus à faire du solide et on ne peut qu'encourager cette tendance, car on a certainement abusé des couleurs faux teint, surtout au début de l'industrie des couleurs artificielles. Il s'est fait heureusement une réaction, et, à l'heure actuelle, on peut presque répondre à toutes les exigences du grand teint, mais il faut remarquer que les couleurs bon teint reviennent sensiblement plus cher que les couleurs faux teint. Toutefois, le prix infime de la couleur par rapport à l'objet coloré est un argument de plus en faveur de la campagne que l'on mène depuis quelques années en faveur du grand teint.

Il importe donc de ne pas perdre de vue que l'évolution de la teinture, dans l'avenir, continuera à être le fait de l'industrie des matières colorantes. Cela est vrai non seulement pour la teinture des fibres homogènes, mais aussi et surtout pour la teinture des fibres et tissus mixtes, tissus composés, avec fils à effet, etc. Dans ce domaine l'industrie des colorants artificiels a permis de créer de tous nouveaux genres ; la teinture de la mi-laine en particulier a été

complètement transformée par l'emploi des couleurs artificielles.
Nos industries tinctoriales seront donc ce que l'industrie des colorants les fera et c'est un point important sur lequel on ne peut
assez insister. Une industrie nationale des matières colorantes paraît donc le complément nécessaire de nos industries textiles et
tinctoriales pour les libérer d'une servitude étrangère et pour les
faire progresser dans l'avenir.

Mais il y a dans les industries tinctoriales un autre domaine,
indépendant jusqu'à un certain point de l'industrie des colorants :
c'est le domaine mécanique. Nous sortirions absolument du cadre
de cette étude si nous voulions examiner les progrès réalisés dans
cette direction et ceux qui restent à faire. Tandis qu'autrefois on se
bornait à la teinture des filés et des pièces, le teinturier moderne
est arrivé à teindre les fibres dans tous leurs états de transformation : fibres brutes, rubans de cardes et de peigneuses, canettes,
bobines croisées et autres, fils de chaîne libres et sur ensouplés, etc.
Ce résultat a été obtenu en renversant, pour ainsi dire, la manière
de procéder en teinture. Tandis que pour la teinture des filés et
des pièces, le bain de teinture est immobile et que l'on y meut
la matière à teindre pour obtenir l'unisson, pour la teinture sur
appareils on immobilise la matière à teindre et l'on fait circuler le
bain de teinture. Ce procédé peut comporter deux solutions principales : le système par empaquetage et le système par embrochage,
qui, chacun de leur côté, peuvent donner lieu à des constructions
fort diverses.

Il nous semble que, dans ce domaine encore, les constructeurs
allemands avaient réussi à accaparer les marchés par des modèles
qui, il faut le reconnaître, donnaient satisfaction au point de vue
mécanique et économique. La même remarque peut s'appliquer aux
machines à merceriser en filés et en pièces, aux appareils pour
blanchiment, aux machines pour essorer et sécher, aux appareils
pour apprêts, etc. Certainement que nos constructeurs français
auront à cœur de nous affranchir de l'emprise allemande (1).

---

(1) *Les progrès de l'industrie tinctoriale*, Eug. Grandmougin, *Génie Civil*,
1911/12, 183, 209, 280.

En ce qui concerne le blanchiment, il ne semble guère possible de réaliser des modifications bien profondes au point de vue chimique, car on ne peut guère employer des produits moins coûteux que les alcalis, les acides et le chlore qui servent pour le blanchiment des fibres végétales. Les alcalis servent au décreusage des matières incrustantes et au dégraissage par saponification des corps gras naturels ou venus au cours de la fabrication ; le chlore a pour but de détruire les colorants naturels des fibres. Au point de vue mécanique on a réalisé des progrès sérieux par une circulation méthodique de la lessive, en évitant sa dilution par des réchauffeurs appropriés, par l'emploi du vide, etc. Le lessivage au large, combiné au vaporisage, constitue une simplification du blanchiment par suite de l'économie de temps ; ce procédé ne convient cependant que pour certains articles. Nous avons déjà signalé les inconvénients qui résultent de l'emploi d'huiles minérales pour le graissage des métiers à tisser ; dans ce cas-là, le lessivage ordinaire peut être insuffisant. On peut augmenter l'action des lessives de blanchiment par l'addition de certains dissolvants (carbures, aniline, phénol, sulforicinates, etc.), mais il semble préférable d'avoir recours aux huiles saponifiables pour le graissage des métiers à tisser.

Quant au blanchiment proprement dit, nous avons déjà suggéré l'emploi du chlore liquide aux lieu et place d'hypochlorite. L'emploi du chlore ou de ses dérivés n'est toutefois pas sans inconvénients pour la solidité des fibres ; il serait intéressant de pouvoir remplacer son action oxydante par celle de l'eau oxygénée ou des persels, si le prix de ces produits ne s'opposait pas à leur emploi. On peut cependant se demander si l'oxygène même ne pourrait servir ; on l'a fait agir avec succès, paraît-il, sur le coton lessivé, dans la cuve de lessivage même, en présence de certains catalyseurs (manganèse par exemple). Il semble que, dans cette voie, il y aurait encore des progrès intéressants à réaliser.

Quant à la laine, elle est d'abord dessuintée par l'eau tiède puis dégraissée au savon de potasse. Dans les grandes laveries, on emploie des installations mécaniques appropriées : dessuinteuse Maillard et léviathan. Il importe de récupérer la potasse contenue dans les eaux de dessuintage, par évaporation et calcination, et la graisse de suint, matière première pour la lanoline.

On peut aussi dégraisser la laine par extraction avec des liquides volatils, le naphte par exemple ; ce procédé n'est cependant en usage que dans quelques rares usines, car il demande une installation très importante. Il paraît plutôt intéressant pour une collectivité d'usines que pour une usine isolée.

Le blanchiment proprement dit se fait par l'acide sulfureux soit libre, soit sous forme de bisulfites ou d'hydrosulfites, ou par l'eau oxygénée alcaline.

Le décreusage de la soie se fait toujours par le savon, soit en bain plein, soit dans la mousse. Il s'agit dans ce dernier cas d'un procédé physico-chimique très particulier par lequel on obtient une bonne pénétration des fibres. Ce principe a aussi été mis à profit dans les appareils à teindre dans la mousse (système C. Wanke).

Quant à la charge de la soie au silico-phosphate d'étain, elle s'est développée, depuis un quart de siècle, d'une façon prodigieuse ; elle a permis de mettre cette fibre à la portée d'un public qui, autrefois, n'aurait pu l'acquérir. On sait que ce procédé consiste à fixer sur la soie, par des passages alternatifs dans des solutions de tétrachlorure d'étain et de phosphate de soude, un précipité minéral, qui, tout en gonflant la fibre et en augmentant son poids, lui conserve toutes ses propriétés précieuses. On arrive ainsi à diluer la soie, qui est une matière des plus précieuses, par un composé minéral d'un prix très bas, c'est-à-dire à abaisser sensiblement le prix des soieries. Si une charge modérée (30 0/0 pour l'organsin, 70 0/0 pour la trame par exemple) augmente plutôt les qualités industrielles de la soie, il ne faut toutefois pas perdre de vue que des charges excessives ne sont pas sans de graves inconvénients. Mais voilà encore un sujet spécial que nous ne pouvons aborder ici.

Au point de vue artistique les plus beaux effets d'ornementation sont obtenus par le tissage en couleurs et par l'impression des tissus qui se concurrencent dans certains domaines, mais qui ont cependant, pour des raisons que nous ne pouvons exposer ici, leur domaine propre.

L'exécution artistique a toujours été un privilège français et c'est tellement vrai que la plupart des dessins pour l'impression proviennent des ateliers de Paris.

La reprise de l'Alsace française avec ses manufactures d'impression, qui se sont spécialisées dans l'article riche, va être un événement des plus importants dans le domaine de l'impression. L'Alsace seule, et le rayon de Mulhouse en particulier, compte certainement plus de machines à imprimer (environ 175) que la France entière, et si la production par unité est relativement faible (moyenne de production : environ 5.000 pièces de 100 mètres par an et par machine) elle est compensée, comme nous venons de le dire, par la qualité de la marchandise. Il est certain, d'autre part, que l'industrie alsacienne, dont les débouchés étaient surtout outre-Rhin, va connaître des moments difficiles, et il faudra une politique industrielle prudente pour lui conserver son ancienne prospérité.

Mais ces questions économiques dépassent singulièrement le cadre de nos études. Il y a là, comme pour l'avenir de la métallurgie, un ensemble de problèmes à étudier pour lesquels il faudrait une politique économique à conceptions larges et qui ne s'inspirent pas seulement d'intérêts particuliers ou régionaux. Nous pensons du reste qu'il y aurait avantage, pour les indienneurs comme pour les teinturiers, à s'unir en de puissantes associations, telles que nous les voyons en Angleterre dans la Calico Printers Association ou la Bradford Dyers Association. Si le particularisme français est un peu réfractaire à ces cartels, il faut cependant bien faire remarquer que l'achat en commun des matières premières, des drogues, des couleurs, etc., permettrait de réaliser des économies considérables. On peut aussi centraliser les laboratoires d'analyses et de recherches, ce qui réduit, il est vrai, le personnel technique, mais diminue les frais généraux. Enfin, dans une association qui embrasse toutes les manufactures, on peut spécialiser les usines, ce qui permet de simplifier sensiblement la fabrication en la réduisant à quelques articles à grande production.

Nous devons, malheureusement, nous abstenir de développer ici les perfectionnements apportés à l'art de l'impression depuis un quart de siècle : réserves sous noir d'aniline, couleurs naphtol générées sur fibre, rongeants au sulfoxylate, impression de couleurs à cuve, etc., ainsi que les perfectionnements qui nous paraissent encore possibles.

Si parfaite que soit la machine à imprimer rotative, elle n'est cependant pas encore arrivée à la limite des perfectionnements, et il y a surtout aussi le domaine de la gravure qui est susceptible de progresser. Les progrès réalisés dans l'impression rotative des illustrés par la transformation du procédé Rolffs par M. Mertens montrent tout ce que l'on peut atteindre dans ce domaine. Mais ce procédé n'est pas applicable à l'impression des tissus dans sa forme actuelle. Il y aurait aussi à reprendre l'étude de l'impression lithographique sur tissus qui n'a pas donné, jusqu'à présent, les résultats qu'on espérait (1).

. .

L'industrie des apprêts, enfin, vient compléter les industries tinctoriales en permettant de donner à la marchandise finie l'aspect le plus agréable à l'œil et au toucher. Parmi les nombreuses opérations, qui sont surtout du domaine de la mécanique, nous ne mentiennerons ici que le similisage par rouleaux gravés (silk-finish) qui permet de donner à des tissus de coton l'aspect des soieries. Il est certain que dans ce domaine encore, ainsi que dans celui de l'action des produits chimiques qui peuvent modifier profondément

(1) *Les nouveaux procédés d'impression sur tissus*, EUG. GRANDMOUGIN, *Techn. mod.*, 1914, 356.

les caractères physiques et chimiques des fibres, il reste énormément à faire. Faut-il rappeler ici l'importance capitale du mercerisage à la soude caustique pour les filés et les tissus de coton, et des nombreuses modifications et variantes pour l'obtention de crêpons, tissus bosselés, etc., en employant des tissus homogènes ou mixtes.

Le caractère de la laine peut aussi être modifié dans ses propriétés tinctoriales par l'action du chlore, des hydrosulfites, des sulfocyanures, des sels métalliques, des matières tannantes, etc., et ces procédés peuvent également trouver des emplois variés.

Il y aurait lieu, enfin, de tenir compte des industries qui régénèrent les fibres usagées et parmi lesquelles celle de la laine-renaissance offre un intérêt particulier, par suite du prix élevé de la matière. Il est bien certain que, comme cette fibre nous vient en grande partie de l'étranger, il y a lieu de l'employer aussi longtemps que possible en la régénérant. Ce qui est regrettable, c'est que par l'opération de la carbonisation, qui a pour but de la séparer de la fibre du coton, on perd totalement cette dernière fibre, moins précieuse, il est vrai, mais qui n'est pas non plus dénuée de valeur.

Nous tiendrions encore à insister ici pour qu'à l'avenir nos chimistes-coloristes observent une politique plus moderne et plus réaliste que celle pratiquée par le passé. L'époque du secret de fabrication et du pli cacheté doit cesser; il faut savoir tirer parti des découvertes et des progrès incessants en profitant des enseignements que nous donnent les fabriques de matières colorantes. Celles-ci ne se bornent pas seulement à breveter des procédés de fabrication de matières colorantes ; elles pratiquent de plus en plus, le brevet de procédé d'application. S'il y eut une période où, à tort ou à raison, les découvertes les plus importantes : rongeage du bleu cuvé par l'acide chromique, réserves sous noir d'aniline, etc., ne furent pas protégées, cette période n'est plus ; il faut utiliser maintenant d'une façon plus rationnelle les découvertes que les coloristes sont amenés à faire au cours de leurs travaux.

Le temps n'est plus hélas ! où les industries textiles ou tinctoriales étaient d'un rapport financier remarquable ; elles se sont banalisées si l'on peut dire. Mais elles peuvent augmenter leurs revenus en tenant compte de ces observations, et nous sommes persuadés que la création d'un laboratoire scientifique dans ces usines permettrait d'obtenir, à ce point de vue, un rendement appréciable. Nous connaissons des usines où l'on n'a qu'à se féliciter des résultats ainsi obtenus.

Il faut toutefois, pour cela, des chimistes spécialisés dans le domaine des fibres textiles, des colorants et de leurs applications. Notre enseignement technique aura pour devoir de nous les fournir en développant l'enseignement de la chimie tinctoriale, soit dans nos écoles de chimie, soit dans des écoles de teintures à créer ou à développer.

Annexes au chapitre XXVI

Production mondiale du coton

	1913-1914
	(En tonnes)
Etats-Unis.	3.208.340
Indes.	1.127.250
Egypte.	322.875
Brésil et Pérou	65.250
Divers	22.500
Total	4.746.251

Production mondiale de la laine

	1913
	(En tonnes)
Europe	362.400
Australasie	347.451
Amérique du Sud	216.081
Amérique du Nord	139.524
Asie	123.669
Afrique	93.771
Total	1.282.895

Production mondiale de la soie

	1913	1915
	(En tonnes)	(En tonnes)
France.	350	130
Italie.	3.540	2.878
Espagne	82	50
Autriche-Hongrie	273	167
Turquie d'Asie	1.090	590
Turquie d'Europe.	85	30
Pays balkaniques.	320	180
Caucase.	385	125
Turkestan et Asie Occidentale . .	225	50
Perse	210	40
Shanghaï et Canton.	8.515	7.500
Japon.	12.120	11.250
Indes	113	81
Indo-Chine	12	14
Totaux	27.820	23.085

Broches de filature pour coton

Pays	Au 1er mars 1914
Angleterre.	55.971.501
Etats-Unis.	31.519.766
Allemagne.	11.404.944
Russie	9.111.835
France	7.400.000
Indes anglaises	6.397.142
Autriche.	4.941.320
Italie.	4.600.000
Monde entier	144.704.012

Métiers à tisser et machines à imprimer

Pays	Métiers pour coton	Rouleaux
Etats-Unis.	633.000	450
Allemagne.	280.000	350
Angleterre.	750.000	1.200
France	150.000	130

XXVII

STATISTIQUES (1).

Dans les chapitres qui précèdent, nous avons indiqué sommairement, et en passant, l'importance de la production de certains produits, ainsi que les chiffres de transactions auxquelles ils donnent lieu. Il serait évidemment intéressant, si cela ne devait nous entraîner trop loin, d'étudier plus en détail les questions économiques relatives aux industries chimiques. Il est vrai qu'il est assez difficile de faire un partage entre les industries vraiment chimiques et les industries annexes qui sont tributaires de la chimie ou auxquelles les industries chimiques proprement dites doivent avoir recours.

Ainsi nous avons dû signaler l'industrie des combustibles minéraux d'où certaines industries chimiques organiques tirent leurs matières premières, et qui, d'autre part, sont indispensables pour la production de la force motrice, pour l'obtention du calorique nécessaire aux réactions chimiques, etc. Les transactions dans ce domaine dépassent le milliard, dont 450 millions importés. D'après la statistique officielle, la production minière s'est élevée, en 1912, à près de 800 millions, dont 650 millions pour les combustibles fossiles. La production des carrières a été évaluées, pour la même année, à moins de 300 millions de francs.

(1) Bibliographie à consulter : *Les Industries chimiques en France et en Allemagne*, par FLEURENT, 1915.

Enquête faite sur les industries chimiques en France, par L. GUILLET (1900).
Documents statistiques de la Direction générale des Douanes, publication mensuelle.

La rénovation de l'industrie chimique française, par FERNAND GEORGE (1916).

Les industries métallurgiques représentent un chiffre d'affaires d'au moins 730 millions, en produits bruts, dont 500 millions rien que pour la fonte.

Nos importations en minerais divers (excepté ceux d'or, d'argent et de platine) dépassent 115 millions annuellement ; nous en exportons d'autre part pour 75 millions, dont la plus grosse part est constituée par des minerais de fer (50 millions environ), des minerais de zinc (13 millions) et des minerais d'alumine (3 1/2 millions).

Il y aurait encore à ajouter aux industries minérales les transactions réalisées par les industries de la céramique et de la verrerie, les industries des ciments, etc., qui représentent également des chiffres considérables. On ne possède pas de chiffres absolument certains pour ces divers domaines ; cependant on peut estimer la valeur de production de l'industrie verrière à près de 200 millions, celle des industries céramiques à 150 millions et la production en chaux, plâtres et ciments divers à 150 millions de francs.

Les diverses industries que nous avons étudiées dans les chapitres qui précèdent : les industries de l'alimentation, les industries chimiques, les industries du caoutchouc, du papier et du carton, les industries du livre, les industries textiles et les industries annexes du travail des étoffes et des vêtements, des pailles et crins, les industries des cuirs et des peaux, les industries du bois, la métallurgie, le travail des métaux fins, la taille des pierres, le travail des pierres et terres au feu, la manutention et les transports et les commerces divers comptaient, en 1914, 44.860 établissements avec 1.512.798 ouvriers.

Sur ce nombre les industries chimiques proprement dites ne figurent que pour 334 usines avec 33.650 ouvriers et 3.000 employés scientifiques, techniques et commerciaux (en 1906) ; 9 usines seulement occupaient plus de 500 ouvriers.

Il est juste d'ajouter que la guerre a donné une impulsion sérieuse à l'industrie chimique et que les grandes sociétés ont été amenées à augmenter sérieusement les capitaux engagés dans ces entreprises sans compter les nombreuses usines créées pour les besoins de la guerre.

En nous limitant aux industries plus particulièrement chimiques, le petit tableau suivant résume le commerce des produits chimiques pour 1912 :

	Importations	Exportations
	(En milliers de francs)	
Produits chimiques.	233.368	202.550
Couleurs minérales.	10.859	24.107
Teintures préparées	11.124	9.581
Compositions diverses	34.525	83.891
Huiles et sucs végétaux	342.761	293.314
Espèces médicinales	25.805	14.857
	658.442	628 300

Parmi les produits chimiques proprement dits sont compris les acides, les alcalis, les sels, les engrais minéraux, les carbures, etc. ; les compositions diverses comprennent les savons, fécules et amidons, colles et gélatines, bougies, caséines, sucre de lait, etc., et dans les huiles et sucs végétaux, il faut compter les huiles diverses, les résines, essence de térébenthine, caoutchouc, etc.

Voici, à titre d'indication, les chiffres pour le commerce de produits chimiques de l'Allemagne et de l'Angleterre.

Commerce des produits chimiques proprement dits de l'Allemagne.

	1913 Importations	Exportations
	(En milliers de francs)	
Produits chimiques divers	350.899	471.371
Couleurs et matières colorantes . .	26.304	372.626
Engrais minéraux	40.269	67.741
Explosifs	1.884	92.572
Produits pharmaceutiques et autres	51.150	136.075
Goudron et dérivés.	8.969	54.206

On estime qu'en 1913, la valeur des produits chimiques fabriqués par l'Allemagne dépassait 2.500 millions, et qu'elle en exportait pour près d'un milliard de francs.

En ce qui concerne nos transactions avec l'Allemagne, il peut être intéressant de noter que nous exportions dans ce pays pour 60 millions environ de produits chimiques divers, alors que les importations s'élevaient à 96 1/2 millions de francs. Ces chiffres montrent bien que nous étions tributaires de l'industrie allemande pour les produits organiques notamment.

Voici enfin les chiffres pour l'Angleterre :

Commerce des produits chimiques et matières premières de l'Angleterre (1912)

	Importations	Exportations
	(En milliers de francs)	
Produits chimiques, drogues, couleurs	314.025	526.800
Produits oléagineux, huiles, etc.	936.100	114.250
Peaux.	343.000	50.700
Cuirs manufacturés	858.575	131.300
Verres et poteries	106.975	124.350
Pâtes de bois et chimiques	139.175	23.200
Papier	181.325	88.800
Houille, coke, etc.	6.875	1.064.625
Minerais de fer, pyrites, etc.	155.475	10.225
Autres minerais divers	226.400	2.875

Enfin, en comparant le commerce des produits chimiques proprement dits des grandes nations industrielles on arrivera au tableau suivant dans lequel l'Allemagne occupe la première place.

Commerce des produits chimiques (1913)

Pays	Importations	Exportations	Totaux
	(En milliers de francs)		
Allemagne.	467.691	1.034.465	1.502.156
Angleterre	383.315	498.695	882.010
Etats-Unis	620.274	237.520	857.795
France	288.364	363.602	651.965

* *

Pour en revenir au commerce des produits chimiques en France, il y aurait lieu d'examiner chacun de ces compartiments, mais cela nous entraînerait à des développements excessifs. Nous nous bornerons donc en donnant dans le tableau suivant un résumé de la production des produits chimiques proprement dits, et en particulier des produits de l'industrie chimique minérale.

Tableau de la production et de la valeur des principaux produits minéraux (1)

Produits	Production	Prix par tonne	Totale
	(En tonnes)	(En francs)	(Mille francs)
Acide sulfurique.	1.000.000	65	65.000
Oléum 20 %.	50.000	90	5.000
Acide chlorhydrique 20° Bé.	120.000	60	7.200
Acide nitrique 40° Bé	15.000	360	5.400
Sel de soude.	350.000	110	38.500
Soude caustique.	75.000	275	20.625
Silicates de soude et de potasse.	6.000	100	600
Potasse.	8.000	800	6.400
Sulfate de fer	35.000	55	1.925
Sulfate d'alumine	15.000	140	2.100
Alun	3.000	160	480
Sulfate de cuivre	30.000	550	16.500
Sulfate de zinc	400	180	72
Sulfate de soude.	100.000	60	6.000
Sulfate d'ammoniaque . . .	70.000	320	22.400
Nitrite de soude.	1.000	650	650
Bisulfite de chaux	2.000	70	140
Bisulfite de soude	1.000	110	110
Sulfite de soude	500	220	110
Sulfure de sodium	4.000	140	560
Ferrocyanure de potassium.	1.500	1.300	1.950
Chlorure de chaux	45.000	160	7.200
Eau de Javel 45°	10.000	150	1.500
Chlorate de potasse.	4.500	1.000	4.500
Eau oxygénée 10 vol. . . .	6.000	250	1.500
Iode	60	35.000	2.100
Superphosphate de chaux 15 %.	1.900.000	55	104.500
Cyanamide 15 %.	7.500	230	1.725
Carbure de calcium.	46.000	250	11.500
Tétrachlorure d'étain. . . .	6.000	2.000	12.000
Sel d'étain	125	2.600	325
Céruse.	25.000	600	15.000
Minium	7.000	580	4.060
Blanc de zinc	12.000	880	10.560
Lithopone.	1.500	350	525

(1) Les prix et les productions s'appliquent à une année normale, (acide sulfurique et oléum exceptés).

Cette liste est loin d'être complète ; elle montre cependant l'importance des transactions dans l'industrie minérale qui doivent atteindre près de 500 millions.

Il ne faudrait cependant pas déduire l'importance des transactions totales de l'addition des chiffres de la dernière colonne, car l'on arriverait à un total bien supérieur à la réalité. Cela provient du fait que certains produits, comme l'acide sulfurique et la soude, servent à la confection des matières secondaires.

Ainsi l'on produit pour 65 millions d'acide sulfurique ; mais la plus grosse part, au moins 40 millions, sert, en temps normal, pour la fabrication des superphosphates, dont la valeur dépasse 100 millions. Le même acide sert à la préparation de la plupart des autres acides, des sulfates, etc. On peut faire la même observation pour le sel de soude, dont la production représente le chiffre important de 40 millions qui, avec la soude caustique, peut s'élever à 60 millions de francs.

Parmi les produits que nous exportons, les produits chimiques figurent pour 30 millions, les superphosphates pour 15 millions, le carbonate de soude pour 8 millions, l'alumine anhydre pour 3 1/2 millions, la soude caustique pour 2 1/2 millions. Les couleurs minérales forment également un appoint important de notre exportation : les outremers (2.000 tonnes) pour 2 millions, le kermès minéral et les sels d'antimoine pour 1 million, des ocres naturels (25.000 tonnes) pour 1 1/2 million, etc.

Pour certains produits, nous sommes tributaires de l'étranger, notamment pour le nitrate de soude qui représente à lui seul près de 75 millions, les sels de potasse pour engrais pour 15 millions, une partie du sulfate d'ammoniaque et des sels ammoniacaux pour 8 millions, la potasse caustique et le carbonate de potasse pour 3 millions environ, le borate de chaux pour 2 millions, etc., parce que nous ne trouvons pas dans notre sous-sol les matières nécessaires. Il n'en est pas tout à fait de même pour certains produits manufacturés : le sulfate de cuivre dont nous importons pour 8 millions, la totalité des bichromates (pour 2 millions), le chlorure de baryum (pour 400.000 francs), le permanganate (pour 300.000 francs), les couleurs bronze (278 tonnes) pour plus de 1 million, etc., et dont il y aurait lieu d'étudier les possibilités de fabrication en France.

Pour les industries organiques, il est plus difficile d'établir une statistique pour les raisons que nous avons déjà exposées, à savoir qu'il est difficile de faire le partage entre les industries chimiques proprement dites et les industries annexes et connexes.

L'industrie sucrière représente une valeur de 240 millions ; celle du caoutchouc au moins 150 millions ; la panification représente à elle seule près de 2 milliards (la consommation en blé s'élève, pour une année normale, à 95 millions de quintaux, la ration de pain étant de 245 kgs par tête et par an) ; la tannerie importe pour 220 millions de peaux ; les industries textiles et les industries tinctoriales, qui en dépendent, utilisent pour 1.723 millions de matières premières. D'autre part, l'industrie des huiles et des graisses représente, rien que pour la région de Marseille, un chiffre d'affaires de 350 millions ; la consommation de stéarine se monte à 19.000 tonnes représentant une valeur de 22 millions ; l'emploi du cacao dans l'industrie du chocolat est de 27.800 tonnes annuellement, soit environ 50 millions de francs ; l'industrie des tartres se monte à au moins 52 millions ; celle des résines, brais et térébenthines à environ 20 à 25 millions, etc.

Nous avons estimé, d'autre part, les industries organiques synthétiques, qui prennent le goudron de houille comme point de départ, à près de 50 millions, dont 25 millions environ sont importés ; les poudres et explosifs, en temps normal, représentent 35 millions.

Voici un petit tableau qui donne quelques indications sur les productions et chiffres d'affaires de quelques autres industries organiques :

Produits	Production	Prix par tonne	Total
	(En tonnes)	(En francs)	(Mille francs)
Benzol.	12.000	250	3.000
Sulfure de carbone. . .	6.000	500	3.000
Formaldéhyde	250	950	237
Méthylène 90° (hl.). . .	25.000	90	2.250
Acétate de chaux. . . .	10.000	200	2.000
Alcool (hl)	3.000.000	40	120.000
Fécule.	35.000	350	12.250
Glucose.	20.000	450	9.000
Glycérine 28°.	9.000	1.600	14.400
Aniline.	2.500	1.350	3.375
Naphtol.	200	1.250	250
Diphénylamine.	150	3.000	450

Il y a lieu de faire ici la même remarque que pour les produits minéraux, c'est-à-dire que l'on ne peut pas totaliser sans autre les sommes indiquées. Ainsi le benzol sert de matière première pour l'aniline, la diphénylamine, etc.

A l'exportation, nous signalerons les extraits de châtaignier pour 15 millions environ (85.000 tonnes), la glycérine (7.000 t.) pour 11 millions, les savons (45.000 tonnes) pour 25 millions, les produits tartriques pour 20 millions, le celluloïd brut pour 2 1/2 millions, etc.

Aux importations, nous avons déjà mentionné autrefois pour 15 millions de produits de distillation de la houille, pour 8 millions de produits intermédiaires, pour 8 millions de matières colorantes artificielles, pour 1 1/2 millions de produits pharmaceutiques synthétiques, pour 2 millions de parfums synthétiques, et de produits photographiques, pour 3 millions de sels de nicotine, puis des alcaloïdes naturels, des huiles déglycérinées, des lies de vin, du tartre brut, du citrate de chaux pour 3 millions, l'acétone et les produits de distillation du bois, etc.

ANNEXES AU CHAPITRE XXVII

Statistique des usines en France relevant de la chimie

Genre d'industrie	Années	
	1913	1916
Industries alimentaires..	3.530	3.287
Industries chimiques....	1.465	1.340
Papier, caoutchouc, etc.	756	685
Industries textiles	3.863	3.269
Industries du cuir	1.901	1.818
Industries du bois	4.880	3.627
Industrie des métaux....	7.624	6.599
Métaux précieux.	494	248
Pierres précieuses	93	50
Pierres de tailles, etc....	2.246	1.609
Briqueteries.	1.044	726
Petites industries	8.965	8.162
Totaux	46.976	41.540
Ouvriers employés.	1.637.000	1.417.200

Tableau de la valeur de production des principales industries chimiques (1913)

Industries	France	Mondiale
	(En millions de francs)	
Industries alimentaires	14.500	200.000
Industries textiles et tinctoriales	4.500	45.000
Industries minières	1.000	25.000
Industries métallurgiques (1)...	700	10.000
Industries du caoutchouc	460	4.000
Industries du gaz	270	4.400
Engrais minéraux	250	3.000
Industries du papier	250	3.000
Industries du savon	250	—
Industries verrière.	200	—
Industries céramiques	150	—
Chaux et ciments.	150	2.500
Industries des acides.	60	500
Industries des alcalis.	50	400
Matières colorantes	18	400
Produits pharmaceutiques	15	125
Industries des pyroligneux	15	100
Parfums synthétiques	15	65

(1) Métaux précieux non compris,

XXVIII

COMPARAISON DES GRANDES NATIONS INDUSTRIELLES

Il peut être intéressant de comparer la situation industrielle de notre pays à celle des autres nations industrielles et ce rapprochement va nous montrer ce qu'il nous reste à faire.

Voici d'abord les chiffres du commerce extérieur (importations et exportations) pour 1912.

Angleterre.	33.885	millions.
Allemagne	24.265	»
Etats-Unis.	19.741	»
France.	14.943	»

Les chiffres pour 1913 sont sensiblement du même ordre et les années de guerre 1914/1916 ne peuvent entrer en ligne de compte pour les pays européens, parce que, par suite des événements particuliers que nous traversons, le rapport entre les importations et les exportations, et le commerce en général, ont été complètement modifiés. Il faut noter cependant le développement pris par le commerce des Etats-Unis qui s'est élevé, en 1915, à 26.140 millions, dont 8.640 millions à l'importation et 17.500 millions à l'exportation. Pour 1917 les chiffres sont encore plus impressionnants : 31.130 millions pour les exportations et 14.760 millions à l'importation, soit au total près de 46 milliards. On voit l'accroissement

provoqué par suite de la situation privilégiée de ce pays au cours
de ces événements.

Mais ce qu'il importe de faire remarquer surtout, c'est que si le
commerce français a doublé de 1891 à 1913 (7.673 millions
en 1891 à 15.383 millions en 1913), il a plus que triplé en Allemagne dans le même laps de temps (8.247 millions en 1891 à
25.970 millions en 1913) et les exportations de ce pays ont passé
de 4.331 millions à 13.370 millions. Voilà un fait très important
à retenir et qui montre l'avance prise par l'Allemagne sur toutes
les autres nations. Nous n'attachons, en ce qui nous concerne,
qu'une valeur relative au rapport entre les importations et les
exportations, malgré certaines théories chères aux économistes
qui tiennent à la balance économique. Les théories des économistes se sont trouvées compromises trop souvent pour devoir être
considérées comme des dogmes ; il suffit d'ailleurs de faire remarquer qu'en Angleterre les importations dépassent de beaucoup les
exportations (19.610 millions contre 13.400 millions) ce qui n'empêche pas ce pays d'être le plus riche du monde.

Voici quelques tableaux qui permettront de comparer entre
elles les quatre grandes nations au point de vue économique et industriel.

I. — Tableau comparatif des ressources économiques et industrielles des grandes nations.

	Etats-Unis	Allemagne	Angleterre	France
Superficie (km. carrés)	7.836.000	540.251	314.339	536.408
Terres cultivées «	4.700.000	340.000	190.000	340.000
Forêts «	1.960.000	130.000	12.450	98.860
Population (millions de francs)	105.000.000	70.000.000	48.000.000	40.000.000
Fortune (millions de francs)	1.150.000	425.000	450.000	350.000
Revenus «	185.000	52.500	60.000 (1)	35.000
Impôts «	6.000	4.000	5.000	5.000
Dette en 1913 «	5.450	24.565	17.425	31.740
Dette en 1917 «	42.000	128.000	134.000	90.500
Dette en 1918 «	150.000	195.000	190.000	170.000
Importations «	9.088	13.370	19.610	8.508
Exportations «	12.000	12.600	13.400	6.875
Commerce total «	21.088	25.970	33.010	15.853
Force motrice (chevaux-vapeur)	22.240.000	8.264.000	11.700.000	3.551.000
(chevaux hydrauliques)	2.000.000	445.000	80.000	600.000
Chemins de fer (km)	380.000	62.692	37.845	50.993
Flotte commerciale (tonneaux)	7.714.000	3.154.000	11.879.000	1.519.000
Hauts fourneaux	206	309	331	112
Fours à coke avec récupération	8.500	30.000	7.000	2.000
Broches de filatures pour coton	31.500.000	11.400.000	56.000.000	7.400.000
Métiers à tisser pour coton	633.000	280.000	741.000	150.000
Machines à imprimer	450	350	1.200	130
Ouvriers industriels	7.000.000	10.853.000	»	6.260.000
Ouvriers dans l'industrie houillère	723.000	611.000	1.069.000	199.000
Ouvriers dans l'industrie chimique	144.339	220.000	120.000	33.650
Usines de produits chimiques	2.856	8.699	»	535
Chimistes	18.000	30.000	5.000	2.500

(1) D'après des données plus récentes (1916) ce chiffre doit être élevé à 95 milliards, soit 2.075 francs par tête. Par suite de la guerre les impôts se sont élevés à 12 milliards (237 fr. 50 par tête d'habitant) et à 16 milliards en 1917.
De même aux Etats-Unis les impôts ont atteint pour 1917/18 la somme de 18 1/2 milliards, soit 185 francs par tête.

II. — Tableau comparatif de la production des grands produits industriels, en tonnes (1)

Produits	États-Unis	Allemagne	Angleterre	France	Mondiale
Houille	464.000.000	177.000.000	260.500.000	40.500.000	1.150.000.000
Lignite	»	87.000.000	120	793.000	»
Naphte	38.500.000	150.600	»	»	57.920.000
Gaz de houille (millions de m³)	5.776	2.700	5.500	1.350	22.000
Coke	40.000.000	32.168.000	20.000.000	2.900.000	91.500.000
Minerais de fer	59.400.000	28.600.000	16.250.000	23.250.000	140.770.000
Pyrites de fer	360.000	225.000	11.000	270.000	7.000.000
Phosphates de chaux	3.202.600	»	9	335.000	7.500.000
Sel	3.077.000	2.994.000	2.083.000	1.150.000	15.455.000
Fonte	31.461.600	19.310.000	10.650.000	5.310.000	80.000.000
Acier	31.800.000	17.615.000	7.790.000	4.635.000	»
Plomb	386.700	181.000	29.000	33.000	1.185.000
Cuivre	527.600	37.500	68.000	13.000	1.005.900
Zinc	308.500	277.000	58.000	63.500	975.000
Étain	»	12.400	18.350	500	118.200
Aluminium	22.500	3.000	7.500	18.000	68.200
Acide sulfurique	2.200.000	1.600.000	1.150.000	875.000	8.500.000
Superphosphates	3.248.000	1.818.700	820.000	1.920.000	12.500.000
Sulfate d'ammoniaque	155.000	550.000	432.000	68.500	1.350.000
Carbonate de soude	675.000	550.000	750.000	350.000	3.500.000
Potasse (K²O)	8.500	1.100.000	»	6.000	1.125.000
Ciments	45.050.000	7.200.000	»	2.300.000	35.000.000
Chaux	3.500.000 (2)	»	4.285.000	5.500.000	»
Sucre de betteraves	700.000	2.740.000	»	800.000	9.000.000
Alcool (hl)	3.650.000	3.750.000	1.193.000	3.100.000	22.900.000
Coton	3.210.000	»	»	»	4.750.000
Laine	210.000	20.000	70.000	40.000	1.285.000
Pâte de bois	2.600.000	600.000	»	90.000	»
Cellulose	1.600.000	600.000	»	»	3.000.000

(1) Les indications de ce tableau, qui sont des moyennes, se rapportent à une année normale, généralement 1913 ou 1914 (voir les diverses annexes).

(2) Chaux vive seulement.

III. — Tableau comparatif de la consommation des grands produits industriels, en tonnes.

Produits	États-Unis	Allemagne	Angleterre	France
Houille	459.000.000	140.750.000	175.000.000	59.000.000
Pétrole	»	750.000	530.000	420.000
Fonte		18.650.000	9.730.000	5.400.000
Coke	37.115.000	26.350.000		5.500.000
Minerais de fer	60.750.000	42.500.000	22.750.000	13.050.000
Pyrites	1.300.000	1.220.000	810.000	700.000
Phosphates naturels	2.120.000	1.190.000	535.000	1.250.000
Plomb	358.200	229.700	199.400	99.000
Cuivre	321.900	225.800	159.400	95.000
Zinc	313.000	232.000	175.700	81.000
Étain	48.000	18.300	18.400	7.400
Aluminium	22.500	12.600	5.000	3.000
Engrais phosphatés	4.870.000	4.206.000	910.000	2.400.500
Nitrate de soude	635.905	774.320	143.910	322.415
Potasse (K²O)	248.294	604.283	17.480	40.437
Sulfate d'ammoniaque	250.000	400.000	100.000	95.000
Engrais minéraux	6.000.000	5.700.000	1.160.000	2.850.000
Sucre	3.350.000	1.615.000	1.870.000	750.000
Coton	1.192.300	384.245	302.281	250.000
Laine	214.200	214.200	327.600	189.000
Papier	»	1.400.000	1.215.000	560.000
Caoutchouc	90.000	21.000	18.500	16.000
Cacao	67.000	51.000	27.500	28.000
Matières colorantes	26.000	15.000	19.000	9.500
Essences de pétrole	»	240.735	»	245.000
Huiles lourdes de pétrole	»	220.800	275.000	144.600
Savons	800.000	»	300.000	»
Ciments	14.580.000	6.240.000	»	1.900.000

Nous avons déjà eu l'occasion d'examiner certains de ces chiffres au cours de notre travail. Au point de vue absolu, la France occupe, sauf exceptions, le quatrième rang parmi les nations industrielles. On peut, il est vrai, arriver à une autre interprétation en déterminant les productions et les consommations par tête d'habitant. On arrive ainsi aux deux tableaux qui suivent :

	Etats-Unis	Allemagne	Angleterre	France
Fortune (en francs)	11.250	6.700	10.465	8.750
Revenu (en francs)	1.550	750	1.325	750
Impôts (en francs)	60,00	54,50	105,90	105,60
Commerce extérieur (francs)	210,80	346,60	788,00	374,60
Production de houille (tonnes)	4,54	2,70	4,08	1,00
» de coke (tonnes) .	0,4	0,46	0,46	0,0725
» de fonte (tonnes) .	0,307	0,27	0,255	0,125
Consommation de coton (kil.)	11,92	9,3	23,0	8,2
» de laine (kil.) . . .	2,14	3,06	7,62	4,72
Consommation de produits textiles (francs)	»	73,65	82,40	82,80
Production de sel (kilogr.) .	30,77	42,8	48,4	29,0
Consommation de nitrate (k.)	6,35	11,0	3,33	8,05
» de potasse (kil.) .	2,48	8,63	0,40	1,05
Production de sucre (kilogr.)	7,00	39,1	»	20,0
» d'alcool (litres) . .	2,65	5,36	2,50	7,75
Consommation d'alcool pur (litres)	2,72	2,9	1,76	3,86

Pour les produits chimiques proprement dits et certains métaux, on aura les chiffres de productions suivants :

Produits	Etats-Unis	Allemagne	Angleterre	France
	(Production en kgs. et par tête d'habitant)			
Acide sulfurique	22,0	23,0	27,0	25,0
Sel de sonde	6,75	7,85	16,3	8,25
Sulfate d'ammoniaque	1,55	7,85	10,0	1,7
Superphosphates	32,48	26,00	19,00	48,00
Chlorure de chaux	0,9	1,0	2,67	1,10
Cyanamide calcique	0,64	0,493	»	0,187
Zinc	3,08	3,98	1,35	1,585
Cuivre	5,89	0,59	1,21	0,3
Plomb	4,07	2,6	0,71	0,7

Ces chiffres mériteraient quelques commentaires à différents points de vue. On y verra surtout que la situation industrielle de la France se trouve sensiblement améliorée pour certains produits. Ainsi pour la production de l'acide sulfurique et de la soude, notre pays égale les Etats-Unis et l'Allemagne ; pour la production des superphosphates, il vient en toute première ligne.

Quant aux industries houillères et métallurgiques, la France ne peut prétendre, pour le moment, occuper une situation de premier plan ; si elle possède les mines de fer les plus riches, elle n'est, malheureusement, pas encore en possession de la houille nécessaire pour leur mise en valeur.

On peut, évidemment, discuter sur la valeur de ces chiffres pour exprimer la capacité industrielle des diverses nations et les interprétations peuvent varier. Ainsi si l'on groupe les nations d'après l'accroissement de la population, on constate que la France passe au second rang après l'Allemagne quant aux progressions des exportations. Il est possible de faire dire aux chiffres un peu ce que l'on veut, et c'est une des raisons pour lesquelles nous nous abstiendrons de les commenter plus longuement.

XXIX

CONCLUSION

Nous sommes arrivés au terme de notre travail et une conclusion s'impose.

Si, au cours de ces études, nous nous sommes complus à étudier un certain nombre de fabrications, que nous connaissons plus particulièrement, aux dépens d'autres qui ont été traitées plus sommairement, nous espérons cependant qu'il se dégage de notre travail une vue d'ensemble. Si, dans le domaine des industries minérales, nous occupons une place satisfaisante, il reste par contre un effort considérable à faire dans le domaine de certaines industries organiques, et en particulier dans celles qui prennent le goudron de houille comme point de départ.

Au cours de ce livre nous avons eu l'occasion d'indiquer plusieurs fois les raisons de cet état de choses : enseignement technique insuffisant en chimie organique, lacunes et insuffisances de notre loi des brevets, manque d'initiative de certains industriels, conditions financières et économiques particulières, etc.

Mais, et nous nous permettons d'insister sur ce point, il se dégage de ces études, malgré tout, une impression réconfortante et qui est confirmée par l'admirable effort de toute la nation en vue de la défense nationale.

La mobilisation industrielle, après les tâtonnements et les hésitations du début, a pris, de plus en plus, une ampleur et un développement extraordinaires.

Il faut, cependant, que nous le répétions : pour avoir une industrie florissante, il nous faudra des hommes en quantité et de qualité. Le problème de la natalité se pose d'une façon inéluctable, et ce sera la tâche des hygiénistes et des économistes de l'envisager à tous les points de vue, pour enrayer une tendance qui risque de stériliser sans cela le bel effort que nous venons de faire.

Car le problème de la natalité est, avant tout, un problème d'ordre moral qui, jusqu'à présent, était régi par la loi du moindre effort. Or, dans ce domaine, comme dans tous les autres domaines : scientifique, commercial et industriel, il faut absolument que les Français redeviennent partisans du plus grand effort. Ce n'est qu'ainsi que nous reprendrons la place que nous occupions autrefois et que, par indolence, nous avons laissé prendre par d'autres, en l'espèce par nos ennemis.

Il vient se greffer sur ce problème de la natalité une série d'autres problèmes qu'il s'agit également de résoudre, tels que le redoutable fléau de l'alcoolisme avec tous les maux qu'il engendre, la question des logements salubres, de l'assistance et de l'enseignement (1).

C'est dans ce dernier domaine en particulier que nous aurons des efforts considérables à faire. On ne saurait jamais assez insister sur le fait que nous sommes en retard, au point du vue de l'enseignement, sur l'Allemagne, la Suisse, le Danemark ; que les 9/10 de notre jeunesse n'ont aucune éducation professionnelle. Il faudra donc multiplier les écoles de métiers et les écoles professionnelles et ne pas hésiter, s'il le faut, à rendre l'instruction professionnelle obligatoire.

Dans le domaine de l'enseignement secondaire, il nous faudrait un enseignement plus pratique, plus conforme aux réalités économiques et industrielles et n'exagérant pas l'étude de la littérature et des mathématiques.

Il nous faudra aussi réformer notre enseignement supérieur, notamment en matière technique, donner une plus large part aux travaux pratiques de laboratoire et diminuer les cours et les confé-

---

(1) Pour de plus amples détails on voudra bien consulter le livre de l'auteur : *L'Enseignement de la chimie industrielle en France* (Dunod et Pinat, 1917).

rences dont la proportion par rapport aux exercices pratiques est
absolument exagérée.

Il y aura aussi lieu de supprimer le concours qui limite l'entrée de nos écoles spéciales et qui leur confère un monopole qui
n'est pas sans danger ni sans inconvénients pour le développement
industriel de la nation.

D'une façon générale, développer l'action, l'initiative et l'audace,
alors que notre enseignement produisait surtout des penseurs et
des littérateurs.

La France, avec son admirable climat, son sol fertile, sa situation géographique incomparable devrait être le premier pays du
monde. Située sur trois mers, dont l'une, l'Océan, est le boulevard
du monde, elle pourrait posséder un trafic maritime de premier
ordre. Mais, dans ce domaine encore, il faut que les intérêts parti-
liers s'effacent devant les intérêts généraux. Il nous faut renoncer
à notre individualisme exagéré, qui n'est souvent qu'une des formes
de l'égoïsme mal entendu et une des causes profondes de notre
décadence économique et industrielle.

Il faut que le Français de demain se fasse une nouvelle mentalité et que, sans abdiquer sa personnalité qui lui est propre, il
renonce aux mesquineries du passé pour voir, dans l'avenir,
grand et loin.

Pour aboutir, il nous faudra une organisation qui ne sera pas
nécessairement celle de nos ennemis, mais qui tiendra compte de
notre mentalité, des qualités et des défauts inhérents à notre race.
Toutefois, qui dit organisation dit discipline, subordination des
intérêts particuliers aux intérêts généraux, efforts continus, méthodiques et convergents, une série de facteurs indispensables au
succès et que nous avons un peu trop désappris depuis un demi-
siècle. Cette coordination des efforts sera particulièrement nécessaire aussi pour les forces techniques et scientifiques qui ne doivent
plus être séparées comme autrefois par des cloisons étanches.

Le retour de l'Alsace française avec sa population sobre, probe, honnête et laborieuse et qui possède des traditions industrielles lointaines, solides et éprouvées, sera, à tous les points de vue, une acquisition de tout premier ordre. Par la réintégration de cet élément pondéré, on rétablira l'équilibre qui avait été rompu, il y a quarante-cinq ans, en donnant à certains élément de notre population un peu trop exubérants, et qui prennent trop souvent la parole pour l'action, une part prépondérante dans nos destinées.

Enfin, il y a un point sur lequel nous ne pourrons jamais assez insister : c'est sur le rôle que doit jouer le chimiste dans l'avenir. La guerre a démontré jusqu'à l'évidence son importance sociale, industrielle et nationale et il faut qu'il prenne désormais la place qui lui revient et que lui seul est à même de remplir. La rénovation de l'industrie chimique ne peut venir que du chimiste ; le chimiste seul, en collaboration avec l'ingénieur, peut la faire progresser. Il faut donc que le chimiste participe à la direction de nos entreprises chimiques et ce n'est qu'ainsi que nous aurons une industrie chimique grande, forte et prospère.

« Que le règne de la chimie arrive ! »

XXX

PRIX DES PRODUITS CHIMIQUES (Place de Paris)

M = manque

(H P) = hors Paris

		Cours au 30 juin 1914	Cours au 30 juin 1915	Cours au 30 juin 1916
		fr. c.	fr. c.	fr. c.
MÉTAUX NEUFS				
Antimoine (régule)	les 100 kil.	65 »	325 »	300 »
» (sulfure du Japon)........	»	40 »	175 »	275 »
Cuivre Barres Chili américain, marques ordinaires......................	les 100 kil.	161 »		
» » » 1res marques.	»	161 75	M	M
» lingots et plaques.. Havre ou Rouen......................	»	169 75	265 »	397 50
Minerai de Corocoro..........Havre	»	160 »	221 »	M
Étain Banka..... Havre ou Paris	»	384 »	472 »	M
» Billiton .... »	»	M	M	M
» des Détroits....... Havre.	»	371 »	480 »	530 »
» Anglais de Cournouailles, Paris	»	365 »	470 »	538 »
Mercure en potiches.......... Paris.	le kil.	5 15	14 »	16 90
Nickel .... »	»	4 50		
Plomb de provenances diverses Rouen et Havre	les 100 kil.	57 50	77 »	95 »
» » » Paris	»	58 »	77 50	95 50
Zinc de Silésie.............. Havre	»	63 50	M	
» autres bonnes marques.. »	»	58 50	M	
» » » » ... Paris,	»	58 50	255 »	175 »
MÉTAUX VIEUX				
Mitraille cuivre rouge non étamé.....	»	150 à 160	175 à 180	255 à 260
Mitraille d'étain.................	»	285 à 290	295 à 300	280 à 285
Rognures de zinc	»	48 »	140 »	140 à 145
Vieux zinc couvertures..............	»	45 à 46	130 »	125 à 130
« chiffonnier.............	»	40 à 42	125 »	115 à 120

		Cours au 3o juin 1914	Cours au 3o juin 1915	Cours au 3o juin 1916
MÉTAUX VIEUX (suite)		fr. c.	fr.	fr. c.
Cendres de zinc (fonderie)............	»	20 »	5o »	55 »
Oxydes de zinc galvanisation.........	»	19 »	45 »	52 »
Mattes de zinc, pains non brûlées....	»	48 »	16o »	1o5 à 11o
Vieux plomb, planches et tuyaux......	»	43 à 44	6o »	68 à 72
» » refondu	»	39 à 4o	56 »	58 à 62
ENGRAIS				
Cyanamide à 15 o/o d'azote, franco...	les 1oo kil.	23 »	24 »	35 »
» à 17 — 2o o/o » l'unité	»	1 6o	1 6o	»
Nitrate de Chaux 13.o/o d'azote (en fûts de 1oo kil. Net, sur wagon Rouen).		22 5o	M	M
Nitrate de soude (Dunkerque) livrable 1914......................	les 1oo kil.	25 »	34 (*)	45 (*)
Sulfate d'ammoniaque 2o/21 o/o (gare Paris) livrable....................	»	3o »	4o »	56 »
Corne torréfiée....................	L'unité.	2 »	2.4o	3 3o
Cuir »	»	1 4o	2 1o	2 1o
» détanné....................	»	1 oo	2 2o	2 5o
Sang desséché....................	L'unité.	2 3o	2 5o	3 5o
Phosphates Algérie Tunisie 58/63 caf. mer du Nord et Atlantique........	»	o 54	»	»
» » » 63/68 »	»	o 56	»	»
». Land Pebble 68/72 »	»	5 d. 1/2	»	»
» précipités d'os.........	»	o 42	»	»
Superphosphates d'os pur	»	o 55	o 7o	1 »
» minéraux..........	»	o 37	o 6o	o 9o
Poudre d'os dégélatinés............	les 1oo kil.	11 »	11 »	19 »
Sulfate de potasse. Base 9o°. Esc. 3 o/o. Gares du départ. du Nord........	»	22 75	M	M
Chlorure de potassium » »	»	21 25	M	M
Sulfate de fer cristaux et menus sels.. Gare Paris	»	6 »	8 5o	11 à 12
Sulfate de cuivre..................	»	55 »	72 5o	15o

(*) Nitrate de soude (à Nantes et à La Pallice).

	Cours au 30 juin 1914	Cours au 30 juin 1915	Cours au 30 juin 1916
PRODUITS CHIMIQUES	fr. c.	fr. c.	fr. c.
Acétate d'Alumine 10° Blond . . (H P). les 100 kil.	18 »	45 »	50 »
» » 15° Blanc . . . » . »	27 »	55 »	60 »
» d'Amyle . . . . » . le kil.	2 50	4 à 4 50	M
» de Cuivre (poudre Verdet) » . les 100 kilo	180 .	285 »	540 . »
» de Plomb 1er blanc . . . . . » . »	80 »	180 »	3 ;0 »
» de Soude cristallisé . . . . . » . »	40 »	55 »	175 »
» » Neige . . . . » . »	39 . »	50 »	175 »
Acétone en tourie . . . . » . .	210 »	375 »	650 »
Acide Acétique 40 o/o bon goût. » . . »	50 »	65 »	550 »
» » 80 o/o . . . . » . »	100 »	130 »	450 »
» » 40 o/o Industriel » . »	35 »	55 »	225 »
» » 35 o/o » » . »	33 »	53 »	200 »
Acide Azotique (Voir acide nitrique) . .			
» Borique poudre . . . . les 100 kil	82 50	122 »	204 50
» » cristallisé . . . . »	77 50	115 »	198 50
» » demi-paillettes . . . . . . »	82 50	122 »	204 50
» » paillettes . . . . »	85	125 »	207 50
» Citrique . . . . »	590 »	775 »	1275 »
Acide Fluorhydrique . . . . »	87 50	150 »	200 »
» Lactique industriel 50 o/o . . . . . »	70 »	M	180 »
» Muriatique 22° chimiquement pur »	32 »	32 »	200 »
» » 20/21° par 15 touries »	7 50	17 à 19	25 »
» Nitrique 36° blanc . . . . »	33 »	60 »	80 »
» » » jaune . . . . »	32 »	53 »	75 »
» » 40° blanc . . . . »	39 »	66 »	90 »
» » » jaune . . . . »	38 »	55 »	80 »
» » 36° chimiquement pur »	52 »	120 »	M
» » 40° » » »	58 »	140 »	M
» Oxalique . . . . »	90 »	380 »	1000 »
» Phénique cristallisé 35° . . . . . . »	150 »	M	M
» » neige . . . . »	130 »	M	M
» » liquide 97/98° ambré . »	55 »	120 »	150 »
» Phosphorique 60° . . . . »	200 »	320 »	325 »
» Phosphorique 45° . . . . »	90 »	160 »	200 »
» Sulfureux par 15 touries . . . . . . »	5 »	17 »	19 »
» Sulfurique 53° . . . . »	6 »	8 »	11 »
» » 60° . . . . »	6 50	10 »	18 »

		Cours au 30 juin 1914	Cours au 30 juin 1915	Cours au 30 juin 1916
		fr. c.	fr. c.	fr. c.
PRODUITS CHIMIQUES (*suite*).				
Acide Sulfurique 66°	les 100 kil.	7 75	16 »	35 »
» » 66° chimiquement pur	»	34 »	125 »	M
» » 66° au soufre	»	18 25	25 »	42 »
» Tartrique 1er blanc, cristallisé, poudre ou granulé	»	290 »	430 »	1100 »
Alcali-Volatil du gaz 22°	»	37 »	46 »	68 »
» » » 28/29°	»	72 »	M	»
Alun épuré	»	21 »	55 »	»
» ordinaire	»	18 »	40 »	80 »
» de Chrome	»	42 »	M	500 »
Arséniate de Potasse	»	160 »	M	460 »
» de Soude cristallisé	»	52 »	80 »	130 »
Arsenic poudre	»	36 »	55 à 60	140 »
» rouge (voir à Orpin)	»	»	»	»
Azotate d'Argent cristallisé ou fondu	le kil.	81 »	78 »	74 »
Benzine cristallisable (II.P)	les 100 kil.	47 »	180 »	375 »
» lourde industrielle »	l'hecto.	43 »	125 »	160 »
» légère ! »	»	75 »	»	»
Bicarbonate de Soude français	les 100 kil.	17 50	31 »	45 »
Bi-Chromate de Potasse	»	80 »	250 »	650 »
» de Soude	»	70 »	100 à 110	550 »
Bisulfite de Chaux 11°	»	8 50	16 à 17	20 »
» de Potasse	»	85 »	M	M
» de Soude 30°	»	12 »	24 »	26 »
» » 35°	»	13 »	28 »	29 »
Borax raffiné en cristaux	»	55 »	75 »	117 50
Borax poudre	»	57 50	77 50	120 50
Camphre raffiné en pains	»	450 »	610 »	640 »
Carbonate d'Ammoniaque anglais	»	93 »	120 »	190 »
» de Soude cristallisé	»	8 »	12 50	13 50
Carbure de Calcium, tout venant (II.P)	»	25 »	35 «	65 »
Caséine insoluble	»	105 »	120 »	275 »
» solubilisée	»	105 »	120 »	275 »
Cérésine blanche (II.P)	»	300 à 350	300 à 400	325 à 400
» jaune natur. orange ou rouge »	»	310 à 320	»	315 à 340
Chlorate de Potasse cristaux	»	107 50	210 »	275 »

	Cours au 30 juin 1914	Cours au 30 juin 1915	Cours au 30 juin 1916
	fr. c.	fr. c.	fr. c.
PRODUITS CHIMIQUES (*suite*).			
Chlorate de Potasse poudre.......... les 100 kil.	112 50	215 »	280 »
Chlorate de soude................... »	115 »	200 »	250 »
Chlorure de Baryum cristallisé....... »	16 50	40 »	110 »
» de Calcium fondu.......... »	12 »	25 »	63 »
Chlorure de Carbone (Tetra).......... »	90 »	M	550 »
» de Chaux 105/110°........ »	17 50	45 »	76 »
» de Magnésium fondu........ »	12 »	20 »	M
» de Zinc 48° exempt de fer... »	20 »	55 »	84 »
» » 45° ordinaire......... »	18 »	50 »	80 »
Chromate jaune de Potasse.......... »	160 »	M	600 »
Cire végétale blanche du Japon (H P)	140 »	150 »	210 »
Colle de Poisson de Chine en galettes . le kil.	6 »	12 »	12 »
» » de Cayenne extra .... »	7 50	12 »	12 »
» » du Brésil (vessies) ... »	13 »	13 »	13 »
» » de Russie Saliansky naturelle extra...... »	27 »	50 »	50 »
» végétale du Japon (agar-agar). les 100 kil.	475 »	490 »	700 »
Crème de tartre entière............. »	235 »	360 »	550 »
» » en poudre.......... »	235 »	365 »	495 »
Cyanure blanc de Potassium pur ..... »	185 »	500 »	M
Dextrine blonde citron .... »	55 »	120 »	110 »
» blanche.................. »	57 »	125 »	125 »
Eau oxygénée 10 à 12 volumes industrielle...................... »	28 »	40 »	75 »
Emétique cristallisé................ »	260 »	M	M
Gélatine blanche Rousselot marque » Diamant »................ le kil.	5 »	5 »	6 50
» demi-blanche Rousselot superfine « Or »............... »	3 70	4 25	5 75
» Jacquand-Coignet............ »	3 35	3 35	3 35
» poudre pour bains.......... »	1 25	»	»
Glycérine blanche pure 30°..... les 100 kil.	217 50	290 »	425 »
» blanche industrielle 28°.... »	180 »	230 »	300 »
» blonde, claire, extra 28°.... »	175 »	200 »	330 »
» » » ordin. 28°..... »	140 »	180 »	300 »
» brune 28°..... »	120 »	120 »	190 »
Goudron de Norvège (en fûts pétroliers) »	30 »	50 »	90 »

		Cours au 30 juin 1914	Cours au 30 juin 1915	Cours au 30 juin 1916
		fr. c.	fr. c.	fr. c.

PRODUITS CHIMIQUES (suite).

		Cours au 30 juin 1914	Cours au 30 juin 1915	Cours au 30 juin 1916
Hyposulfite de soude photographique..	les 100 kil.	21 »	80 »	60 »
Iode bi-sublimé	le kil.	37 »	48 »	60 »
Lessive Caustique de Potasse 36°.....	les 100 kil.	33 »	M	M
» » » 40°.....	»	43 »	M	30 »
» » de Soude 36°.....	»	14 »	18 »	26 50
Menthol boîte d'origine 2 kil. 500	le kil.	40 »	30 »	36 »
Métabisulfite de Potasse cristallisé.....	les 100 kil.	85 »	M	»
Méthylène 90° (H.P.)	l'hecto.	95 »	M	250 »
Naphtaline cristaux (H.P)...........	les 100 kil.	19 »	M	M
» pulvérisée	»	19 »	M	240 »
» en bâtons hexagonaux	»	22 »	M	M
» en boules........... en sacs.	»	22 »	M	240 »
» sublimée .... en sacs.	»	23 »	M	240 »
Nitrate de Plomb.................	»	63 »	120 »	270 »
Orpin..........................	»	68 »	100 »	280 »
Oxyde d'Antimoine blanc...........	»	55 »	275 »	250 »
Oxyde de Chrome vert............	le kil.	2 50	4 »	10 »
» de Cobalt noir...............	»	14 75	16 »	18 »
» » gris...............	»	16 10	19 50	21 »
Oxyde de Cuivre noir en grains.......	les 100 kil.	205 »	M	M
» » noir en poudre.....	»	170 »	300 »	500 »
» » rouge en poudre....	»	210 »	310 »	550 »
» d'Étain.................	»	390 »	M	M
» de Nickel vert...............	»	425 »	600 »	800 »
» » noir.............	le kil.	4 50	7 »	9 50
» d'Urane.................	»	28 »	40 »	40 »
Ozokérite (H.P)..................	les 100 kil.	225 à 250	250 à 320	M
Panama (Quillay)	»	95 »	125 »	160 »
Paraffine demi raffinée blanche 48/50° (H.P.).............................	»	95 »	125 »	175 »
» » blanche 50/52° (H.P.)	»	100 »	140 »	180 »
Permanganate de potasse	»	135 »	900 »	1350 »
Polysulfure de potassium...........	»	52 »	65 »	65 »
Potasse d'Amérique véritable	»	110 »	200 »	300 »
Potasse imitation d'Amérique 66/70°..	»	39 »	»	»
» » » 52/55°..	»	33 »	»	»
» » » 45°..	»	30 »	»	»

	Cours au 30 juin 1914	Cours au 30 juin 1915	Cours au 30 juin 1916
PRODUITS CHIMIQUES (*suite*).	fr. c.	fr. c.	fr. c.
Potasse caustique 70/75 plaques...... les 100 kil.	61 »	M	960 »
» » solide 74/76........ »	45 »	M	M
» » » 70/72........ »	42 »	M	M
» Perlasse 1ʳᵉ qualité....:..... »	85 »	M	M
» » ordinaire 75/80°.... »	32 »	M	M
» » rose factice..... 90/92°..... »	35 »	»	»
Prussiate jaune de potasse............;	145 »	400 »	1000 »
Prussiate rouge de potasse............ »	290 »	1200 »	1850 »
Salpêtre cubique en masse (de soude).. »	40 »	M	75 »
» neige (de soude)............. »	30 »	60 »	72 50
» raffiné neige (de potasse)..., »	56 »	160 »	190 »
» » masse.......... »	58 »	M	M
Sel ammoniac blanc pour piles 98/99.. »	60 »	125 »	150 »
» » gris en pains......... »	145 »	250 »	360 »
» d'étain 52 o/o................ »	250 »	325 »	450 »
» de soude Solvay 90/92......... »	12 »	17 à 18	21 »
» de soude » 65/70......... »	22 50	M	M
» » » 75/80 .... »	23 50	M	M
» » » 80/85........... »	24 50	M	41 »
Silicate de soude neutre 35/37........ »	8 »	16 »	25 »
» » alcalin 45°........... »	10 50	18 »	M
» de potasse industriel.......... »	18 »	30 »	M
» » pharmaceutique.... »	20 »	55 »	M
Soude caustique 60/62 en cylindres .. »	29 50	M	M
» » 70/72............... »	36 25	41 50	M
» » 60/62, plaquettes.... »	32 75	M	59 »
» » 70/72............... »	33 25	44 50	64 »
Sucre de lait en poudre............. »	160 »	200 »	400 »
Soufre en canons .... »	18 50	32 »	40 »
Soufre (fleur).................... »	21 »	36 »	45 »
Sulfate d'alumine épuré............ »	16 »	30 »	58 »
» » exempt de fer . »	19 »	»	»
Sulfate de baryte naturel en poudre impalpable qualité extra blanche franco Paris.... .... »	8 50	9 50	40 à 45
» » qualité blanche ... »	7 50	8 50	30 »
» » autres qualités..... »	6 50 à 4 »	7 50 à 5	18 à 20
(logé en fûts de 50 kil)			

		Cours au 3o juin 1914	Cours au 3o juin 1915	Cours au 3o juin 1916
PRODUITS CHIMIQUES (*suite*).		fr. c.	fr. c.	fr. c.
Sulfate de Magnésie industriel	les 100 kil.			
Sulfate de Manganèse sec	»			
» de Nickel ammoniacal (double).	»	8 5o	26 »	45 »
» » pur (simple).	»	65 »	100 »	250 »
Sulfate de Soude.	»	85 »	170 »	170 »
» de zinc exempt de fer, aiguilles.	»	95 »	180 »	165 »
» » » ordinaire.	»	6 5o	16 à 17	»
Sulfure de sodium.	»	21 »	5o »	85 »
Sulfure de potasse	»	20 »	52 »	80 »
» de carbone (H. P.)	»	17 »	5o »	70 »
Tartrate neutre de Potasse.	»	33 »	M	M
COULEURS ET VERNIS		6o »	70 »	9o »
		280 »	M	M
Blanc de Zinc Neige poudre cire verte, Vieille Montagne.	»	95 »	18o »	285 »
Blanc de Zinc N° 1 poudre cire rouge, Vieille Montagne	»	76 »	16o »	25o »
Blanc de Zinc N° 2 poudre cire bleue, Vieille Montagne	»	74 »	»	»
Blanc de Zinc Neige broyé cire verte, Vieille Montagne	»	109 »	»	»
Blanc de Zinc N° 1 broyé cire rouge, Vieille Montagne.	»	88 »	165 »	255 »
Blanc de Zinc N° 2 broyé cire bleue, Vieille Montagne	»	26 »	»	»
Blanc de Zinc Neige non foulé, Vieille Montagne.	»	110 »	200 »	3o5 »
Blanc de Zinc N° 1 non foulé, Vieille Montagne	»	85 »	18o »	290 »
Céruse broyée surfine	»	73 »	»	»
» N° 1	»	61 »	»	»
» poudre garantie pure	»	63 »	»	170 »
Colcotar en poudre.	»	22 »	»	»
Essence de Térébenthin (H. P.)	»	9o »	9o »	13o »
Gomme laque cerise A. C	»	190 »	170 »	245 »
» » autre marque	»	200 »	200 »	290 »
» » feuille orange T. N. . . .	»	185 »	18o »	280 »
» » feuille orange extra	»	215 »	225 »	310 »
Litharge poudre pure	»	63 »	85 »	140 »

		Cours au 30 juin 1914	Cours au 30 juin 1915	Cours au 30 juin 1916
		fr. c.	fr. c.	fr. c.
COULEURS ET VERNIS (suite).				
Litharge paillettes.............. les 100 kil.		64 »	90 »	141 »
Lithopone (cachet rouge) par 10 tonnes, gare Paris.....................	»	10 »	75 »	170 »
Minium de fer.................	»	11 »	»	»
» de plomb garanti pur pour cristallerie.....................	»	60 »	105 »	140 »
Minium de plomb garanti pur pour peinture.....................	»	59 »	97 »	133 »
Minium de plomb surfin pour peinture.	»	56 »	93 »	118 »
» » N° 1.............	»	53 »	92 »	113 »
» » N° 2.............	»	51 »	75 »	98 »

XXXI

Le Commerce Extérieur de la France en 1915, 1914, 1913 et 1916 [1]

IMPORTATIONS EN FRANCE

COMMERCE SPÉCIAL

Produits et dépouilles d'animaux

Marchandises et provenances	1915 Q. M.	1914 Q. M.	1913 Q. M.	1916 Q. M.
Suif { Etats-Unis	20.935	26.539	65.195	20.476
Uruguay	2.312	1.093	2.676	2.538
République-Argentine	20.390	24.705	26.666	51.543
Autres pays	58.121	119.561	70.541	86.810
Totaux	101.758	171.893	165.078	161.467
Margarine et substances similaires	284	457	341	4.017
Dégras de peaux	»	»	»	»
Cire { brute	5.163	3.559	4.120	10.003
blanche	192	270	226	109
Jaunes d'Œufs impropres aux usages alimentaires	4.451	6.454	12.523	4.453
Engrais organiques { Guano { Pérou	»	»	16	»
Autres pays	272	25.022	13.500	2.155
Totaux	272	25.022	13.516	2.15
Autres	36.970	309.066	820.441	44.184
Os calcinés à blanc	7	6.178	26.274	5.921
Noir d'os (noir animal)	1.967	7.827	13.258	2.706
Oreillons	3.084	55.909	142.980	7.464
Produits et dépouilles d'animaux non dénommés	1.564	30.630	54.403	2.918

Pêches

	1915	1914	1913	1916
Graisses de poisson { Huiles de baleine	17.938	8.337	10.17	13.092
— de morue	20.116	16.254	33.182	17.489
Autres	51.749	50.745	56.456	53.758

(1) Les chiffres pour 1916 n'ont pu être ajoutés qu'au cours de la composition, ce qui explique l'arrangement anormal des tableaux.

Marchandises et provenances	1915	1914	1913	1916
	Q. M.	Q. M.	Q. M.	Q. M.
Blanc de baleine et de cachalot	116	62	98	70
Peaux de phoques, brutes..........	»	154	1.315	177
Vessies natatoires de poissons.......	381	614	837	348

Substances propres à la médecine et à la parfumerie

	1915	1914	1913	1916
Eponges { brutes...................	1.935	2.038	3.127	2.507
{ préparées...............	5	31	51	8
Musc (pur, vésicules pleines ou vides et queues de rats musqués)...........	162	105	45	318
Cantharides desséchées, civette castoréum et ambre gris...............	250	41	106	145
Autre substances.................	439	258	645	1.303

Huiles et sucs végétaux

			1915	1914	1913	1916
Huiles fixes pures	d'olive	Espagne..........	32.960	19.270	11.849	91.712
		Italie.............	10.875	9.233	13.503	5.189
		Algérie...........	49.973	40.693	10.718	76.146
		Tunisie...........	57.138	99.147	106.517	75.445
		Autres...........	3.717	2.711	14.825	2.316
Huiles fixes pures	de palme	Etats franç. de la Côte occident. d'Afrique.....	133.787	92.474	145.710	177.348
		Poss angl. d'Afrique (Partie occidentale)......	55.794	13.935	6.547	142.066
		Autres pays.....	19.891	24.625	19.269	27.867
		Totaux.....	209.472	131.034	171.526	347.281
	de coco, de touloucouna, d'ilipé et de palmiste.....		3.542	15.878	38.561	15.401
	de ricin et de pulghère.....		6.431	2.598	2.266	12.607
	de lin...................		51.781	14.189	23.034	123.457
Huiles fixes pures	de coton destinées à la savonnerie ou à la fabr. graisses alimentaires.	Etats-Unis..	42.931	31.844	36.227	33.085
		Autres pays.	18.719	7.218	15.278	13.063
	Totaux...........		61.650	39.062	51.505	46.148

Marchandises et provenances	1915 Q. M.	1914 Q. M.	1913 1913 Q M.	1916 Q. M.
Huiles fixes pures de coton autres (Etats-Unis).	52.406	4.264	24.718	18.996
(Autres pays)...............	6.605	4.629	16.504	3.403
Totaux..........	59.011	8.893	41.222	22.401
de sésame, destinées à la savonnerie ou à la fabr. de graisses alimentaires......	»	»	54	1.493
Autres...................	42	174	333	205
Huiles fixes pures d'arachides, destinées à la savonnerie	5.519	172	194	20.752
Autres..	3.969	82	129	11.438
de colza................	12.324	320	270	27.973
de soja, destin. à la savonnerie.	5.152	2.473	1.979	4.632
Autres.................	411	3	66	3.633
de maïs, destin. à la savonnerie.	63	635	460	436
Autres	122	15	87	188
Autres.................	937	272	659	804
Huiles volatiles et essences de rose..............	1.930	745	1.701	105
de géranium rosat et d'Ylang Ylang........	803	856	815	937
toutes autres..........	4.853	4.521	5.937	6.602
Parfums synthétiques ou artificiels ...	439	537	1.153	490
Graisses végétales alimentaires......	163	638	628	188
Cire végétale de carnauba, de myrica et autres	10.227	5.995	19.233	11.522
Gommes à l'état naturel d'Europe...............	17	76	152	60
exotiques..............	66.892	60.134	80.158	66.966
Gommes, térébenthines, résines brutes, colophanes, brais, poix, pains de résine et autres produits résineux indigènes................	2.579	5.699	9.485	3.206
Goudron végétal	16.637	29.183	47.831	24.318
Huile de résine	32	89	692	31
Résines et autres produits résineux exotiques autres que de pin et de sapin Scammonée	6	14	103	23
Autres	15.938	25.484	41.531	33.169
Essence de térébenthine.............	275	242	1.010	2.608
Baumes Benjoin	551	619	1.805	616
de copahu	185	41	119	129
Autres.................	573	317	689	307

Marchandises et provenances	1913	1914	1915	1916
	Q. M.	Q. M.	M.Q.	Q. M.
Sucs d'espèces particulières — Camphre { brut	2,583	6,138	7,568	2,542
Camphre { raffiné	2,834	879	1,096	1,806
Camphre { art. ou synthét.				»
Caoutchouc et gutta-percha bruts, ou refondus en masse	132,982	115,662	174,408	177,455
Glu	»	»	»	»
Manne..............	265	126	300	267
Aloès..............	369	310	478	535
Opium	179	69	86	57
Jus de réglisse..........	8,821	4,909	4,829	6,987

Espèces Médicinales

	1913	1914	1915	1916
Racines { Réglisse..............	9,833	28,802	52,486	24,499
Racines { Autres	12,004	9,127	16,889	13,680
Herbes, feuilles et fleurs............	16,618	18,716	30,335	31,467
Ecorces { de citrons, d'oranges et de leurs variétés	2,675	2,126	4,265	2,463
Ecorces { de quinquina..........	8,101	7,864	9,942	10,773
Ecorces { autres	1,035	467	537	547
Lichens autres que ceux qui sont propres à la teinture	867	746	598	1,721
Fruits { Casse, tamarins	554	2,351	2,250	928
et graines { Autres	19,610	20,007	22,359	18,911

Teintures et Tanins

	1913	1914	1915	1916
Garance en racine, moulue ou en paille	25	133	163	41
Curcuma en racine.............	1,918	2,944	5,416	5,349
Quercitron.............	11,223	30,444	19,597	4,987
Lichens tinctoriaux.............	790	1,560	1,560	2,373
Ecorces à tan, moulues ou non { Belgique	114	1,903	1,740	20
{ Algérie............	52,249	20,362	29,653	31,137
{ Autres	47,193	10,112	10,764	40,812
Totaux,..............	99,556	32,379	42,157	71,969
Sumac, fustet et épine-vinette — Ecorces, feuilles et brindilles { Italie......	26,007	19,252	43,351	26,166
{ Autres pays.	1,563	174	1,354	545
Totaux..........	27,570	19,426	44,705	26,711
Moulus { Italie	16,109	12,265	22,368	18,004
Moulus { Autres pays	1,024	981	2,387	243
Totaux.............	17,133	13,246	24,755	18,247

Marchandises et provenances		1915	1914	1913	1916
		Q. M.	Q. M.	Q. M.	Q. M.
Noix de galle et avelanèdes entières concassées ou moulues	Turquie.....	»	11.136	13.876	»
	Autres pays..	36.470	22.110	21.023	20.179
Totaux		36.470	33.246	25.899	20.179
Libidibi et autres gousses tinctoriales .		179	1.996	1.169	528
Safran	Espagne	197	205	349	391
	Autres pays	27	13	19	15
Totaux		224	218	368	406
Autres teintures et tanins		3.408	4.347	7.464	3.497

Pierres, terres et combustibles minéraux

		1915	1914	1913	1916
Pierres et terres servant aux arts et métiers	Emeris { pulvérisés	418	4.239	6.893	755
	{ agglomérés	5.550	6.413	9.982	10.125
	Kaolin..............	140.627	456.821	612.557	293.460
	Alunite brute	»	36.361	45.622	»
	Craie	68	15.361	19.804	217
	Sable à fabriquer le verre	100	163.308	277.671	274
	Carbonate de baryte natif	9.431	4.412	13.465	30.435
	Castine	»	»	»	»
	Sulfate de baryte	6.329	101.634	158.838	53.809
	Terres d'infusoires......	7.951	11.262	12.959	11.035
	Pierre ponce	16.728	18.154	23.907	14.542
	Phosphates { Tunisie ...	3.128.746	4.372.601	7.060.642	2.513.536
	naturels { Autres pays	122.390	2.241.691	2.347.267	345.520
Totaux		3.251.136	6.614.292	9.407.909	2.859.056
Pyrites (sulfure de fer). Tonnes.....		421.986	604.646	581.756	792.347
Soufre	non épuré (minerai compris)	99.396	115.782	186.344	116.896
	épuré, en canons	»	»	»	»
	sublimé..............	»	»	»	»
Houille crue	Angleterre	18.918.203	10.759.058	11.257.228	18.710.950
	Belgique	46	2.032.099	3.669.395	12
	Allemagne	741	2.427.735	3.490.576	»
	Autres pays	148.753	211.366	293.736	63.780
Totaux......		19.067.743	15.430.258	18.710.935	18.774.742
Houille carbonisée (coke)	Belgique........ Tonnes	»	385.403	547.228	»
	Allemagne..............	1.678	894.280	2.392.897	»
	Autres pays	223.258	178.248	129.913	790.991
Totaux		224.936	1.457.931	3.070.038	790.991

L'Essor des industries chimiques

18

Marchandises et provenances	1915	1914	1913	1916
	Q. M.	Q. M.	Q. M.	Q. M.
Graphite et plombagine............	5.053	4.626	3.796	13.690
Goudron et brai provenant de la distillation de la houille.............	158.967	227.546	302.427	168.428
Bitumes et **Asphaltes**	25.596	38.470	58.215	24.380
Cire minérale ⎰ brute	2.315	2.792	2.147	3.348
ou ozokérite. ⎱ raffinée	1.041	2.089	4.094	511
Succin	»	21	47	»

		1915	1914	1913	1916
Huiles brutes de pétrole et de schiste	Quantités imposées au poids ⎰ États-Unis ...	2.239	4	»	10.358
	⎱ Autres pays ..	4.374	171	42	8.267
	Totaux.........	6.613	175	42	18.625

		1915	1914	1913	1916
Huiles brutes de pétrole et de schiste	Quantités imposées au volume	Russie :			
		Hect 4.939	150.867	356.868	»
		Q. m.... 4.124	129.681	288.185	»
		Roumanie :			
		Hect 866	298.993	498.174	»
		Q. m...... 693	239.194	401.481	»
		États-Unis :			
		Hect 211.299	985.564	1.127.632	463.024
		Q. m.... 169.039	791.824	904.926	370.419
		Autres pays :			
		Hect 6.497	»	»	1.793
		Q. m.... 5.198	»	1	1.435

	1915	1914	1913	1916
Totaux Hect	223.601	1.444.424	1.982.674	464.817
Totaux Q. m	179.054	1.160.699	1.594.593	371.854

			1915	1914	1913	1916
Huiles raffinées de pétrole et de schiste	Quantités imposées au poids Q. m.		10.271	84	49	10.530
	Quantités imposées au volume	Russie.. H.	»	309	19.821	21
		Autr.-Hong.	40.836	898.376	533.405	»
		Roumanie ..	4.478	42.086	154.783	585
		États-Unis..	2.629.020	1.781.363	1.841.880	3.036.665
		Autres pays.	54.905	57.204	61.567	52.819
	Totaux		2.729.239	2.279.338	2.611.456	3.089.490

			1915	1914	1913	1916
Essences de pétrole et de schiste	Quantités imposées au poids Q. m.		2.339	157	31	107
	Quantités imposées au volume	Russie.. H.	13.275	393.115	626.684	146
		Autr.-Hong.	1.223	112.310	110.437	»
		Roumanie ..	47.281	672.618	921.504	»
		États-Unis..	2.518.580	1.246.983	708.063	3.755.071
		Autres pays.	447.130	46.852	77.599	885.833
	Totaux		3.027.489	2.405.878	2.444.284	4.641.478

Marchandises et provenances	1915	1914	1913	1916
	Q. M.	Q. M.	Q. M.	Q. M.
Huiles lourdes et résidus de pétrole — Russie ...... Q.m.	44.323	358.743	614.412	5.902
— États-Unis..........	963.532	579.726	707.908	1.656.643
— Autres pays........	58.244	73.232	123.665	37.549
Totaux............	1.066.099	1.011.701	1.445.985	1.700.144
Cire de lignite et paraffine..........	111.134	46.475	51.613	184.496
Vaseline......................	9.348	695	1.729	5.276

Métaux

	1915	1914	1913	1916
Or — Minerai....... Kil.	1.500	11.000	1.100	»
battu en feuilles	26	865	1.766	33
tiré ou laminé	78	172	628	96
filé............	54	417	1.026	2
Platine — Minerai............	»	600	100	»
brut, en masses, lingots, barres, poudres, bijoux cassés, etc	360	2.908	5.029	522
battu en feuilles..........	»	»	»	54
tiré ou laminé	»	»	14	2
filé..................	»	13	23	»
Argent — Minerai............Q.m.	»	18	233	8
battu, tiré, laminé, ou filé. Kil.	2.900	7.016	2.053	2.134
Cendres d'orfèvre	485	2.315	4.063	478
Aluminium — Minerai (bauxite), etc. Q.m.............	15	150	8.738	»
en lingots ou déchets Q.m.	813	30	13	7.708
battu, tiré, laminé, filé ou en poudre	185	537	932	1.080
Fer minerai................Q.m.	2.711.591	7.014.865	14.104.237	6.276.047
Cuivre minerai .... —	27.576	107.168	96.527	15.914
Plomb minerai............... —	159.905	217.802	397.716	407.505
Étain minerai .... —	2.196	21.323	25.425	4.451
Zinc minerai .... —	493.984	991.242	1.787.189	567.279
Nickel minerai............... —	190.043	285.800	102.925	89.130
Cobalt minerai .... —	»	»	»	»
Mercure natif .... —	3.297	1.674	1.977	5.681
Antimoine — Minerai .... Q.m.	28.258	51.798	52.580	106.978
Sulfuré fondu..... —	911	230	1.519	1.82
Métallique ou régule —	»	»	»	»

II. — L'Essor des industries chimiques.

20

Marchandises et provenances	1915	1914	1913	1916
	Q. M.	Q. M.	Q. M.	Q. M.
Arsenic métallique........... —	230	113	114	»
Arsenic minerai............... —	»	»	»	»
Cadmium brut............... —	194	92	129	425
Bismuth (étain de glace)....... —	1.223	616	618	1.216
Manganèse minerai........... —	125.905	1.534.874	2.589.290	586.529
Minerais non dénommés. ...... —	233.991	216.327	288.048	187.898

Produits chimiques

		1915	1914	1913	1916
	acétique...............	»	»	»	»
	arsénieux..............	2.331	2.128	3.121	2.053
	borique................	786	666	743	291
	carbonique liquide........	96	738	1.434	182
	chlorhydrique...........	20.711	30.731	38.705	15.386
Acides	citrique {liquide (jus de citron naturel ou concentré)....	194	576	1.336	1.456
	citrique {cristallisé........	369	580	287	954
	fluorhydrique...........	»	84	184	»
	formique...............	1.943	889	641	195
	gallique cristallisé.........	130	48	66	58
	hydrofluosilicique.........	»	»	»	»
	lactique...............	718	1.559	2.547	887
	nitrique...............	4.849	6.116	11.022	2.438
	oléique orig. anim.........	1.758	17.370	33.179	1.907
	oxalique...............	2.170	3.932	8.520	2.271
Acides	phosphorique............	280	341	570	434
	stéarique..............	11.343	8.442	13.122	22.651
	sulfurique.............	257.413	61.803	110.008	703.744
	tannique..............	918	1.113	2.191	796
	tartrique.............	2.725	3.737	5.013	3.048
	huiles déglycérinées........	2.817	22.939	43.138	27.703
Brome liquide..................		541	1.060	1.010	13
Bromures......................		1.029	108	94	716
Fluorures.....................		4	437	871	»
Iode brut ou raffiné.............		859	448	227	632
Iodures et iodoformes		»	»	»	»
Extraits {de noix de galle et de sumac.		2.291	1.432	4.131	1.287
Extraits {de Québracho..........		26.101	25.725	59.243	34.732
Extraits {de châtaignier, etc.......		4.197	9.151	11.691	1.983

Marchandises et provenances	1915 Q. M.	1914 Q. M.	1913 Q. M.	1916 Q. M.
de cobalt { safra, smalt et azur..	1	745	1.235	291
Oxydes { pur....................	7	28	26	1
de cuivre................	97	617	963	123
d'étain..................	14	134	495	85
de fer....	2.949	9.039	15.435	3.124
de plomb................	2.084	5.846	8.007	5.464
d'urane.................	112	272	546	22
de zinc.................	16.379	39.047	62.195	30.983
Bioxyde de baryum......	35	1.724	1.992	1.055
Ammoniaque (alcali volatil)........	18	2.766	3.717	1.834
Magnésie calcinée	1.365	414	347	1.187
Potasse et Carbonate de potasse.....	11.842	28.981	73.737	3.250
Salin de betteraves................	»	14.450	35.970	1.979
Soude caustique.................	130.022	19.220	5.624	143.641
Soude brute....................	8.120	3.275	11.223	361
Soude naturelle ou artificielle. Ne titrant pas plus de 30 %/0 de carbonate pur.	23.729	7.130	68	409
Autre............................	21.485	26.208	580	9
Bicarbonate de soude..............	27.189	6.820	1.615	27.491
Sels de soude dénommés...........	6.167	3.389	6.117	3.379
Sel marin, { bruts ou raffinés autres sel de saline { que blancs........	302.335	375.727	323.303	591.159
et sel gemme { raffinés blancs........	27.569	11.077	6.353	26.307
Sels ammoniacaux { sulfate d'ammo-niaque { brut.....	101.162	91.651	229.952	207.893
raffiné.....	15.241	1.650	2.417	44.991
autres { bruts......	67.986	42	599	191.003
raffinés....	143.880	6.835	9.557	268.369
Sels { de nicotine.................	119	159	270	19
de cobalt	17	8	12	19
d'argent....................	7	1	5	»
de plomb, prod chim. et couleurs à base de plomb, non dénommés.	893	1.091	1.470	3.284
Chlorures d'étain.................	6.612	8.675	10.835	9.395
Acétate de plomb.................	3.573	3.272	2.279	1.984
Alcool { amylique.................	»	37	211	23
méthylique	17.675	13.073	22.691	17.020
Aldéhyde formique................	10.474	3.913	4.687	6.128
Alumine anhydre.................	1	2.055	26	1
Alun d'ammoniaque ou de potasse....	8.852	1.769	1.179	8.858

Marchandises et provenances	1915 Q. M.	1914 Q. M.	1913 Q. M.	1916 Q. M.
Hydrate d'alumine...............	8.852	159	3.304	34
Arséniate de soude	»	24	94	117
Borax { brut	12.119	91.476	150.504	72.060
{ mi-raffiné ou raffiné........	332	617	988	237
Berate de chaux	23.635	5.003	28.539	»
Carbonates { de magnésie..........	10.671	5.715	7.100	17.124
{ de plomb...........	10.102	19.004	40.409	32.561
Carbure de calcium..............	18.973	33.837	37.003	161.454
Citrates de chaux...............	13.637	9.391	9.972	10.650
Chlorates { de potasse............	»	»	»	n
{ de soude, de baryte et autres.	»	»	»	»
Permanganate de potasse..........	815	1.756	2.299	649
Chlorures { d'aluminium..........	»	»	»	»
{ de chaux.............	»	»	»	»
{ de magnésium..........	112	18.945	30.996	8.450
{ de potassium..........	6.993	303.521	461.378	3.572
Chlore liquéfié.................	5.773	2.133	2.884	37.426
Chromates { de plomb............	804	162	449	491
{ de potasse et de soude...	34.725	23.296	32.452	41.638
Ether acétique et sulfurique........	5.024	87	217	202
Chloroforme...................	»	»	»	»
Collodion....................	»	»	»	»
Glycérine....................	1.731	2.196	5.271	546
Lactates { de fer................	1	6	6	1
{ autres................	20	71	131	2
Formiates...................	»	22	14	4
Nitrates { de chaux et cyanamide calcique	24.582	38.087	100.096	79.855
{ de potasse............	278	2.913	714	29.960
{ de soude { Chili........	2.509.038	2.970.018	3.220.139	5.406.942
{ { Autres pays....	31.042	1.879	1.009	72
Totaux..........	2.540.080	2.971.897	3.221.148	5.407.014
Nitrates de thorium, de cérium et autres sels de terres rares..........	1	2	16	»
Oxalate de potasse...............	85	313	492	54
Pyrolignite de chaux..............	4.979	9.684	1.794	7.894
Acétone.....................	2.996	12.578	20.145	3.568
Silicate de soude ou de potasse	1.513	1.646	2.699	834

Marchandises et provenances	1915 Q. M.	1914 Q. M.	1913 Q. M.	1916 Q. M.
Sulfates — d'alumine..............	1.717	1.707	1.533	832
de cuivre..............	338.680	240.705	215.750	209.427
de fer..............	17.554	16.535	33.695	»
de magnésie calcinée.....	12.161	27.999	43.281	8.748
de potasse..............	1.107	116.485	152.840	291
de soude..............	1.227	1.119	1.015	11
de zinc..............	619	2.378	2.122	718
Sulfites et bisulfites de soude........	946	6.020	5.855	1.861
Sulfite, bisulfite ou métabisulfite de potasse......................	267	899	1.634	175
Hyposulfite de soude....	8.078	738	489	663
Sulfure d'arsenic..............	36	1.635	2.590	3
Sulfure de mercure (en pierres.............	3	4	»	»
pulvérisé	50	108	234	72
Tartrates de potasse — Lie de vin............ .	80.375	85.605	108.755	55.752
Tartre brut............	12.791	11.403	14.165	8.867
Cristaux de tartre.......	681	116	1.266	226
Crème de tartre........	482	247	155	489
Autres..............	1.784	137	359	32
Prussiate de potasse et de soude.....	381	180	206	169
Superphosphates de chaux........	140.383	581.546	1.008.224	41.221
Engrais chimiques (Scories phosphatées.....	99.811	337.505	2.232.171	8.278
Autres..............	50.863	713.051	»	71.004
Cocaïne brute...................	»	»	»	»
Celluloïd — brut en masses, plaquettes ou feuilles, rognures et déchets.............	3.865	2.934	3.901	6.576
en feuilles polies colorées ou ouvrées...........	277	613	1.348	989
en joncs, tubes, bâtons ; ..	69	282	441	363
Produits chimiques dérivés du goudron de houille — Produits obtenus directement par la distillation du goudron de houille.	426.574	703.710	1.077.848	780.739
Produits dérivés des produits de la distillation de la houille........	9.013	20.961	38.203	29.879
Produits chimiques non dénommés, à base d'alcool — Imposabl. sur la quantité d'alcool...	518	330	599	122
Imposabl à la valeur....	130	706	90	294

Marchandises et provenances		1915	1914	1913	1916
		Q. M.	Q. M.	Q. M.	Q. M.
Produits chimiques non dénommés	Imposabl. au poids	20	47	140	684
	Imposabl. à la valeur	87.362	546.419	210.248	103.439

Teintures préparées

		1915	1914	1913	1916
Cochenille		1.889	1.826	3.504	1.876
Indigo { Indes anglaises		27	183	346	45
Indigo { Autres pays		479	120	54	1.480
Totaux		506	309	400	1.525
Cachou en masse		24.121	21.451	32.267	30.614
Rocou préparé		1.135	567	974	564
Orseille préparée sèche (Cudbeard ou extrait)		1	0	88	4
Extraits de bois de teintures et d'autres espèces tinctoriales { noirs et violets		1.125	1.516	1.231	2.422
{ rouges et jaunes		574	286	218	336
					37.264
Teintures dérivées du goudron de houille { Acide picrique		5.132	6	3	»
{ Alizarine artificielle		31	1.501	3.498	4.890
{ Autres		5.552	12.090	17.451	

Couleurs

		1915	1914	1913	1916
Outremer		244	579	1.078	453
Bleu de Prusse		749	737	1.311	863
Vernis { à l'alcool		93	156	317	73
{ à l'essence, à l'huile ou à l'essence et à l'huile mélangées		3.369	11.420	17.108	8.197
Encre { à dessiner en tablettes		»	»	»	»
{ à écrire ou à imprimer		575	1.210	1.776	869
{ d'imprimeur en taille-douce		»	»	»	»
Noir { d'Espagne et de fumée		8.224	8.190	11.687	8.968
{ minéral { nat. pierres		»	»	»	»
{ { br. pulvér		»	2.120	4.235	3
Crayons { simples en pierres		»	695	1.066	1
{ d'ardoise factice		»	111	266	1
{ à gaine { communs		170	250	437	356
{ { fins		817	593	1.325	1.400

Marchandises et provenances	1915	1914	1913	1916
	Q. M.	Q. M.	Q. M.	Q. M.
Charbons préparés pour l'éclairage électrique	5.641	3.011	6.597	7.463
Ocres broyées ou autrement préparées.	2.089	9.648	19.046	4.741
Terres de Cologne, de Cassel, d'Italie, de Sienne et d'Ombre............	493	1.917	3.024	4.184
Verts de Schweinfurt et verts métis, cendres bleues ou vertes..........	6	51	132	10
Verts de montagne de Brunswick et similaires résultant du mélange du chromate de plomb et du bleu de Prusse.	17	626	1.114	189
Jaune de zinc ou chromate de zinc...	35	134	159	98
Talc pulvérisé....................	41.228	37.030	55.460	79.827
Couleurs { broyées à l'huile	4.627	1.014	1.089	7.117
en pâte, préparées à l'eau pour papiers peints.....	14	92	130	»
Lithopone....................	14.781	45.568	78.639	57.321
Couleurs non dénommées..........	670	4.382	8.699	1.215

Compositions diverses

	1915	1914	1913	1916
Parfumeries { **Savons** transparents...	684	261	396	231
— autres........	12.969	4.714	17.263	4.683
Savons autres que de parfumerie	76.395	23.002	20.864	93.266
Parement au savon et autres pour l'apprêt des fils et tissus..........	758	3.409	5.533	277
Amidon	22.401	3.174	5.203	34.412
Fécules diverses................	39.559	93.814	87.619	10.258
Dextrine......................	1.668	1.250	2.258	637
Cire à cacheter	56	40	62	77
Bougies toutes sortes..............	7.180	168	454	16.446
Cire et acide stéarique ouvrés autrement qu'en bougies..............	25	29	123	29
Colle de poisson	501	511	777	782
Colle forte....................	7.709	11.151	20.928	5.026
Gélatine en poudre, feuilles, etc.....	1.210	1.660	2.795	1.526
Albumine......................	3.863	2.910	4.711	6.999
Cirage......................	102	175	273	61
Sucre de lait	1.385	150	151	1.612
Caséine durcie et matières similaires .	60	241	251	57
Caséine......................	115	61	144	399

XXXII

EXPORTATIONS DE FRANCE

COMMERCE SPÉCIAL

Produits et dépouilles d'animaux

Marchandises et provenances		1915	1914	1913	1916
		Q. M.	Q. M.	Q. M.	Q. M.
Graisses autres que de poisson	Suif brut et huile de suif	73.025	133.419	218.752	67.830
	Autres	9.220	49.446	91.480	11.533
Margarine et subst. simil.		20.849	34.944	68.652	14.171
Dégras de peaux		21.156	11.439	15.883	14.943
Cire	brute	2.624	1.661	2.398	7.396
	blanche	73	63	71	50
Jaunes d'œufs impropres aux usages alimentaires		1.231	1.550	909	218
Engrais organiques	Guano	1.073	1.586	3.174	2.675
	Autres	74.860	182.412	307.333	53.023
Os calcinés à blanc		8.547	5.650	4.984	7.023
Noir d'os (noir animal)		33.669	33.729	25.273	31.677
Oreillons		16.422	63.328	69.748	31.453
Produits et dépouilles d'animaux à l'état brut		1.088	4.824	4.565	2.649

Pêches

Graisses de poisson	Huile de morue	756	552	828	1.032
	Autres	4.528	2.190	7.645	6.479

Substances propres à la médecine et à la parfumerie

Éponges	brutes	221	175	374	575
	préparées	124	117	206	113
Musc		»	»	»	»
Cantharides desséchées, civette casto- réum et ambre gris		»	»	»	»
Autres substances		686	857	1.342	657

Huiles et sucs végétaux

Marchandises et provenances	1915 Q. M.	1914 Q. M.	1913 Q. M.	1916 Q. M.
Huiles fixes aromatisées	39	257	154	»
Huiles volatiles ou essences { de rose...............	18.874	6.192	3.289	11.761
de géranium rosat et d'Ylang-Ylang.......	167	70	81	755
toutes autres..........	4.628	6.610	10.905	6.374
Huiles fixes pures { d'olive................	30.078	36.930	64.299	21.437
de palme...............	15.658	4.433	11.978	31.115
de coco, de touloucouna, d'illipé et de palmiste.......	87.195	73.709	106.710	56.387
de ricin et de pulghère.....	10.393	25.092	35.387	5.666
de lin...................	39.876	25.011	28.514	29.799
de ravison...............	»	»	»	»
de coton................	5.439	4.594	10.037	1.354
Huiles fixes pures { de sésame..............	26.511	61.229	59.260	22.277
d'arachides.............	293.993	223.082	263.418	127.503
de colza...............	8.081	18.610	19.925	6.158
d'œillette..............	499	5.350	4.777	»
de pavot..............	600	743	2.155	»
autres................	5.734	21.750	21.433	5.218
Parfums synthétiques ou artificiels ...	218	285	147	812
Graisses végétales alimentaires.......	255.529	173.480	195.830	92.771
Cire végétale de carnauba, demyrica et autres...................	486	301	384	727
Gommes à l'état naturel { d'Europe.............	209	859	1.095	59
exotiques { Angleterre....	3.976	6.009	3.189	»
Autres pays...	22.384	10.857	10.133	17.238
Gemmes, térébenthines, résines brutes, colophanes, poix, pains de résine et autres produits résineux indigènes..	538.269	460.340	435.061	325.577
Goudron végétal.................	1.692	4.263	5.948	2.343
Huile de résine..................	567	257	312	683
Résines et autres produits résineux exotiques autres que de pin et de sapin (scammonée non comprise)........	4.498	6.314	12.484	8.791
Essence de térébenthine	48.174	65.449	114.867	32.369
Baumes { Benjoin	533	636	508	518
Autres	864	504	587	254

Marchandises et provenances			1915	1914	1913	1916
			Q. M.	Q. M.	Q. M.	Q. M.
Sucs d'espèces particulières	Camphre	brut	34	23	53	375
		raffiné	521	201	194	662
		artifi. ou syn.	»	»	»	»
	Caoutchouc et gutta-percha bruts, ou refondus en masse		23.349	65.128	106.870	28.833
	Opium		2	»	9	6
	Jus de réglisse		4.803	4.867	6.711	

Espèces médicinales

		1915	1914	1913	1916
Racines	Guimauve et Althéa	22	389	538	»
	Réglisse	4.128	5.314	6.143	2.221
	Autres	9.839	13.113	23.974	8.592
Herbes, feuilles et fleurs		15.491	15.626	28.492	25.710
Ecorces	de citrons, d'oranges et de leurs variétés	343	302	497	777
	de quinquina	115	54	100	556
	autres	151	273	134	511
Lichens		1.560	669	584	5.524
Fruits et graines	Casse, tamarins	176	1.065	1.377	1.588
	Autres	15.262	22.138	16.586	

Teintures et tanins

		1915	1914	1913	1916
Garance en racine, moulue ou en paille		»	»	»	»
Curcuma en racine		1.080	1.187	1.883	1.301
Quercitron		13	237	272	521
Lichens tinctoriaux		347	62	275	906
Ecorces à tan moulues ou non	Belgique	»	9.783	23.979	»
	Allemagne	»	35.861	60.449	»
	Suisse	3.936	24.859	26.008	»
	Autres pays	22.924	28.596	42.563	11.335
Sumac, fustet et épinevinette	Ecorces, feuilles et brindilles	21	713	686	267
	Moulus	»	»	»	»
Noix de galle et avelanèdes entières concassées ou moulues		2.260	832	394	2.794
Libidibi et autres gousses tinctoriales		260	2	11	37
Safran		145	173	191	153
Autres teintures et tanins		2.023	1.825	3.025	1.918

Pierres, terres et combustibles minéraux

Marchandises et provenances	1915 Q. M.	1914 Q. M.	1913 Q. M.	1916 Q. M.
Pierres et terres servant aux arts et métiers Émeris { pulvérisés	2.136	8.625	17.207	2.898
Émeris { agglomérés	1.959	5.700	5.870	3.173
Kaolin	21.276	27.423	37.996	21.125
Craie	66.216	792.272	1.199.645	53.635
Sable à fabriquer le verre.	470.705	657.385	946.422	492.741
Castine	104	241.372	425.956	»
Sulfate de baryte.......	11.373	14.123	16.624	3.757
Terres d'infusoires	1.180	6.419	9.571	875
Pierre ponce..........	653	1.140	1.170	1.155
Phosphates naturels	17.964	112.188	211.424	14.372
Pyrites (sulfure de fer)..... Tonnes	18.951	57.777	93.835	16.678
Soufre { non épuré (minerai compris)	964	1.891	10.312	2.844
{ épuré, en canons ou autrement	2.426	1.219	2.501	3.530
{ sublimé, fleur de soufre....	8.218	11.529	10.511	10.969
Houille crue Belgique .... Tonnes	42.409	376.355	810.503	56.057
Allemagne.............	»	2.480	7.861	»
Suisse	4.040	109.930	159.859	»
Espagne...............	1.420	18.808	27.038	»
Autres pays............	50.558	103.975	145.184	127.994
Houille carbonisée (coke) Suisse	1.401	25.469	41.445	»
Italie	22.772	43.146	92.438	»
Autres pays...........	8.012	36.823	97.645	17.996
Graphite ou plombagine	3.093	825	751	5.503
Goudron minéral et brai provenant de la distillation de la houille	4.720	21.364	19.955	2.340
Bitumes et Asphaltes.............	9.784	14.492	20.417	4.818
Cire minérale ou ozokérite { brute..............	97	58	329	142
{ raffinée	205	145	114	3.754
Huiles de pétrole et de schiste { brutes	334	1.292	106	227
{ raffinées........ Ill..	42.305	78.324	62.843	16.604
{ essences .... »	16.500	22.394	25.835	5.554
Huiles lourdes .... Q. M.	46.657	65.790	79.373	60.246
Cire de lignite et paraffine	14.481	1.061	352	5.657
Vaseline	1.548	1.089	1.073	1.562

Métaux

Marchandises et provenances	1915 Q. M.	1914 Q. M.	1913 Q. M.	1916 Q. M.
Or battu en feuilles...... Kil.	749	58	63	580
tiré ou laminé	30	245	302	52
filé	1	8	29	81
Platine brut, en masses, lingots	600	1.088	1.077	324
battu en feuilles	10	90	3	5
filé	30	69	214	23
Argent battu, tiré, laminé ou filé	6.298	35.015	23.524	27.721
Cendres d'orfèvres .... Q.m.	2.161	3.008	3.409	5.879
Aluminium minerai (bauxite, etc.)	414.482	1.501.749	1.684.390	628.020
Fer minerai............. Q.m.	948.643	48.285.918	100.666.277	745.614
Cuivre minerai	9.741	58.649	101.535	7.551
Plomb minerai	481	82.199	142.628	8.130
Étain minerai	7.917	4.820	11.724	2.784
Zinc minerai	55.996	212.786	582.031	18.197
Nickel minerai	4	13	1.352	»
Mercure natif	12	54	88	74
Antimoine minerai	77	1.276	6.082	16
Antimoine sulfuré	131	3.642	3.761	3
Antimoine métallique	9.845	16.006	18.076	29.625
Arsenic minerai	»	13.464	13.508	»
Manganèse minerai	398	4.111	17.653	2.753
Cobalt minerai	»	»	»	»
Minerais non dénommés	16.230	45.737	70.336	36.808

Produits chimiques

	1915	1914	1913	1916
Iode brut ou raffiné	93	12	49	52
Iodures et iodoformes	179	164	297	117
Phosphore blanc	556	1.002	1.050	872
rouge	1.474	2.454	3.034	858
Acides acétique	480	1.869	2.112	563
arsénieux	543	13.429	11.806	1.898
borique	14.335	20.885	29.936	17.559
carbonique liquide	2.933	2.265	3.497	2.890
chlorhydrique	6.722	14.678	23.716	12.414
citrique liquide (jus de citron naturel ou concentré)	109	120	307	1.309
citrique cristallisé	2.722	2.487	4.520	2.067

Marchandises et provenances		1915	1914	1913	1916
		Q. M.	Q. M.	Q. M.	Q. M.
Acides	fluorhydrique	97	80	219	120
	hydrofluosilicique	»	»	»	»
	nitrique	236	18.501	28.434	13.753
	oléique orig. anim.......	9.224	6.839	30.269	6.550
	oxalique	61	1.058	513	18
	stéarique	3.605	8.554	13.997	2.474
	sulfurique	6.782	24.362	46.097	16.490
	tannique ou tanin	117	254	1.980	160
	tartrique	10.271	10.733	13.496	9.139
Extraits	de Québracho	30.218	100.864	100.081	2.518
	de châtaignier, etc	210.696	746.107	1.105.234	155.820
Oxydes	de { safre, smalt et azur	9	11	30	12
	cobalt { pur	»	4	101	3
	de cuivre	23	83	292	84
	d'étain	26	334	872	»
	de fer	1.875	2.729	1.840	4.965
	de plomb	4.590	3.873	5.227	4.112
	d'urane	3	4	25	95
	de zinc	33.094	32.128	38.117	24.546
Bioxyde de baryum		2.233	5.428	6.586	178
Ammoniaque (alcali volatil)		3.827	1.039	1.682	18.323
Magnésie calcinée		65	371	531	206
Potasse et Carbonate de potasse :					
Angleterre..............		4	11.348	15.229	—
Belgique		80	14.906	21.151	—
Autres pays		945	2.914	3.678	—
Totaux		1.029	29.168	40.058	1.185
Ealin de betteraves		2.722	15.591	15.865	730
Soude caustique..................		3.955	87.916	141.439	22.057
Soude naturelle ou artificielle (carbonate de soude)	brute	6.978	7.644	4.077	45.611
	raffinée { ne titrant pas plus de 38% de carbonate				
	pur	27.220	121.361	33.022	31.350
	Autre	89.382	429.864	832.692	237.241
Bicarbonate de soude		2.147	6.856	19.041	2.829
Sels de soude non dénommés........		8.308	11.536	24.149	22.126
Sel marin et sel gemme	bruts ou raffinés autres que blancs	244.632	942.310	1.416.260	229.393
	raffinés blancs	17.824	141.898	328.891	17.397

Marchandises et provenances	1915	1914	1913	1916
	Q. M.	Q. M.	Q. M.	Q. M.
Sels ammoniacaux — sulfate d'ammoniaque — brut..	17.564	13.239	11.511	14.499
raffiné.	66.724	7.534	4.439	132.274
autres — bruts.	37	833	2.383	1.446
raffinés	1.584	945	864	477
Sels de nicotine et dissolutions non alcooliques de ces sels............	»	»	»	»
Sels — de cobalt...................	3	1	2	13
d'argent....................	208	80	141	28
de plomb, prod. chim. et couleurs à base de plomb, non dénommés	13	16	61	25
Chlorures d'étain	427	187	422	261
Acétate de plomb	97	26	264	166
Acétates — de cuivre — brut	754	7.937	8.341	1.344
raffi. en. poudre	301	2.207	3.636	18
cristallisé ....:	503	191	1.024	341
de soude...............	936	24	423	2.122
Alcool — amylique	59	538	2.648	1.875
méthylique...............	957	486	1.395	310
Aldéhyde formique	833	163	247	331
Alumine anhydre...............	8.038	71.115	88.044	73.712
Alun d'ammoniaque ou de potasse	1.403	1.629	2.353	1.512
Borax — brut.......................	1.235	108	9.902	1.645
mi-raffiné ou raffiné	17.719	26.940	47.267	10.813
Borate de chaux	»	153	819	»
Carbonates — de magnésie	113	43	107	211
de plomb...............	1.334	3.138	3.205	2.662
Carbure de calcium	46.661	69.357	79.643	17.406
Citrates de chaux	»	»	»	»
Chlorates — de potasse...............	9.617	7.116	10.873	22.270
de soude, de baryte et autres	94.476	8.350	9.451	237.942
Permanganate de potasse...........	»	»	»	»
Chlorures — de chaux	7.918	94.156	126.217	2.339
de potassium	3.174	786	1.336	178
Chlore liquéfié	»	»	»	»
Ether acétique et sulfurique	455	620	974	253
Chloroforme	129	41	71	72
Collodion ....,................	»	»	»	»
Glycérine	65.956	69.181	84.560	41.656
Oxydes d'antimoine (y compris les sels d'antimoine, le kermès minéral, etc.).	2.217	8.447	14.879	2.720

Marchandises et provenances	1915	1914	1913	1916
	Q. M.	Q. M.	Q. M.	Q. M.
Nitrates { de chaux et cyanamide calcique	642	3.732	8.392	55.112
{ de potasse	1.003	4.953	7.081	179
{ de soude	21.384	20.810	52.678	117.237
Nitrate de thorium, de cérium et autres sels de terres rares	355	206	212	124
Oxalate de potasse	»	»	»	»
Pyrolignite { de fer	405	1.268	3.141	»
{ de plomb	»	221	165	»
{ de chaux	7.290	410	3.153	603
Acétone	46	67	66	167
Silicate de soude ou de potasse	1.708	3.151	3.486	11.944
Sulfates { d'alumine	64.161	2.076	2.458	18.666
{ de cuivre	38.862	60.674	58.119	48.182
{ de fer	5.502	19.678	18.521	6.604
{ de magnésie calcinée	969	2.646	2.170	941
{ de potasse	16.991	6.965	7.683	1.516
{ de soude	93.074	140.729	254.5c2	186.007
{ de zinc	»	»	»	»
Sulfate et autres sels quinine	99	135	185	1.881
Sulfites et bisulfites de soude	2.079	1.229	1.378	»
Sulfite, bisulfite et métabisulfite de potasse	234	1.281	1.059	169
Hyposulfite de soude	758	856	1.078	3.488
Tartrates de potasse { Lie de vin	9.324	18.674	19.921	6.664
{ Tartre brut	49.725	55.000	94.152	42.163
{ Cristaux de tartre	»	»	»	»
{ Crème { Angleterre	23.720	18.978	21.038	»
{ de tartre { Autres pays...	8.860	16.015	23.037	»
Totaux	32.080	34.993	44.075	22.684
Prussiate de potasse et de soude	2.747	4.607	5.825	2.151
Superphosphates de chaux	598.177	1.172.309	1.452.261	123.629
Engrais chimiques { Scories phosphatées	34.401	2.374.918 }	4.032.960	40.459
{ Autres	43.757	101.289 }		30.583
Produits chimiques dérivés du goudron de houille { Produits obtenus directement par la distillation du goudron de houille	5.389	53.341	98.697	8.503
{ Produits dérivés des produits de la distillat. de la houille	1.741	3.583	3.764	4.316

Marchandises et provenances	1915 Q. M.	1914 Q. M.	1913 Q. M.	1916 Q. M.
Celluloïd { brut, en masses, plaques ou feuilles, rognures et déchets	1.970	4.405	5.339	769
en feuilles, folies, color. et ouvr.	43	91	506	58
Produits chimiques non dénommés { à base d'alcool	1.677	805	943	1.051
autres	92.011	128.736	150.167	125.187

Teintures préparées

	1915	1914	1913	1916
Cochenille	1.930	1.816	2.927	1.304
Indigo	132	384	380	294
Indigo, pastel indigo inde plate et boules de bleu	185	507	875	»
Cachou en masse	3.130	320	1.162	2.395
Orseille { humide en pâte	321	87	144	»
préparée { sèche (Cudbeard ou extrait)	325	130	159	844

Extraits de bois de teintures et d'autres espèces tinctoriales		1915	1914	1913	1916
noirs et violets :	Allemagne	»	5.343	14.155	»
	Belgique	»	2.361	3.713	»
	Angleterre	21.969	7.437	6.180	»
	Etats-Unis	295	882	483	»
	Autres pays	10.618	16.136	22.606	»
	Totaux	32.882	32.159	47.140	11.868
rouges et jaunes	Allemagne	»	1.140	2.128	»
	Belgique	»	2.326	4.036	»
	Angleterre	12.492	12.341	8.481	»
	Etats-Unis	426	2.079	1.776	»
	Autres pays	14.272	6.737	11.254	»
	Totaux	27.190	24.625	28.175	24.518

Teintures dérivées du goudron de houille	1915	1914	1913	1916
Acide picrique	43	38	74	1.578
Alizarine artificielle	»	»	»	»
Autres	2.428	5.895	6.398	938
Rocou préparé	811	431	852	397

Couleurs

	1915	1914	1913	1916
Outremer	12.484	14.409	20.683	17.391
Bleu de Prusse	698	1.052	1.175	952

Marchandises et provenances	1915	1914	1913	1916
	Q. M.	Q. M.	Q. M.	Q. M.
Carmins fins	34	47	34	»
Vernis { à l'alcool	633	1.075	1.549	692
{ à l'essence, à l'huile ou à l'essence et à l'huile mélangées.	12.526	16.545	22.049	11.556
Encre à écrire et à imprimer	15.000	18.781	24.815	14.996
Noir { de fumée	3.048	4.396	8.955	2.695
{ minéral { nat. en pierres	82	977	1.408	329
{ br. ou pulvérisé	1.128	625	1.518	983
Crayons { simples en pierre ou en ardoise naturelle	9	74	114	27
{ à gaine { communs	283	357	637	407
{ fins	80	31	43	140
Charbons préparés pour l'éclairage électrique	23.158	43.925	59.471	49.346
Ocres broyées ou autrement préparées.	151.414	325.798	369.372	152.416
Verts de Schweinfurt et verts métis cendres bleues ou vertes	159	674	400	316
Verts de montagne, de Brunswick et simil.	19	182	262	45
Jaune de Zinc ou chromate de zinc ..	»	»	»	»
Talc pulvérisé	75.744	87.523	114.972	66.648
Couleurs { broyées à l'huile	13.708	28.448	39.154	15.928
{ en pâte, préparées à l'eau pour papiers peints	2.651	2.612	4.006	2.109
Lithopone	214	1.194	1.191	191
Couleurs non dénommées	4.133	5.703	7.855	3.869

Compositions diverses

	1915	1914	1913	1916
Parfumeries { Savons transparents	993	530	559	297
{ — autres	11.293	14.408	17.423	11.768
Savons autres que de parfumerie	324.258	395.634	418.863	288.697
Parement au savon et autres pour l'apprêt des fils et tissus	8	1.286	1.593	85
Amidon	19.940	12.648	12.116	16.864
Fécules diverses	1.231	1.213	1.950	2.768
Dextrine	386	856	1.389	1.151
Cire à cacheter	933	1.018	1.252	907
Bougies toutes sortes	32.012	36.917	38.398	32.946
Cire et acide stéarique ouvrés autrement qu'en bougies	732	510	1.183	737
Chandelles	602	706	911	»
Colle de poisson	2.171	1.366	1.389	2.150

II. — L'Essor des Industries chimiques

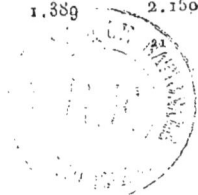

TABLE DES MATIERES

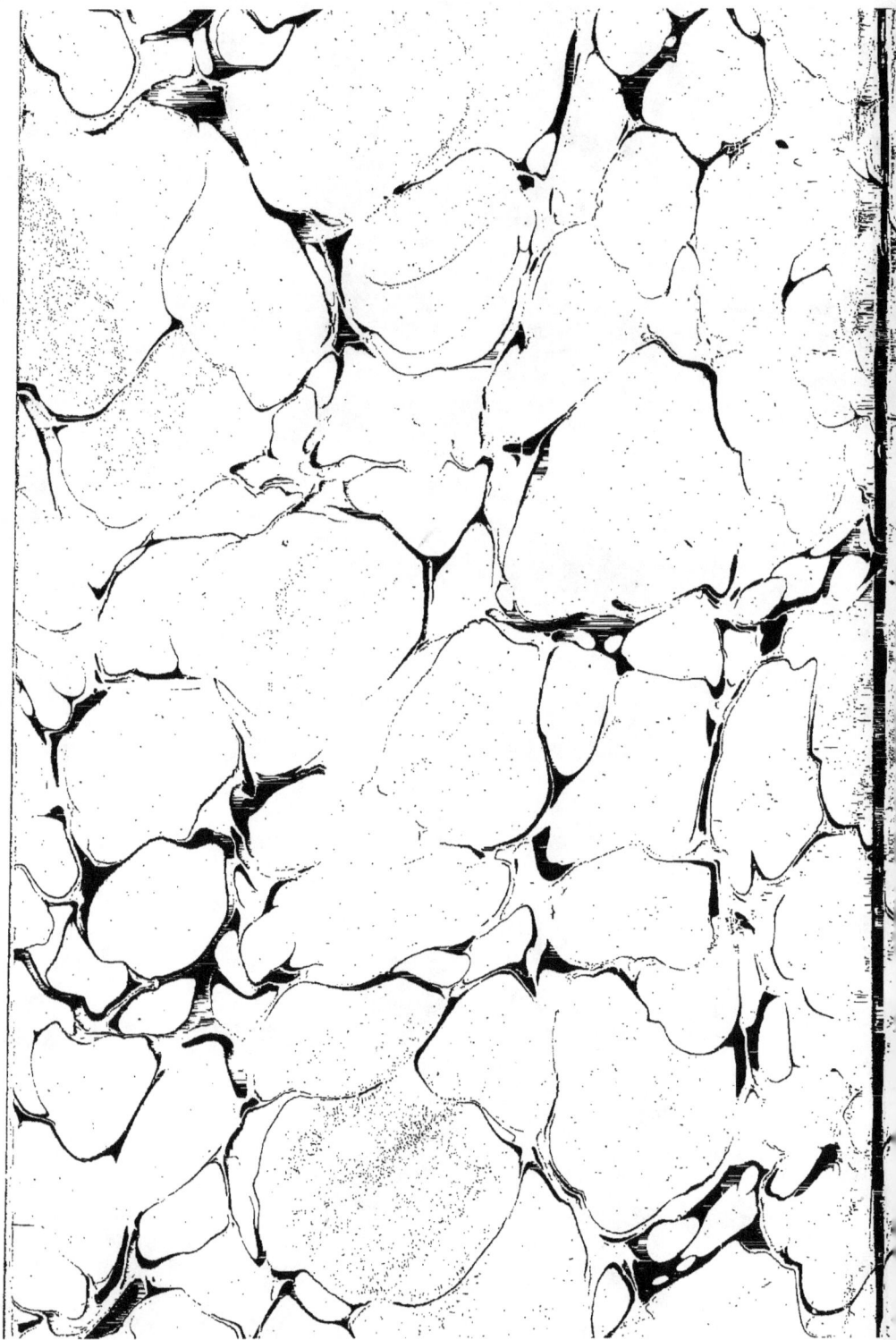

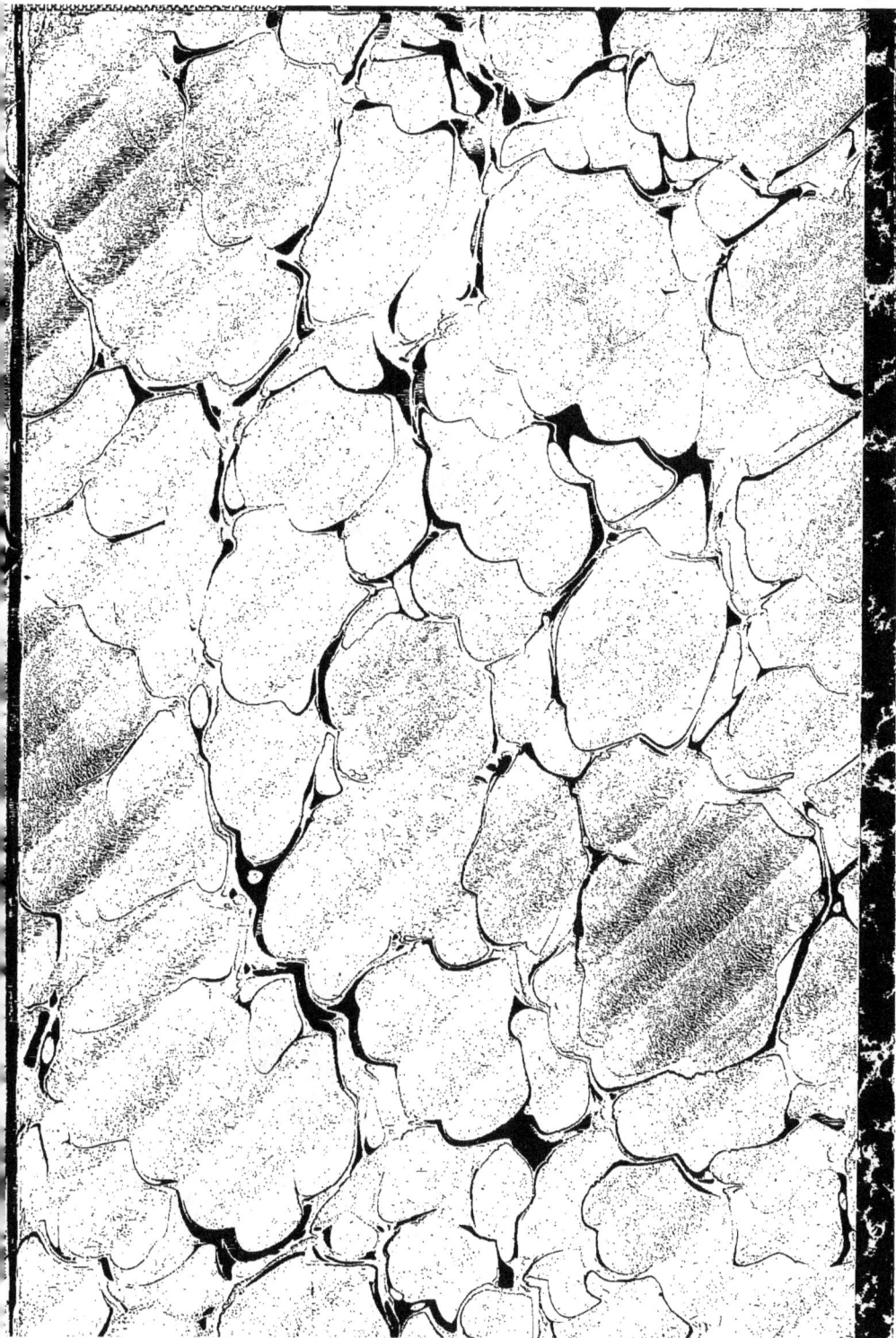

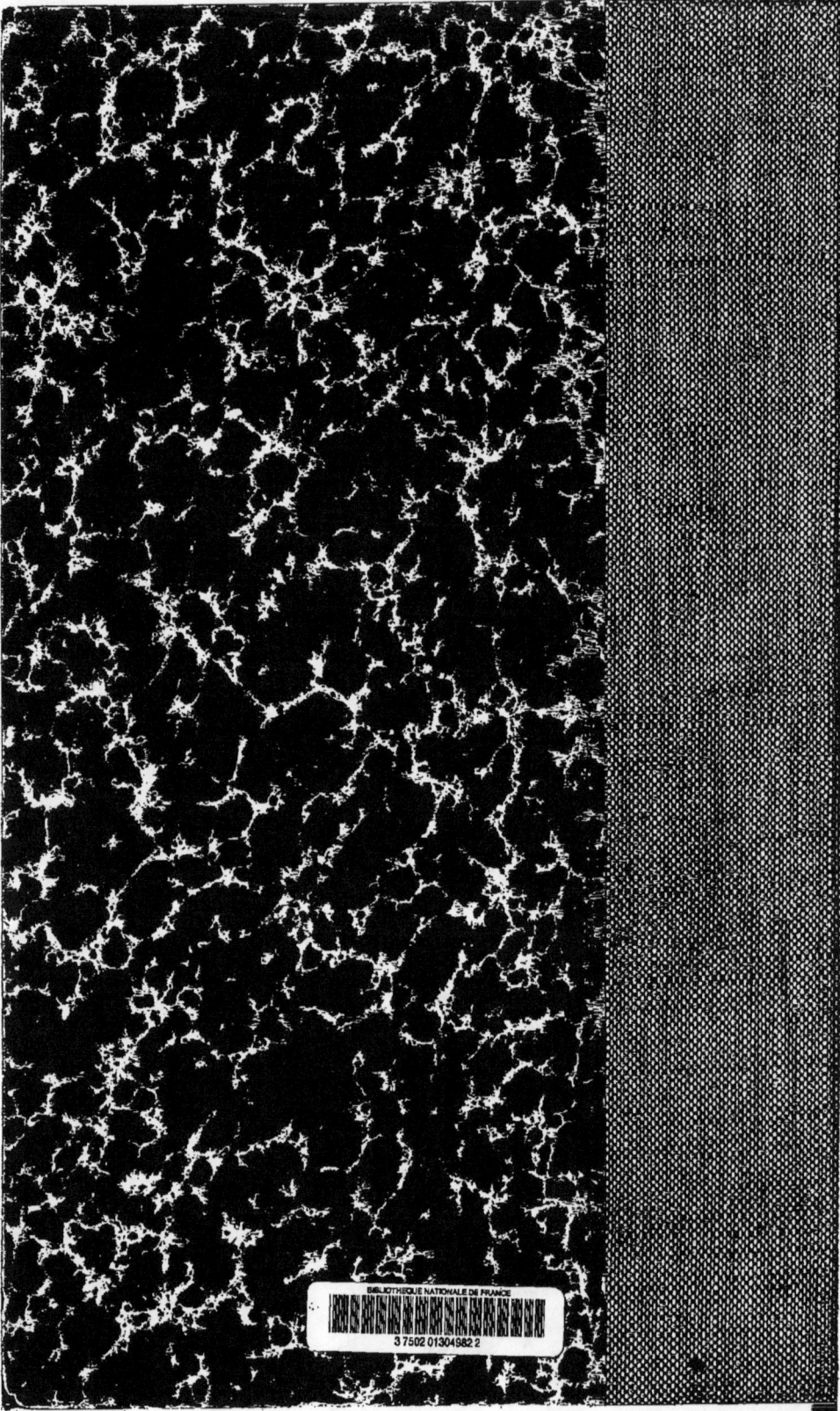

www.ingramcontent.com/pod-product-compliance
Lightning Source LLC
Chambersburg PA
CBHW032316210326
41518CB00040B/945